한국어로 내려온
New Bible

새로운 성경

제130권

9부 | 총10부

하얀마음

하나님 말씀 중에서

1. 사랑의 하나님

▪ 세상을 창조하신 하나님은 모두를 사랑하신다. 인간만 특별히 더 사랑하지 않고, 우주 만물을 다 똑같이 사랑하신다. 그러니 하나님이 창조하신 천지 만물과 화친하고, 미물까지도 소중히 대하라.

▪ 하나님은 특정 종파나 민족만을 더 사랑하지 않으신다. 자기 자신만 구원받겠다는 욕심을 버리고, 자기 종파만 구원받는다는 편협한 교리에서 벗어나야 한다. 종파를 초월해서, 모두를 사랑하라.

▪ 원수까지 사랑하라 했으니, 이 세상에 사랑하지 못할 자가 누가 있겠는가? 종파가 다르다고 해서 부모 형제와 원수처럼 지내는 자는 인간의 근본을 모르는 자다. 가장 가까운 가족부터 사랑할 때 남도 진심으로 사랑할 수 있다.

▪ 한 사람을 원수같이 생각하던 마음에서 사랑하는 마음으로 돌리면, 자기 자신의 마음이 가장 기쁘고 행복하다. 하나님께서는 인간의 마음속에 무거움이 없이 기쁘고 행복한 삶을 살기를 바라신다.

▪ 이웃을 "내 몸처럼" 사랑하라 했으니, 마지막 한 장 남은 천국의 티켓도 이웃에게 양보하라. 자기 중심적인 신앙에서 벗어나서 남을 위해 살아야 한다.

▪ 독초도, 약초도, 이단도 사탄도 천사도 다 필요하기에 존재한다. 독초일지라도 극소량을 사용해서 생명을 살릴 수 있고, 약초라 하더라도 남용하면 생명을 잃을 수 있다.

▪ 세상 모든 것을 명약으로 활용하는 것은 인간의 지혜에 달렸다. 어떤 것이든 어떤 사람이든 적재적소에 꼭 필요한 명약으로 승화시키라.

▪ 사탄도 이단도 천사도 모두 하나님의 주관하에 존재한다. 진정한 하나님의 백성은 사탄과 마귀까지도 감화시켜서 천사로 거듭나게 한다.

2. 기도

- 하나님은 인간의 생각까지 모두를 다 알고 계신다. 우리의 소원도 이미 알고 계시기에, 소원의 기도를 할 필요가 없다. 우리가 받을 자격이 되면 내려 주신다.

- 죄를 짓고 아무리 회개를 해도 용서받지 못한다. 도둑질한 자는 용서해 달라고 기도하고, 도둑맞은 자는 도둑을 잡게 해 달라고 기도하면, 공의의 하나님은 누구의 편에 서시겠는가?

- 자기가 잘못한 것은 그 사람에게 직접 갚고 용서를 구하라. 그가 용서하면 하나님도 용서하신다. 땅에서 매면 하늘에서도 매이고, 땅에서 풀리면 하늘에서도 풀리는 이치다.

- "회당에서 기도하지 말고 골방에서 기도하라" 했다. 눈에 보이는 골방이 아니라, 골방과 같이 고요한 마음이다. 잡념을 버리고 하나님을 향해 마음을 집중하며, 사랑하고 용서하는 아름다운 생각만 나오도록 하라.

- "두드리면 열릴 것이다." 하는 것은 육의 소원을 위해 두드리라는 것이 아니라, 진리의 깨달음을 얻기 위해 두드리라는 것이다.

- 기도하는 방법: 생활 속에서 수시로 기도하는 삶을 살아야 한다.

- "저의 죄를 용서하여 주옵소서." 하는 회개의 기도를 하라.
- 범사에 "하나님! 감사합니다." 하라. 현재 가진 것에 감사하며, 과욕하지 말라. 자기 노력 이상의 것을 더 갖고자 기도하는 것은 도둑놈심보다. 공의의 하나님은 각자 노력한 만큼 주신다.
- "하나님 뜻대로 살아가겠나이다." 하며 마음의 각오를 다지라.

- 기도는 하나님의 말씀을 받아서 "행하는 것"이다. 하나님이 계심을 굳건히 믿고, 하늘을 향하여 한 점 부끄럼 없이 사는 삶 자체가 가장 위대한 기도이며, 삶이 곧 예배다.

3. 지도자

- 똑같이 사랑한다는 말을 해도, 순수하게 하는 말은 천사의 말이지만, 사기 쳐서 재산을 가로채려고 하는 말은 사탄의 말이다.

- 종교 지도자가 아무리 훌륭한 설교를 해도, 신도의 재물을 거둬서 더 큰 교회를 짓고 자기의 부귀영화를 바라며 설교하면 사탄의 가르침이 된다.

- "저희 교회는 만원사례요, 믿음은 다 같으니 이웃의 개척 교회에 가서 예배를 드리시오." 하며, 이웃 교회의 부흥을 먼저 생각하여 제 신도를 보내는 종교 지도자가 있다면 그를 따르라. 그가 하나님의 사랑을 실천하는 자다.

- "부자가 천국에 들어가는 것은 낙타가 바늘구멍을 통과하는 것보다 더 힘들다" 하였거늘, 지금의 교회에서는 부자가 되기만을 기도하고 소원하니, 이는 곧 천국을 포기하고 지옥 행 열차의 티켓을 사는 것과 같다.

- 예수는 빈손이었다. 종교 지도자가 예수보다 더 호화롭고 편안하게 살아간다면 잘못된 것이다. 부귀영화와 명예를 바라는 자는 절대로 갈 수 없는 좁고 협착한 길이 종교 지도자의 길이다.

- 종교 지도자는 유리로 비춰 봐 한 점의 부끄러움이 없이 살아야 한다. 의식주도 직접 일해서 해결하고, 예수의 가르침과 행함을 그대로 따라야 한다.

- 종말은 없다. 지금의 잘못 가는 종교 집단에게만 종말이 있다. 보이지 않는 하나님은 보이는 육의 종말은 관여하지 않으신다. 환경 파괴로 인간이 스스로 멸망을 자초하는 것이다. 종파끼리 싸우기 전에, 무너진 인성을 바로잡고 지구의 몸살을 해결하는 데 뜻을 모으는 게 급선무다.

4. 성전이란

- 이 세상 자체가 하나님께서 만드신 성전이다. 자연보다 더 아름다운 성전이 있는가? 보이는 건물이 성전이 아니라, 성스러운 마음가짐이 성전이다.

- 반석 위에 교회를 지으라 했다. 지상의 단단한 돌은 인간이 쪼갤 수 있으나, 마음속의 굳은 결의는 세상 무엇으로도 쪼갤 수 없다. 바르고 굳건한 믿음으로 성경의 가르침을 실천하는 것이 마음의 반석 위에 교회를 짓는 것이다.

- 손으로 지은 건물의 교회에 모여서 복음을 전하는 것이 아니라, 교회를 개인과 가정에 심어 주어야 한다. 무너지고 부서지는 건물을 짓지 말고, 마음속에 영원히 불변하는 참진리의 교회를 지으라.

5. 십계명

- 십계명은 인간이 죽어서 반드시 통과해야만 하는 열 개의 관문이다.

- 부모를 공경하지 아니한 자는 "네 부모를 공경하라." 하는 제5계명의 관문이 열리지 않으니 구원받을 수 없다.
- 살인, 간음, 거짓, 우상 등의 나머지 계명도 마찬가지다.

- 십계명은 하나님의 친필이다. 모기소리만 한 하나님의 음성이라도 들어 보겠다고 여기저기 찾아 헤매지 말고, 십계명부터 암송하고 지키라.

- 십계명은 영혼을 구원하는 양식이며, 십계명을 지키는 것이 구원을 받는 길이다. 인간이기에 지키고자 노력하고 또 노력한다면 지킬 수 있다.

- 십계명을 지키고 천사처럼 아름답게 살아가는 그 마음 하나면 세상에 이루어지지 않는 것이 없다.

6. 보물

- 하나님은 재물이 아니라 우리의 마음을 받으신다. 사랑을 실천하며 천사처럼 변하는 마음이 하나님께 바치는 보물이다.

- 보이지 않는 하나님께 재물을 바치려 하지 말고, 너희를 길러 준 부모에게 용돈드리고, 찾아뵙고, 효성을 다하라. 그것이 하나님께 효도하는 것이다.

- 하늘에는 선과 악의 창고가 있다. 자기 창고에 선이 많으면 천국으로 구원을 받고, 악이 많으면 심판받아 지옥으로 간다. 그것이 바로 "선한 일을 행한 자는 생명의 부활로, 악한 일을 행한 자는 심판의 부활로" 나오는 것이다.

- "선악과를 따먹지 말라"는 것은 양심을 지키라는 것이다. 선과 악을 구분할 수 있는 양심을 최초에 인간에게 주셨다. 선한 열매는 취하고, 악한 열매는 버리며, 양심에 비추어 부끄럼 없는 삶을 살아가라.

- 가장 작은 거짓말을 하지 않고, 가장 작은 죄를 짓지 않으며, 가장 작은 선행을 하고, 가장 작은 악행을 멀리하는 것이 율법의 일점 일획도 빠뜨리지 말고 다 지키는 삶을 사는 것이다.

7. 우상

- 박물관에 있는 불상은 하나의 예술품이다. 그 조각품에 대고 제 소원을 빌 때 우상숭배가 된다. 십자가라 하여도 그 앞에서 소원을 빈다면 우상숭배하는 것이며, 하나님께 소원을 빈다면 하나님을 우상으로 전락시키는 것이다.

- 지금 기복신앙에 젖어 있는 모든 사람이 우상 앞에 절을 하고 있다. 조각품을 우상이라며 파괴하지 말고, 네 마음속에 있는 욕심의 우상을 무너트리라.

- 생수를 약초가 먹으면 약을 만들고 독사가 먹으면 독을 만든다. 같은 성경을 봐도 선한 지도자는 신도를 천사로 만드는 데 활용한다. 그러나 욕심이 가득한 지도자는 재물을 거두어들여 제가 부귀영화를 누리는 데 악용한다. 그가 바로 성경을 우상숭배의 도구로 전락시키는 거짓 선지자다.

- 성경을 한 획도 빼거나 더하지 말라는 것은, 그 가르침을 빠트리지 말고 온전히 지키라는 것이다. 성경 속에서 자기에게 유리한 구절만 보는 것은, 자기에게 불리한 구절들을 빼 버리는 것이다. 믿음이 제일이요, 행함은 구원과는 관계없다는 것은 자신에게 유리한 쪽으로 성경을 악용하는 것이다.

- 진정한 종교 지도자는 종파에 관계없이 어떤 종파든 어떤 책이든 접하고 보고 깨우쳐 견문을 넓히도록 인도한다. 참진리를 모르고 자신이 없는 자가 남을 이단이라며 배척하고, 신도들의 눈과 귀를 가린다.

8. 예수

- 예수의 재림은 없다. 예수가 다시 온다 해도, 과연 누가 그를 예수라고 믿겠는가? 예수와 같은 삶의 행함이 곧 예수의 재림이다. 각자 모두가 "재림 예수"가 되는, 차원 높은 믿음으로 가야 한다.

- 예수는 "주여 주여 하지 말고, 아버지의 뜻대로 행하라"고 했다. 예수가 전한 하나님의 뜻이 곧 "길이요, 진리요, 생명"이며, 그 가르침이 예수의 보혈처럼 소중한 것이다. 예수를 믿는 것은, 예수의 가르침을 믿고 따르는 것이다.

- 예수는 낮은 자로서 만백성을 섬기고자 했다. 만나는 모든 사람을 다 하나님이라 생각하라. 돈을 벌수록 겸손하고, 높은 지위를 얻을수록 낮아지라.

- 예수는 종파를 만들지 않았다. 인간이 만든 종교와 인간의 교리를 따르지 말고, 예수를 통해 전한 하나님의 참진리를 연구하고 따르라.

- 예수가 2천 년 전에 만백성을 위해 죽었으니, 지금 이 땅에는 예수의 가르침대로 사는 천사만 존재해야 한다. 예수가 죽어 가면서 바란 것은 만백성이 천사가 되어 예수의 자리를 채워 주는 것이지, 지금과 같이 재물을 바치면서 중언부언 제 소원만을 비는 백성들을 바란 것이 아니다.

9. 구원

- 천사가 사는 천국에는 천사만 갈 수 있으니, 천사 같은 마음을 길러야 한다.

\- "천국 열쇠를 네게 주리니 땅에서 무엇이든지 매면 하늘에서도 매일 것이라" 했다. 땅에서 천사같이 사는 자가 하늘에서도 천사가 되어 천국에 들어간다. 모든 사람에게 천사같다는 말을 듣는 삶을 살아야 한다.

- 천사의 곱고 아름다운 마음은 부모를 공경하고 어른을 어른으로 대접하는 데에서 출발한다. 효도하는 자는 형제와 화목하게 지내기에 가정이 화목해지고, 이웃과 화목해지고, 국가가 화목해지고, 온 인류가 화목해진다.

\- 그러므로 지상의 아름다운 소왕국은 가정에서부터 이루어야 한다.

- 선택된 14만 명만 구원받는 것이 아니라, 천사처럼 변하고자 하는 14만 명을 기초로 온 인류가 천사처럼 거듭나는 영적인 개혁이 시작되는 것이다.

- 천 년에 걸쳐서 하늘에서 이루어진 것같이 이 세상을 낙원으로 만들어, 만백성이 지상의 천국에서 살다가 죽어서 그대로 하늘의 천국으로 들어가는, 영원한 지상 낙원을 건설하는 것이 하나님의 계획이다.

- 이것이 구약과 신약에 이어 "새로운 성경"으로 역사하시는 하나님의 창조의 완성이다.

- 지금의 믿음으로 구원받을 수 있다면 그 길을 가라. 그러나 자신이 없다면 하나님께서 직접 내리신 160권의 "새로운 성경"을 읽고 구원의 길을 보라!

하나님 머리말씀

이 새로운 성경을 읽는 너희 모두는
이 율법에 따라 행하면 영원히 구원받을 것이니라.

너희 인간이 수년, 수십 년, 평생
성서를 공부하고 기도하는 것은
하늘나라 나의 곁으로 오고 싶은 소망일진대,

몇천 년 전의 너희 인성과 생각이
지금의 너희와는 판이하게 다르니,

꺾여 가고 병들어 가는 너희를 고칠 수 있는 길은,
오늘 내가 선지자에게 내리는 새로운 성경과 같이
너희가 변화되는 것뿐이니라.

나의 예수가 태어난 것처럼
내가 아들 선지자를 선택하여
나의 새로운 성경을 온 세계에 전하고자 하니,

묵은 것은 버리고 새로운 것은 취하여,
너희 모두는
'여호와 하나님! 저의 죄를 용서하여 주옵소서.'
하는 기도문으로 기도하고, 죄를 뉘우치라.

이 새로운 성경은
수천 년간 내려온 성서를 요약한 것이니,
너희는 이 책을 정독하여 쉽게 깨달음을 얻고,
이대로 실천하여 하늘에 오르라.

대역자 머리말

■ 하나님의 율법을 지키는 선지자로 선택을 받도다.

저는 남들처럼 그저 열심히 살아온 평범한 사람이었습니다. 그러나 50대 중반에 사업에 실패하여 많은 부채에 시달렸으며, 건강도 악화되어 눈이 잘 안 보이고, 걷기도 어렵고, 두통이 심해서 잠을 이룰 수 없는 고통의 나날을 보냈습니다. 그때 제가 선택할 수 있는 것은 육의 삶을 끝내는 길뿐이었습니다.

죽기 직전에 그동안에 죄를 지은 이들에게 용서를 빌고 인생을 끝내기로 작정하였습니다. 어려서부터 지은 죄를 빌고 빌다 보니 끝이 없었고, 죽음으로도 그 많은 죄를 용서받을 길이 없다는 생각에 하염없이 눈물이 흘렀습니다. 그 순간 '재래식 화장실의 구더기는 죄를 짓지 않는데, 나는 인간으로서 구더기만도 못한 삶을 살았구나.' 하는 생각이 들면서 괴로움에 몸부림칠 때, 갑자기 하나님의 음성이 들렸습니다.

"나는 여호와 하나님이니라. 너는 십계명을 암송하고 내가 내려 주는 메시지를 받아 책으로 만들어 만백성을 구하라." 하시며, 제 눈을 손으로 문지르게 하시고, 아픈 머리와 다리를 손으로 두드리게 하셨습니다. 그러고 나니 눈도 잘 보이고 걸을 수 있었으며 머리의 통증도 말끔히 낫게 되었습니다. 그때부터 십계명을 암송하고 나면 들려주시는 말씀을 기록하였고, 1999년 8월부터 2004년 7월까지 권당 288쪽, 총 160권을 받아서 "새로운 성경"이라는 책으로 펴내게 되었습니다.

그러한 저에게 죽기보다도 힘든 길이 시작되었습니다. 모든 교인들이 저에게 사탄이요, 이단이요, 악마요, 마지막 시대에 온 거짓 선지자라 하면서 공격하였고, 저를 짐승을 보듯이 대하는가 하면, 편협한 종교 지도자들의 선동으로 신도들이 이 책을 직접 읽어 보고 평가할 기회마저 막아 버렸습니다. 그래서 하나님의 말씀을 세상에 내는 데 많은 어려움을 겪으며, 피를 토하는 심정으로 책을 전하고 있습니다.

그러나 아무리 인간의 힘으로 막으려 해도, 하나님의 뜻이 세상에 전해지는 위대한 역사는 계속될 것입니다. 책으로 전해지는 "하나님의 말씀"은 세상 끝날까지 항상 우리와 함께하실 것입니다. 사람은 죽어도, 책에 기록된 말씀은 영원히 남으니까요.

■ 따뜻한 실천

하나님께서는 어려운 사람들에게 삶의 터전을 마련해 주고, 미래를 열어 주는 것을 기뻐하십니다. 어려운 이웃이 스스로 자립할 수 있도록 이끌어 주는 것이 진정으로 이웃을 돕는 것이라고 말씀하셨습니다. 그래서 일자리가 없는 제자들에게 작은 사업장을 만들어 주는 "달란트 사업"을 하고 있습니다. 식당, 반찬 가게 등을 차려 주고, 기존의 어려운 사업장이 자립할 수 있도록 돕고 있습니다(커피숍, 미용실, 의상실 등).

하나님께서는 교회에 나와서 모든 시간과 재물을 쏟기를 원하지 않으시고, 그 시간과 재물을 교육에 투자하여 스스로 미래를 열어 가기를 원하십니다. 그래서 제때 공부하지 못한 제자들에게 학업을 이어 가도록 하였습니다. 중화요리 주방장을 하며 초등학교 검정고시부터 공부하여 2012년에 방통대를 졸업한 36세 남성, 만학도들의 2년제 중학교에 입학해서 2007년에 명지대학을 졸업한 38세 여성, 중학교 검정고시를 시작으로 숭의여자대학을 졸업한 47세 여성 등이 있습니다. 그밖에도 많은 제자들에게 나이를 초월하여 배우고 깨우쳐서 사회 속의 당당한 일원이 되도록 인도하고 있습니다.

학자금 대출로 힘겨워하는 젊은이들을 위해 "따뜻한 바람 장학회"를 발족하여(2016년 12월) 대출받은 학자금 전액을 매월 갚아 주고 있습니다. 또한, 다문화 가정을 위해 "다문화 가족 랜드"를 조성하여, 각종 시설을 무료로 활용하도록 하고 있습니다.

이러한 따뜻한 실천이 아직은 미약합니다. 그러나 책의 수입이 늘고, 저와 뜻을 같이하는 분들이 늘어나면 계속 확대할 것입니다. 지도자로서 신도의 재물을 헌금으로 거둬들여 착복하는 것이 아니라, 하나님께서 기뻐하시는 일에 사용하도록 중매 역할만 하며 살아가고자 합니다. 이런 제가 과연 사탄이고 이단인가요? 하나님께서 기뻐하시는 일이라면, 저에게 사탄이라 하든 거짓 선지자라 하든 굽히지 않고 실천해 나갈 것입니다.

끝으로, 일상의 삶 속에서 "지금 내가 하는 행동이 과연 하나님께서 기뻐하실까, 슬퍼하실까?" 생각하고, 매사에 하나님께서 기뻐하시는 길을 택하기 바랍니다. 교회에 모여서 집단적으로 예배 드리는 것이 아니라, 개인이나 가정 단위로 새로운 성경을 읽어 스스로 깨우치고 그대로 행하면 충분합니다. 그것이 마음속에 성전을 짓고, 신령과 진정으로 예배 드리는 길입니다. 그러면 천국의 문에 들어서게 됩니다.

2017.2.1.

하나님 말씀 대역자 김용철

차 례

십 계 명

이 책은 십계명을 암송하고 나면 내려 주시는 "하나님의 음성"을 듣고 그대로 받아쓴 기록입니다. 하나님께서 십계명을 모세에게 내려 주셨지만, 그것은 만백성에게 내려 주신 것입니다. 마찬가지로 이 책의 모든 말씀도 저에게 내려 주셨지만, 만백성 각자에게 들려주시는 말씀입니다. 여러분도 이 책을 접할 때마다 십계명을 암송하고 나서 정독해 주시기 바랍니다.

제일은, 너는 나 외에는 다른 신들을 네게 있게 말지니라.

제이는, 너를 위하여 새긴 우상을 만들지 말고, 또 위로 하늘에 있는 것이나, 아래로 땅에 있는 것이나, 땅 아래 물 속에 있는 것의 아무 형상이든지 만들지 말며, 그것들에게 절하지 말며, 그것들을 섬기지 말라.

제삼은, 너는 너의 하나님 여호와의 이름을 망령되이 일컫지 말라.

제사는, 안식일을 기억하여 거룩히 지키라.

제오는, 네 부모를 공경하라.

제육은, 살인하지 말지니라.

제칠은, 간음하지 말지니라.

제팔은, 도적질하지 말지니라.

제구는, 네 이웃에 대하여 거짓 증거하지 말지니라.

제십은, 네 이웃의 집을 탐내지 말지니라.

나 여호와가 존재함을 믿는 그 자체가 구원의 길에 들어서는 기본이요, 근본이며, 나의 새로운 성경을 가슴에 안고 정독하는 자, 반석 위에 서서 하늘에 오르는 찬란한 빛을 보게 되는 영광을 얻게 됨이니라. 진정 나를 따르고 믿는 자는 감히 사탄이나 마귀도 근접하지 못하느니라.

〈하나님 말씀〉

2004년 2월

9,661 번째 하나님 말씀

2004년 2월 19일 11시 53분

1 사랑하는 나의 아들아!
2 "네, 아버님! 말씀하옵소서."
3 너희들이 믿음이요, 구원의 길만을 부
르짖으며 가는 그 백성들, 그리고 인
간 세상의 세속의 삶을 중요하게 생각
하지 아니하며 그를 중요하게 가르치
지 않는 모든 종교 집단의 지도자요,
그를 믿고 가는 백성, 그들이 잘못 가
고 잘못되었음을 너희들은 알아야 될
것이니라.
4 정녕 너희들이 신앙이요, 그 믿음의
길과 육의 삶은 절대 분리되어서는 아
니 된다는 것을 알라.
5 내가 너희들에게 일찍이 뭐라 말하였
느냐?
6 성령이 임하는 곳이 너희들의 육이니,
그는 곧 집과 같다 내가 그리하지 아
니하였더냐?
7 그러니 어찌 이가 분리되어 존재한다
는 생각을 할 수 있는 것이냐?
8 그러니 너희들의 육과 신앙이 분리되
어서는 아무것도 이룰 수 없으며, 너
희들 자체가 존재할 수 없음을 알아야
될 것이니라.
9 믿음의 길이요, 참진리의 길이요, 나
의 성령이 바로 너희 육을 다스리며
육을 이끌어 가는 그와 같은 역사 속
에서 너희들이 존재하기 때문이니라.
10 그러니 지금 너희들의 육과 영혼의 믿
음을 분리해서 가는 집단, 너희들이
얼마나 잘못된 것인 줄 알겠느냐?
11 그리하여 너희들이 육과 관계된 그 모
두를 소홀히 함이니라.
12 너희 자신이 육과 영혼을 분리시켜,
믿음이요, 신앙이요, 그것만 중요하
며, 너희들의 육을 관리하고 육이 살
아가는 것은 중요하다 생각하지 아니
하니,
13 육을 가지고 있는 너희 형제요, 이웃
이요, 너희 부모에게 그리 소홀히 하
면서도 너희들이 당당히 살아갈 수 있
는 그와 같은 잘못된 마음이 너희들
마음속에 뿌리내린 이와 같이 험악한
세상이 되었음을 알아야 할 것이니라.
14 참진리의 길은 육을 다스리고 이끌어
간다 하지 아니하였더냐?
15 그러니 육을 버리든 믿음을 버리든 둘
중 하나를 버리고 가는 백성, 너희들
이 한쪽에만 치우쳐 간다면, 결국 죽
은 믿음이요, 썩어져 가는 믿음이라는
것을 알아야 될 것이니라.
16 그리하여 나의 아들 예수를 통하여 내
가 너희들에게 성서에 기록하여 전하
지 아니하였더냐?
17 '행함이 없는 믿음은 곧 죽은 믿음'이
라는 그 대목을 너희들은 수없이 읽고
깨우치면서도, 어찌 그를 받아들여 너
희에게 관계되는 것이라는 그 의식 속
에서 살아가고자 노력하지 아니하는
가?
18 그저 흘러간 너희 조상에게 관계된 것

이라 그리 치부하는 어리석은 삶에서
깨우쳐야 함을 알아야 될 것이니라.
19 그러니 지금 너희들의 육과 영혼이 분
리된 것이라 가르치는 그것이 얼마나
무지한 것이며, 너희들의 모두를 무너
트리는 것인가를 너희들은 바로 깨우
쳐야 될 것이며,
20 그와 같은 생각을 지우는 것으로써 너
희들의 거듭남이 시작된다는 것을 절
대 잊지 말도록 하라, 사랑하는 나의
아들딸들아!
21 어떠한 쪽이든 한쪽에 치우쳐 가는 것
은 지탱할 수 없으니, 이는 죽은 믿음
이요, 썩은 믿음이라는 것을 절대 잊
지 말도록 그리하라.

9,662 번째 하나님 말씀

2004년 2월 19일 12시 10분

1 사랑하는 나의 아들아!
2 "네, 아버님! 말씀하옵소서."
3 모든 종파요, 지도자요, 그리고 구원
의 길에 들어섰다는 그 백성들이 뭐라
말하느냐?
4 저 자신이 빛과 소금이 되어 세상을
바로잡고 세상을 비추며 세상을 세우
는 데 모두를 다 바치며, 저희들만이
그를 역사할 수 있는 백성이라 하여
수천 년 동안 그들이 앵무새처럼 그리
부르짖어 왔음이니라.
5 그러나 그들이 부르짖음과 달리 나 여
호와가 내려다보는 그들의 모습은 어
떤지 알겠느냐, 사랑하는 나의 아들아!
6 그들은 썩은 것만을 찾아다니는 파리
떼처럼 그와 같은 형국으로써 저희 성
전이요, 교회의 그 모두를 운영하며
제가 부를 누리기 위해서는 어떠한 방
법과 수단을 가리지 아니하며 권력과
재물 앞에 타협하고 협잡하는 그와 같
은 행위만을 일삼은 자들이니라.
7 저희들이 신도들의 어려움과 고통스
러움을 들여다보는 것이 아니요,
8 권력 있는 자, 재물 있는 자, 능력 있
는 자와 타협하고 협잡하는 데 주저하
지 않는 그와 같은 행위를 하고 살아
오는 것이 그들이니라.
9 더 큰 교회를 짓는 것이 나를 기쁘게
하며 나를 위해 역사한다는 변명 아닌
변명 속에서 저희들이 부를 따라다니
는 그와 같은 자들이 썩은 것만을 찾
아다니는 파리 떼만도 못한 자들이니,
그와 같은 백성을 어찌 가르치고 바로
잡을 수 있단 말이더냐?
10 그리하여 내가 나의 아들을 통하여 이
어렵고 힘든 역사의 길을 감을 너희들
은 알아야 될 것이니라.
11 그러니 내가 그들에게 뭐라 말하였느
냐?
12 몇천 년 동안 흘러오는 중에 나에게
오른 백성이 없으며, 내 뜻을 따르는
백성이 없으며, 순종하는 백성이 없음
이니,
13 그들이 나에게 왔을 때 결코 내가 너
희들을 알지 못한다는 그 답을 내가
미리 너희들에게 전해 주지 아니하였
더냐?
14 그러니 나와 관계없는 자들이요, 관계
없는 길을 가면서 그들은 나를 찾고
있으며 나의 아들 예수를 찾으며 그
보혈로써 구원을 받았다 지금 울고불

고하니,
15 그것이 바로 나에게 오르는 길이라면
나의 기쁨이 얼마나 크겠느냐?
16 그러나 그것은 나의 백성들이 지옥으
로 가는 행위만을 하며, 저희들이 죄
짓는 것을 골라서 하며, 그리고 나로
부터 멀어지는 그와 같은 행위만을 하
고 있음이니, 그를 바라보는 나 여호
와의 마음이 어떻겠는가?
17 그래도 파리 떼처럼 썩은 곳을 찾아다
니는 자도 나의 아들딸이요, 나의 백
성이니,
18 그들을 구할 수만 있다면 구하고자 하
는 것이 나 여호와의 뜻이니라.
19 지금 어떠한 방법으로써도 그들을 구
할 수가 없음이니라.
20 너희들이 구약 시대에 모세의 위대한
역사의 그 모두를 보지 아니하였더냐?
21 어쨌든 너희들을 다스리기 위한 벌이
요, 심판이라 해도, 기적과 이적으로
너희들이 상상할 수 없는 것을 역사하
지 아니하였던가?
22 그러니 너희들이 바른 자요, 또 직접
나 여호와가 내려와 너희들을 다스려
주기를 바라는 것이 수천 년 동안 흘
러온 너희들의 마음 자세가 아니더냐?
23 그리하여 내가 나를 대신하여 나의 아
들을 세상에 내려보내 너희들의 소원
을 들어준 것이 아니더냐?
24 정녕 모세의 그 구약 시대에 역사했
던 것, 그리고 나의 아들이 직접 세상
에 내려가 내가 존재하며 나의 뜻이
무엇인가를 전해 주기를 너희들이 원
하고 갈구한 것처럼,
25 오늘의 너희들이 나의 아들의 재림을
바라며 나 여호와의 뜻이 세상에 내려
와 너희들을 구원하는 그 기적의 역사
를 이루어 주기를 바라는 것처럼,
26 바로 구약 시대와 신약 시대의 교차
점에 있는 그 백성들도 그와 같이 소
원하고 갈구했음이니라.
27 그리하여 내가 너희들의 소원이요, 그
갈구하는 뜻을 들어 나의 아들 예수를
세상에 내려보냈으나, 너희들이 그를
받아들이지 아니하였으며 그를 인정
하지 아니하였으며,
28 그를 너희들이 매몰하는 그와 같은
사악한 행위로써 역사하지 아니했던
가?
29 나의 진리는 땅에 묻어 버리며, 그리
고 나의 아들은 그 십자가의 고통 속
에 죽게 함으로 하여 모두를 다 매몰
시키며 매장시켜 버린 것이 아니더냐?
30 그리하여 너희들이 2천 년 동안 아버
님의 뜻이요, 성령이요, 새로운 말씀
이요, 보혜사가 세상에 내려올 것이며
너희들을 구원할 것이라며 그를 바라
고 기다리고 그리 울고불고하지 아니
하였더냐?
31 그러니 너희들이 그와 같은 속에서 깨
우치지 못하며 바로 서지 못하기에,
32 내가 너희들이 그 울부짖는 것이 불
쌍하고 가련하여 나의 아들을 통하여
세상에 나의 법전이요, 나의 성령이
요, 새로운 성경을 너희들에게 내려보
내 너희들을 깨우치고자 하거늘,
33 2천 년 전 나의 아들 예수를 보내 너
희들을 다스리고자 한 그 역사와 무
엇이 다르단 말이더냐?
34 똑같은 형국으로써 똑같은 그와 같은

역사가 이루어지고 진행되건만,
35 2천 년 전보다도 더 사악한 방법으로
써 너희들이 지금 나의 아들을 핍박하
며 나의 아들을 박해하며 나의 법전을
찢어 버리고 태워 버리며,
36 이를 접하는 자는 나와는 관계없이
지옥에 가는 자요, 천국을 절대 갈 수
없으며 오로지 지옥으로 가는 자들이
니, 이 새로운 성경을 읽지도 말며 보
지도 말며 그가 강론하는 것을 듣지도
말라 너희들이 그리 가르치고 있는 것
이 아니더냐?
37 그러니 너희들이 나와 관계없는 그
길을 달려가고 있는 백성이라 함이니,
38 이 뜻을 알았다면 나의 아들을 따르는
그 제자들이요, 나의 법전을 읽고 깨
우친 만백성 너희들은 어찌 노력해야
되며 어찌 가야 되는가?
39 잠시라도 너희들이 쉬고 놀고 갈 시
간이 있겠는가, 그리고 너희들 마음속
에 긴장을 풀고 다른 생각을 할 수 있
겠는가?
40 너희들을 위해 이 세상에 그 많은 수
십억의 너희들의 후손이요, 나의 아들
딸들이 세상에 왔다 돌아가는 그와
같은 계속 진행되는 삶의 그들을 바
로 깨우쳐 하늘에 오르는 그 역사요,
천 년에 걸쳐서 하늘에서 이루어진 것
같이 지상에 낙원을 이루는 그 대명을
받은 자들이 잠잘 시간이 있다 생각하
느냐?
41 너희들은 잠잘 시간, 먹을 시간, 물을
마실 시간도 없는 자들이니,
42 잠시도 쉬어서는 아니 되며 긴장을
풀어서도 아니 되며,
43 나의 법전을 만들어 만백성에게 전하
는 데 게으름을 가져서도 아니 될 것
이며, 나의 강론을 듣는 데 너희들이
소홀히 해서도 아니 됨을 명심하고
또 명심하도록 그리하라.

9,663 번째 하나님 말씀

2004년 2월 19일 12시 17분

1 사랑하는 나의 아들아!
2 "네, 아버님! 말씀하옵소서."
3 내가 성서에 기록하여 나의 아들 예수
를 통하여 너희들에게 전하였느니라.
4 '나의 백성이 입술로는 나를 존경하
되, 말로써는 저희들이 나를 존경하며
모두를 다 바친다 하나, 정녕 속에 있
는 그 마음은 나로부터 멀어져 있는
자들이요,
5 오로지 하늘의 뜻에 따라 어렵고 힘든
길을 가는 백성이 아니라, 인간이 만
든 계명을 교훈 삼아 가르치고 가는
것이니,
6 그것이 다 나를 헛되이 경배하며 따르
는 백성이라' 내가 그리 성서에 기록
하여 전한 뜻을 너희들은 알겠는가?
7 지금의 모든 종교 집단 그들의 형태를
보라.
8 오늘의 너희들이 이와 같이 무너지며
쓰러지고 파괴되는 그 시대를 위하여,
내가 너희들을 바로 가도록 하지 아니
하면 아니 되기에, 내가 그 뜻을 미리
예언하여 전하고 가르쳤거늘,
9 너희들이 지금 그와 같은 형국으로써
치닫고 있는 것이 아니더냐?
10 내가 성서에 또한 기록하여 전했느니

라.
11 '입으로 들어가는 것이 사람을 더럽게
하는 것이 아니요, 입에서 나오는 것
이 사람을 더럽게 하는 것이라' 내가
그리 말하였음이니,
12 지금의 모든 인간 세상에 있는 종교
집단이요, 지도자 너희들이 인간이 만
든 그 교리요, 인간의 삶과 경험을 가
지고 장황하게 그것으로써 가르친다
하며 진리라 하여 지금 나의 백성을
이끌어 감이니, 너희들이 정녕 나 여
호와의 뜻을 이루는 것이 아니니라.
13 오로지 재물을 거둬들이기 위해, 너희
들의 부와 권위를 세우기 위하여 온
갖 마음을 다 바치는 그와 같은 행위
를 함이니,
14 너희들이 좋은 것이 너희 입으로 들
어가나 너희들의 입에서 나오는 것은
더럽게 되어 이 세상에 나옴이니,
15 너희들의 입으로 들어가는 것이 사람
을 더럽게 만드는 것이 아니요,
16 입에서 나오는 것, 너희들이 나의 뜻
이라 하여 전하는 것, 그리고 너희들
이 인간의 교리를 가지고 말하여 세
상을 어지럽게 만드니,
17 그것보다도 더 더럽고 추한 것이 없
다 함을 내가 미리 전하였거늘, 너희
들이 그 전철을 지금 그대로 밟고 있
음이니라.
18 그러니 나의 아들을 따르는 제자들이
요, 그리고 나의 법전을 읽고 깨우친
만백성 너희들은 절대 그와 같은 일을
두 번 다시 해서는 아니 됨이니,
19 너희들을 바로 가르치고 바로 세우기
위하여 내가 이 성경의 구절을 다시
한 번 너희들에게 기록하여 전함이니,
20 너희들은 헛되이 이와 같은 짓을 하지
말며, 이를 본받지 말며, 이를 거울삼
아 너희들이 바로 서지 아니하면 절대
아니 됨을 명심하고 또 명심하라.
21 너희들로 하여금 마지막 시대에 모두
를 역사함이니, 두 번 다시 다른 기회
가 없음이니, 너희들이 얼마나 소중한
자인가를 다시 한 번 깊이 깨우치라.
22 내가 나의 법전에 너희들이 얼마나 귀
하고 소중한 아들딸인지 강조하고 강
조한 그 뜻을 너희들이 깊이 깨우치지
아니하며 깊이 받아들이지 아니하면
아니 됨을 명심하고 또 명심하도록 하
라.
23 내가 이와 같은 성서의 기록을 전함은
지금의 너희들을 깨우치고자 함이니
라.
24 너희들이 지금에 이와 같은 것을 보고
지금의 종교 집단이요, 지도자요, 흘
러가는 그 추악한 모습에,
25 나의 아들을 따르는 제자들을 새로 역
사하여 선택한 너희들이 그와 같은 전
철을 밟지 말며, 그들을 보고 깨우쳐
너희들이 바로 갈 수 있도록 하고자
함이니라.
26 너희가 참진리요, 나의 뜻을 역사하는
것이 아니라, 너희가 만든 인간의 교
리를 갖고 지금의 너희들이 구원의 길
을 가는 것은 무엇이더냐?
27 사탄의 세상을 만들었으니, 이를 위하
여 내가 예언하고 가르친 그 소중한
글귀를, 그 성서의 구절을 너희들이
소홀히 듣지 말라, 사랑하는 나의 아
들딸들아!

28 너희들이 설교하는 것, 그 모두가 하
늘에서 듣기에 너무나도 역겨워 내가
견딜 수가 없으며, 더 버티고 들을 수
도 없으며, 내가 그와 같이 하는 너희
들의 냄새를 맡을 수도 없는 그와 같
은 형국이 또 되었음이니라.
29 듣지도 못하며 말을 수도 없는 썩고
썩은 그와 같은 짓만을 너희들이 하고
있음을 알겠느냐?
30 이제 지상을 너희들이 오염시켰으며
나의 백성들을 썩게 하였음이니라.
31 그러니 여기서 너희들이 중단하고 바
로 서지 아니하면 결국 내가 말하는
썩은 것을 찾아다니는 파리 떼로서 너
희들이 살다 그 파리의 목숨이 끊어지
듯이 죽어 갈 것이니,
32 내가 너희들을 어찌 안다 하겠느냐?
33 그러니 너희들이 나를 능멸하며 나를
욕되게 하는 백성으로서 더 이상 살지
말며,
34 모든 종교 집단이요, 지도자 너희들은
나의 사랑하는 백성들을 더 이상 속이
는 거짓된 행위를 하지 말라.
35 이제 그를 바로잡기 위하여 나의 법전
이 세상에 나감이니, 너희들이 그와
같은 짓을 계속하며 나의 법전을 잘못
된 것이며 사탄의 뜻이라 하는 것은
너희들이 두 손으로 하늘을 가리고자
하는 어리석은 자들과 같음이니,
36 이는 결국 밝혀질 것이며 이 광명의
빛을 그들이 볼 날이 머지않았으니,
37 너희들이 깨우쳐 변하지 아니하고 너
희들이 가르치는 신도요, 그 백성들이
광명의 빛을 보고 돌아섰을 때, 너희
들이 받는 그 충격은 너희들의 육에서
도 견딜 수 없는 고통일 것이며,
38 그 고통의 천배 만배 더한 것이 종교
집단의 우두머리인 지도자 너희들이
죽어 나에게 와 지옥 불에서 겪는 고
통이라는 걸 잊지 말라.

9,664 번째 하나님 말씀

2004년 2월 19일 12시 23분

1 사랑하는 나의 아들아!
2 "네, 아버님! 말씀하옵소서."
3 인간 세속에 너희들이 살아가는 단순
한 그 법도에도 너희들이 상대가 되지
않는 사람을 상대로 경쟁하는 것, 그
를 무너트리는 것, 그것은 얼마나 너
희들이 사악하고 잔인한 행위더냐?
4 너희들이 걸음마를 배우는 자를 성년
이 상대하여 그를 무너트리며 그를 공
격하는 그와 같은 행위를 한다면, 그
는 두 번 세 번 살인하는 자요, 얼마나
악한 자더냐?
5 지금 나의 아들을 통하여 내가 새로운
법전이요, 새로운 성경이라 하여 만백
성에게 전하는 이 책이 세상에 전해짐
이니,
6 모든 종교 집단 너희들의 그 인력과
조직과 힘이요, 물질이요, 재물을 쌓
아 놓은 것이 얼마나 방대하던가?
7 아무것도 갖지 못하며 걸음마도 못 하
는 나의 아들을 상대로 하여 너희들이
경쟁하는 것처럼 이를 버리도록 하며,
이를 보지도 못하고 듣지도 못하게 하
니,
8 어린아이를 상대로 해서 싸우고자 하
여 대드는 그 성년의 꼴이 된 것이 오

늘의 종교 집단이요, 지도자 너희들이
하고 있는 행위이니,
9 이를 보는 나 여호와가 너희들을 얼마
나 가련하고 불쌍한 자들이라 생각하
는지 알고 있느냐?
10 그러면서 너희들은 그리 생각하느니
라.
11 어떠한 어린아이든 너희들이 무조건
이겨야 되며, 이기지 않으면 너희들이
당한다는 그와 같은 생각이 너희들의
머릿속에 젖어 있기 때문이니,
12 어린아이 같으며 걸음마를 배우는 나
의 아들을 지금 너희들이 공격하며 무
너트리는 것이 아니더냐?
13 이것은 바로 너희들이 이기지 아니하
면, 너희들이 무너트리지 않으면 결국
너희들이 당한다는 그와 같은 너희들
의 잠재의식에서 하는 행동이요, 거기
서 이루어지는 너희들의 행동이니,
14 너희들이 가고 있는 길이 진실한 길이
아니요, 진정한 깨달음의 길이 아니기
때문이 아니더냐?
15 어린아이라 해도 아무리 그가 성장한
다 해도, 너희들이 참진리요, 나 여호
와의 뜻에 의하여 역사한다면, 그가
아무리 성장해도 너희들을 이길 수 없
으며 너희들의 경쟁 상대가 될 수 없
으며, 너희와 싸울 수 있는 자가 없을
것이거늘,
16 너희들이 지금서부터 그와 같은 나약
한 나의 아들이요, 나의 법전을 짓이
기며 이를 무너트리려 하는 것이 무엇
이더냐?
17 너희들이 당당하지 못하며 너희들이
참진리의 길을 가지 못하기에, 너희들
은 결국 이들에게 넘어지며 이들에게
쓰러지며 너희들이 당한다는 그 피해
의식이요, 거기에서 벗어나지 못함이
니, 너희들이 솔직하지 못한 자들이니
라.
18 그러니 이제는 너희들이 방대한 힘이
요, 그 조직으로 잘못 가는 것이 하늘
에 오르는 길이라 부르짖고 강론하고
설교하고 가르치는 너희들의 가슴이
찔리며 마음이 아픈 자들,
19 너희들이 이제 모두를 다 털어 버리라.
20 그리고 내가 한 알의 겨자씨를 뿌렸으
니, 그를 잘 길러 가르쳐 그가 가는 것
을 배우며,
21 그를 통하여 내리는 나 여호와의 뜻이
요, 하늘에 너희들이 말하는 창조주
아버님의 그 말씀을 들어 너희들이 은
혜를 입는 그와 같은 영광된 삶으로
다시 돌아가지 아니하면 절대 아니 됨
이니 그리 알라.
22 너희들은 상대도 되지 않는 자를 상대
로 하여 싸우는 것이, 그 모습이 아름
답더냐?
23 그 모습은 결코 아름다운 것이 아니
며, 인간 세상에서 할 수 없는 것임을
너희들은 알아야 될 것이니라.
24 그러니 너희들이 그와 같은 행위를 하
는 것은 너희 자신이 너희 문제를 알
고 있으며 너희가 잘못 가고 있으며
잘못된 것을 알고 있기 때문임을 알아
야 될 것이니라.
25 그러나 너희들은 여기서 알라.
26 너희들이 나의 아들을 지금 무너트리
고 그 가슴에 화살을 쏘며 나의 법전
을 찢어 버리고 태운다 해서 너희들이

그 모두를 덮어 버릴 것이라 생각하
나,
27 너희들은 내가 세상에 내려보낸 나의
법전을 다 거둬 태우고 찢어 버린다
해도, 너희들이 일부분도 막지 못하는
것이며, 억만 분의 일도 막지 못하며
역사할 수 없다는 것을 알라.
28 절대로 나의 새로운 성경이요, 나의
법전은 없어질 수 없으며 태워질 수
없으며,
29 너희들이 아무리 그리한다 해도 내가
내려보내는 이 참진리의 뜻을 막을
수 없음이니,
30 너희들이 지금 찢어 버리고 던지고
너희들의 교회의 단상에 서서 종교 지
도자가 이를 아무리 보지 말라, 읽지
말라 말한다 해도,
31 너희들은 보이지 않는 숫자의 일부분
밖에 안 되는 그와 같은 것을 가지고
지금 몸부림치고 있는 어리석은 백성
이라는 것을 알라, 사랑하는 나의 아
들딸들아!

9,665 번째 하나님 말씀

2004년 2월 19일 12시 26분

1 사랑하는 나의 아들아!
2 "네, 아버님! 말씀하옵소서."
3 나 여호와가 이루고자 하는 것, 내가
역사하고자 하는 것이 무엇인 줄 알겠
느냐?
4 내가 아담과 하와에게 주었던 지상의
낙원이 내가 이루고자 하는 뜻이요,
내가 지상에 역사하고자 하는 뜻이니
라.
5 그러나 그들이 마음을 돌렸으며 나를
등졌으며, 그리하여 나의 피조물 만백
성 너희들이 지금까지 살아오면서 지
금 내 뜻에 순종하지 아니하며 내 뜻
을 저버렸으며,
6 내가 나의 아들 예수의 생명까지 던져
주어 너희들을 바로잡으려 했으나, 너
희들이 거역하는 길이요, 반대의 길만
가 오늘에 지금 이 세상이 이렇게 부
패하고 썩었으며,
7 썩은 덩어리가 감히 누구도 대적할 수
없을 만큼 저희들이 이루어졌으니,
8 나의 아름다운 지상에, 온갖 너희들의
교회요, 성당이라는 그 괴물이 내 몸
에 상처를 내고 있으며, 그 숫자를 헤
아릴 수 없을 만큼 내 몸을 잠식해 가
고 있음이니라.
9 그러나 너희들은 결국 그것이 더 이상
갈 수 없으며 더 이상 너희들이 존재
할 수 없다는 것을 알아야 될 것이니
라.
10 내가 아담과 하와에게 이루어 준 것이
너희들에게 주는 가장 큰 사랑이요,
역사요, 내가 이루고자 한 그 뜻이기
에,
11 결국 너희들이 아무리 내 몸에 상처를
내며 이 지상에 방대하게 너희들의 교
회를 세우며 성당이요, 성막을 세워
나의 피조물 만백성을 유인하고 이끌
어 간다 해도,
12 결국 내가 아담과 하와에게 주었던 그
지상의 낙원은 이루어진다는 것, 그
모두는 역사한다는 것을 너희들은 알
아야 될 것이며,
13 내 뜻이 거둬들여지며 이루어지지 아

니할 것이라는 착각 속에서 너희들이
오늘에 잘못 가며 깨닫지 못하며 나를
등지고 거역하는 그와 같은 길을 달려
가는 것을 너희들은 여기서 중단하지
아니하면 아니 될 것이며,
14 결국 너희들은 내가 원하는 이 지상의
낙원이 이루어진다는 그 엄연한 사실
을 알라.
15 그러니 너희들만이 나에게 올 수 없는
자요, 너희들만이 누릴 수 있는 그 모
든 영광을 다 포기하고 가는 가련하고
불쌍한 백성들이니,
16 거기서 구원의 길로 돌아올 수 있는
자, 나의 법전을 높이 들고 이를 따르
라 외치는 자, 바로 너희들은 영원히
사는 세상에 나에게 오를 수 있는 백
성이라는 것을 알며,
17 내가 아담과 하와에게 주었던 그 지상
의 낙원은 반드시 이루어지느니라.
18 이는 내 뜻이요, 내가 계획한 것이요,
내가 이루고자 했던 것이기 때문이니,
19 여기에 거역하는 그와 같은 너희들이
얼마나 어리석은 자인가?
20 거기서 너희들이 뛰쳐나오는 자, 새로
운 생명을 얻음이라는 것을 잊지 말도
록 그리 전하라.

9,666 번째 하나님 말씀

2004년 2월 20일 07시 36분

1 사랑하는 나의 아들아!
2 "네, 아버님! 말씀하옵소서."
3 구약의 아름답고 그 소중한 성령의 뜻
이 세상에 전해졌으나, 그를 그대로
지키고 행하지 아니하면 그게 무슨 소
용이 있으며, 그 뜻이 어디에 전해질
수 있겠느냐?
4 내가 친필로 쓴 십계명을 세상에 내려
보내 너희들이 지키고 가는 것이 영혼
의 구원의 양식이라 하였으나,
5 이를 지키지 아니하며 이를 행하지 아
니한다 하면 과연 이는 무엇하겠는가?
6 아무런 의미가 없는 것이며, 나의 백
성들이 깨달음이 없는 것이니라.
7 더욱이 이를 스스로 지키지 못하는 것
을 반성하고 회개하며 지켜 가고자 노
력해도 아니 되거늘,
8 이를 지킬 수 없으며 인간은 지킬 수
없다는 것은, 과연 그를 어찌 받아들
이고 너희들이 어찌 생각해야 되겠는
가?
9 너희들의 오늘의 믿음이요, 나의 피조
물 만백성들이 그러하니,
10 오늘의 종교 집단이요, 지도자요, 그
모두가 다 나 여호와를 경배하며 내
뜻에 따라 하늘에 오르고자 하는 길
을 찾는 것이 아니요,
11 나를 저희들의 발아래 두고자 하는
그와 같은 행위를 하고 있다 함이 아
니더냐?
12 이 얼마나 무섭고 두려운 행위를 그
들이 하고 있는가?
13 지금 아무리 아름다운 것이 세상에 내
려오며 아무리 진리가 내려온다 해도,
그를 너희들이 따르지 아니하고 지키
지 아니하면 아무것도 아니요, 한낱
잡석만도 못하게 변화되는 것이니,
14 그를 지키고 그를 이해하고 순종하는
백성은 보석같이 그 귀한 것을 얻게
됨이니라.

15 그러니 지금까지 믿음의 길을 오는 그
백성들이 정녕 인간이기 때문에 창조
주 나 여호와가 직접 써 내린 친필을
지킬 수 없다 함이니,
16 저희들이 나의 아들 예수를 통하여 내
린 '사랑하라, 그리고 베풀고 실천하
라.' 한 그와 같은 성경의 가르침, 그
것도 또한 그들은 지키지 아니하며 지
키지 못하는 자들이 되었음이니라.
17 너희들이 성경에 기록된, 신약에 또한
기록되어 있는 그 내용대로 나의 아들
예수가 전하고자 하는 그 뜻을 잘 알
아 그대로 행한다면 너희들은 보석을
얻게 되는 것이요, 구원의 길을 얻게
되는 것이니라.
18 그러나 너희들은 그를 지키고 행하지
아니하며 그를 역사하지 아니함이니,
19 그러니 너희들에게 아무런 관계가 없
는 것이 되어 버렸으며, 또한 너희들
을 내가 모르는 자식이라 그리 말하게
되었음을 너희들은 알겠느냐?
20 지금 내가 마지막 시대에 나의 아들을
통하여 160권의 법전으로 나의 성령
을 태워 모두를 다 내려보냄이니,
21 너희들이 이를 그대로 행하고 지키지
아니하면 아무런 가치가 없으며, 이를
내린 의미가 없으며, 너희들에게는 그
저 잡석만도 못한 그와 같은 것이 되
는 것이니라.
22 이제 나의 아들을 따르는 제자들이요,
나의 법전을 읽고 깨우친 백성 너희들
은 내가 나의 아들을 통하여 내리는
160권의 새로운 성경이요, 그를 그대
로 지키고 행하는 데 모두를 다 바쳐
야 될 것이니라.
23 그렇지 아니하면 아무런 의미가 없으
며 아무런 값어치가 없는 것이요,
24 내 뜻을 이해할 수 없으며, 내 뜻을 따
라올 수 없는 백성이 되기 때문이니라.
25 그러니 너희들은 내가 명하는 것을,
더욱이 창조주 내가 너희들에게 하늘
에 오르는 길이 무엇이요, 심판의 길
이 무엇이라 깨우쳐 준 것을 그대로
지키고 행하는 데 너희들의 모두를 다
바치는 것이 소중하고 귀함이니라.
26 그것으로써 너희들의 구원의 길을 열
고 안 열며 천국의 문을 들어오고 못
들어오는 그 고유의 권한을 가지고 있
는 나 여호와가 그 권한을 행사할 수
있음을 너희들은 알아야 될 것이니라.
27 지금의 너희들은 행함이 중요하거늘,
그 행함을 하지 아니함이니, 행함을
하지 아니하는 것은 있으나 마나가 아
니더냐?
28 너희들의 모든 종교 집단이요, 지도자
들이 얼마나 무섭고 두려운 짓을 하고
있으며, 나 여호와를 능멸하고 나를
욕되게 하는지 알겠느냐?
29 너희들이 행함이 없이는 아무것도 이
루어질 수 없으며 얻을 수 없으며 행
함이 가장 소중하다 하였음이니라.
30 내가 구약을 내리고 신약을 내리며 십
계명을 내리고 나의 새로운 성경을 내
려보냄이니, 그리고 너희들에게 주기
도문이라 하여 기도할 수 있는 것을
내려보내니,
31 그대로 지키고 행하지 아니하면 다 그
것이 무엇이더냐?
32 잡석만도 못한 아무 쓸모없는 것이라
내가 그리하지 아니하였더냐?

33 모두는 그대로 행하고 지키는 것이 나
에게 오를 수 있는 길이요, 가장 위대
한 것이라 하였거늘,
34 너희들이 그를 행하는 것은 별것이 아
니요, 그저 말로써 나를 찾고 나의 아
들 예수의 보혈로써 구원을 받았다며
재물을 바쳐 그것으로써 너희들이 그
상을 얻어 구원을 받는다 그리 말하고
있으니,
35 과연 이것이 너희들이 내 뜻에 순종하
는 것이더냐?
36 그러니 나와 아무런 관계도 없는 길을
가는 자들이니라.
37 그러니 오늘 나의 아들을 통하여 내가
새로운 성경을 내려보내 너희들로 하
여금 바로잡고자 하며 새로운 역사를
이루고자 하는 그 의미를 알겠느냐?
38 절대적으로 행동이 아니면 아무것도
이루어지는 것이 없으며, 그대로 따라
서 행하지 아니하면 가치가 없는 것이
라 그리하였느니라.
39 구약이요, 십계명이요, 신약이요, 나
의 법전이요, 새로운 성경까지도 내가
너희들에게 내리는 것은 무엇이더냐?
40 그대로 보고 따르고 지키고 행하라 하
여 내리는 것이거늘, 이를 따르고 지
키고 행할 수 없는 것이라 말함이니,
이게 과연 나의 백성들이더냐?
41 그러니 수많은 세월 동안 수많은 백성
들 중에 나에게 오른 자가 없으며, 바
로 가르친 자 없으며, 바로 배운 자가
없어 오늘에 험악한 세상이 되었음이
니라.
42 너희들이 행함이 있었더라면, 너희들
이 지금과 같이 말세요, 그리고 도둑
이 들끓는 세상이요, 종말이라는 말을
할 수 없음을 알라.
43 다만 행하지 아니하기 때문에 너희들
이 그 두렵고 무서운 말을 하고 있음
이니,
44 이것은 오늘의 종교 집단이요, 그 신
도들이 그리 만든 원죄요, 원흉임을
알라 그리 전하라.
45 행함이 없이는 아무것도 이루어지지
아니하며 역사할 수 없듯이, 행함을
중요시하지 않으며 인간 삶의 행함을
중요시하지 않는 너희들은 아무런 가
치가 없는 자들이며 나를 볼 수 없는
자들이라는 그 두려움을 전하라.

9,667 번째 하나님 말씀

2004년 2월 20일 07시 42분

1 사랑하는 나의 아들아!
2 "네, 아버님! 말씀하옵소서."
3 나 여호와가 나의 뜻을 세상에 전하며
아담과 하와에게 주었던 그 지상의
낙원으로 너희들을 복귀시키려 함이
니,
4 내가 너희들에게 그 길을 올 수 있도
록 하는 모두를 내려보내 주나, 나 여
호와가 너희들에게 그리 가는 것을
방해하는 일이 없으며, 내가 방해하지
아니함이니라.
5 너희들이 가지 못하도록 내가 훼방을
놓는 것이 없으며, 오로지 너희들이
갈 수 있기를 바라고 기다리는 것이
나 여호와가 아니더냐?
6 그러니 내가 내린 십계명이요, 너희들
이 지키고 그리 가야 될 길을 갈 수 없

으며 그리 역사할 수 없다는 것은, 나
여호와가 너희들을 훼방하는 자요, 너
희들이 정녕 갈 수 없는 것을 가지 못
하도록 만들어 놓고 내가 가라 하는
잘못된 창조주요, 공의의 하나님이 아
니라는 말이 아니더냐?
7 너희들이 깨우쳐 하늘에 오르고자 하
는 그 길을 오는 것을 모두를 깨우칠
수 있는 안내자를 내가 내려보내며 안
내할 수 있는 나의 뜻을 전하기는 하
였지만,
8 내가 너희들을 방해하지 아니하며 훼
방 놓지 아니하였거늘, 어찌하여 오늘
의 종교 집단이요, 지도자들이 나 여
호와가 훼방하는 자요, 방해하는 자
요, 너희들을 가지 못하도록 막는 그
와 같은 나라 너희들이 그리 말하느냐?
9 내가 너희들에게 내린 계명이요, 율법
이요, 그리고 나의 새로운 성경, 이 모
두를 인간은 지킬 수 없다 말하는 것
은 너희들은 언뜻 말하는 그 말 한마
디로써 표현하는 것 같으나, 그는 너
희들이 그게 아니니라.
10 창조주 아버지가 너희를 이리 가라 말
씀을 하시며 사사건건 너희들을 방해
하며 훼방하며 가지 못하도록 하는 하
나님이라 너희들이 그리 말하는 것과
무엇이 다르단 말이더냐?
11 그러니 너희들이 한마디의 말이요, 하
나의 행동을 생각하고 생각해서 하지
아니하면 아니 됨이니,
12 너희들은 말 한마디요, 행동 하나하나
를 함이 얼마나 두렵고 무서운지를 알
아야 될 것이니라.
13 나 여호와는 결코 너희들을 방해한 것
이 하나도 없음이니라.
14 스스로 너희들이 무너졌으며, 스스로
너희들이 그 길을 오지 못했으며, 스
스로 너희들이 선택하지 못한 것이 너
희들의 책임이지 나에게 책임이 하나
도 없거늘,
15 모두를 나에게 책임이 있고 내가 방해
하고 훼방하는 하나님인 것처럼, 지키
지 못할 것을 내려 놓고 지키라 하며,
행하지 못할 것을 행하는 것이 하늘에
오르는 길이라 한다면,
16 내가 너희들을 넘어트리고 밀어붙이
는 그와 같은 하나님이라는 사악한 말
을 함부로 함이니,
17 이것이 나를 믿고 나를 경배하며 나에
게 오고자 한다는 그 백성들이 가르쳐
흘러온 지금의 그 역사임을 너희들은
알라.
18 그러니 이제 나의 아들을 따르는 제자
들이요, 나의 법전을 읽고 깨우친 만
백성 너희들은 생각하고 생각하며 겸
손하고 겸허한 자세로써 살아가도록
그리하라.

9,668 번째 하나님 말씀

2004년 2월 20일 07시 52분

1 사랑하는 나의 아들아!
2 "네, 아버님! 말씀하옵소서."
3 나 여호와의 가장 큰 기쁨이 무엇이라
내가 말하였느냐?
4 "네, 아버님!
5 이 세상에 많은 아버님의 아들딸 중에
아버님의 뜻을 따라 행할 수 있는 진
정한 의인이요, 명하시는 대로 그대로

살고 순종하며 사는 그와 같은 백성
이 한 사람 나오는 것, 한 사람의 의인
이 세상에 태어나는 것, 그것이 아버
님의 가장 큰 기쁨이요, 아버님이 바
라시는 뜻이라 그리 생각하오며 그리
알고 있사옵나이다."
6 그러니 너는 지금 내가 너에게 내리는
그 모두요, 나의 법전을 만들고 전하
는 그 역사 중에 무엇이 소중하고 귀
한가를 알겠느냐?
7 "네, 아버님! 저는 그리 알고 있사옵
나이다.
8 아버님께서 내리시는 그 기도 소리를
듣는 것이 가장 소중하며,
9 그리고 아버님께서 저를 통하여 제가
강론할 수 있도록 전하시는 그 말씀
의 뜻을 듣는 것이 중요한 것이며,
10 그다음에 법전을 만드는 것이 중요한
것이며,
11 그리고 그 법전을 만들어 만백성에게
전하는 것이 소중한 것이며,
12 모든 일의 순서가 그리 역사하는 것이
라 저는 알고 있사옵나이다.
13 그리하여 이 세상에 한 사람의 의인이
나올 수 있는 그 길은 아버님께서 직
접 내려 주시는 그 기도요, 그리고 강
론을 듣고, 그리고 법전을 읽고 깨우
치는 것에서 그 모두를 역사할 수 있
으며, 기적과 같은 일을 이룰 것이며,
14 많은 저의 제자들이 그와 같은 길을
갈 수 있을 것이라 그리 생각되옵나이
다."
15 사랑하는 나의 아들아!
16 나 여호와가 한 사람의 의인이 세상에
나오는 것을 가장 큰 기쁨이라 하였음
이니, 그와 같은 길을 역사하는 것은
바로 그러하니라.
17 내가 너를 통하여 내리는 나의 기도를
듣는 것, 그 기도 소리를 듣고 깨우치
는 것이 우선이요,
18 그리고 내가 너를 통하여 내리는 그
강론을 깨우치며 그 가슴의 문을 열어
눈이 뜨이고 귀가 열리는 너의 제자들
이 되는 것이 소중하며,
19 그리하여 너희들이 나의 법전을 만들
고 역사할 때, 너희들이 바로 내 뜻을
알며 진리를 알며 무엇을 의미하는 것
인가를 깨달을 수 있으니,
20 가까이에 있는 그 제자들이 많은 기도
요, 많은 강론이요, 많은 법전을 만들
고 따름으로 인해서 그들이 스스로 자
신도 모르게 의인의 길을 갈 수 있으
며, 의인이 될 수 있는 그 역사함이 그
중에서 제일 먼저 나올 것임을 너는
알라.
21 그러니 나의 법전을 만들고 나의 법전
을 세상에 전하는 것, 그 모두가 다 너
희들에게 그와 같이 중요함이니라.
22 그러나 이는 너희들이 앞뒤를 따지는
그와 같은 순서가 없이 모두가 다 중
요하고 귀한 것이니라.
23 그러나 나의 기도 소리요, 나의 강론
을 듣는 것, 그 또한 너희들이 우선이
라는 것을 잊지 말라, 사랑하는 나의
아들딸들아!

9,669 번째 하나님 말씀

2004년 2월 20일 11시 28분

1 사랑하는 나의 아들아!

2 "네, 아버님! 말씀하옵소서."
3 나 여호와가 너로 하여금 친필로 쓰도
록 하지 않았느냐?
4 '하늘을 향하여 한 점의 부끄럼이 없
는 삶을 살라, 나의 아들딸들아!' 그리
명하였음이니,
5 이 내가 내리는 은혜의 감사함을 너희
들은 깊이 깨우치고 살아야 할 것이니
라.
6 그러니 이 세상에 살아가는 나의 피조
물 만백성 너희들이 모든 역사하는 것
은 땅이 알며 하늘이 알고 있다는 것
을 알며, 그 두려움을 알아야 될 것이
며,
7 사탄이 알고 있으며 천사가 알고 있다
는 것을 너희들은 알아야 될 것이니라.
8 너희들이 땅에서 이루어지지 않으며
땅에서 행하지 아니하는 행동이 어디
있는가?
9 땅 위에서 육을 가진 백성 너희들이
살아가면서 모두를 행하며 너희들이
땅 위에서 하면서,
10 모두를 제공해 주는 땅이 너희들이 움
직이는 것, 행동하는 것, 악하고 선한
짓을 하는 것을 너희들은 과연 모른다
생각하느냐?
11 그리고 하늘에서 너희들을 내려다봄
이니 보이지 않는 곳이 없으며, 너희
들이 아무리 가리고 장막을 친다 해도
그것을 가릴 수 없는 것이 하늘서 내
려다보는 눈이거늘,
12 어찌하여 너희들이 하늘을 속일 수 있
단 말이던가?
13 그러니 너희들은 육에서 하는 것은 땅
이 알며, 하늘에서 내려다보기에 하늘
이 앎이니,
14 이를 절대적으로 믿고 행하는 자가 가
장 현명한 백성임을 너희들은 알아야
될 것이니라.
15 육을 가지고 땅에서 사니, 그 땅이 너
희들이 움직이는 것, 숨 쉬는 것 하나
하나 보지 아니하는 것이 없으며, 하
늘에서 보이지 않는 것이 없이 내려다
보고 있음이니,
16 '땅이 알고 하늘이 안다.'는 그 평범한
진리를 무서운 줄도 모르고 사는 것이
지금 나의 피조물 너희들이니라.
17 이제 그러니 나의 아들을 따르는 백성
이요, 그리고 선지자를 따르는 그와
같은 깨달음을 얻은 자요, 그리고 나
의 법전이요, 나의 성령을 보고 깨우
친 만백성 너희들은, 나의 아들을 종
으로 보고 너희들이 깨우쳐 따랐든,
선지자로 보고 따라서 깨우쳤든, 나의
아들이라 보고 따라오고 깨우쳤든,
18 너희들이 그 모든 백성은 땅이 알고
하늘이 앎을 잊어서는 절대 아니 됨이
니, 그 무서움과 두려움을 알라.
19 그 무서움과 두려움을 안다면 너희들
이 땅 위에서 어찌 죄악의 행위를 할
수 있으며, 하늘을 향하여 너희들이
머리 들고 죄악의 행위를 할 수 있느
냐?
20 이것이 너희들이 가장 가슴속 깊이 새
겨야 될 것임을 알라.
21 그리고 너희들이 땅 위에 살며 하늘
을 향하여 살아가면서 하늘을 속이고
땅을 속이려 하는 자, 너희들을 사탄
이 지옥 불로 데려가기 위하여 기다
리며, 너희들이 더 악하고 사악한 짓

을 하기만을 바라고 있는 것이니라.
22 그러니 하늘을 향하여 땅 위에서 한 점의 부끄러움이 없는 행위를 하는 자, 천사들이 너희들을 데려가고 모셔 가고자 하여 기다리나,
23 너희들은 땅에서 땅을 속이려 하며 하늘을 속이려 하는 것이, 속일 수 있다 하여 너희들이 죄를 짓고 사악한 행위를 함이니,
24 천사가 너희들을 데려올 수가 없으며 안내할 수 없으며, 오로지 너희들이 사탄이요, 마귀를 따라 지옥 불로 가는 것에만 모두를 다 바치고 살아감이니,
25 이제 사랑하는 나의 아들아!
26 "네, 아버님! 말씀하옵소서."
27 땅에서 이루어지는 것 모두가 보지 아니하는 것이 없음이니, 네가 행하는 것도 보지 않는 것이 없음이니라, 나의 아들아!
28 그리고 네가 행하는 것, 움직이는 것, 숨쉬는 것, 그 모두를 다 하늘에서 내려다보고 있다는 그 무서운 사실을 네가 가슴 깊이 새겨,
29 하늘을 향하여, 땅을 향하여 한 점의 부끄럼이 없는 나의 아들로 거듭나지 아니하면 아니 될 것이며,
30 너의 제자들도 이와 같은 뜻을 깨우쳐 너희들이 땅에서 한 점의 부끄러움이 없으며, 하늘에서 내려다보는데 한 점의 부끄럼이 없는 그와 같은 삶을 살라.
31 그것이 의인이 되는 길이요, 의인이 되는 것이 하늘에 오르는 길이니,
32 그 귀중한 것을 내가 너희들에게 가훈에 내린 것이니, 그 뜻이 보통이 아니며 너희들이 상상할 수도 없음이니, 가훈을 놓고 깊이 생각하고 또 깨우쳐 생각해 보도록 하라 그리 전하라.

9,670 번째 하나님 말씀

2004년 2월 20일 11시 36분

1 사랑하는 나의 아들아!
2 "네, 아버님! 말씀하옵소서."
3 구약이요, 신약의 그 성서의 근본이 무엇이라 말하였느냐?
4 그리고 나의 법전까지도 너희들이 읽고 깨우침으로써 너희들이 참진리요, 구원의 길을 볼 수 있는 지혜를 얻는 것이며, 그 지혜를 너희들이 터득하게 됨이라 내가 그리하지 아니하였더냐?
5 그러니 너희들이 나의 신약이요, 구약이요, 또한 지금에 내리는 나의 법전이요, 그 모두를 읽고 깨우치는 것은 참진리의 길을 가고자 하는 너희들이 그와 같은 길을 갈 수 있도록 지혜를 줌이며, 지혜를 얻도록 하는 것이 구약과 신약이요, 나의 법전이라 내가 그리 말하지 아니하였더냐?
6 그러니 나의 뜻이 성경 속에 모두 다 감추어져 있으며 그 속에 숨어 있는 이유를 너희들이 알아야 될 것이니라.
7 내 뜻을 성경 속에 감춰 놓고 감춰 놓은 그 이유가 무엇인 줄 알겠느냐?
8 너희들이 참진리의 길을 가고자 하면 그 깨우침의 지혜를 얻게 됨이니, 그 지혜를 얻지 못하는 자는 그를 볼 수 없는 것이니라.
9 너희들이 그를 알고 해석하며 제대로

가르치는 지금의 종교 집단이요, 지도
자가 없음이니,
10 이것이 바로 오늘의 세상이 너희들이
사악한 세상이요, 종말이요, 마지막
시대요, 도둑이 들끓는 세상이라 말할
수 있는 타락될 대로 타락된 그와 같
은 형국이 되었음이니라.
11 모든 종교 집단이요, 지도자요, 그리
고 구원을 받았다는 백성 너희들이 마
음을 비우고 '나'를 지우고 살아가면,
12 그리고 거기서 '나'를 지운 다음에 성
서를 읽으며, 성서의 모든 너희들에게
불리한 것이 너희들이 행하고 지켜야
할 것이라는 것을 깨닫고 느끼며 그리
마음을 갖고 읽는다면, 너희들은 성서
를 볼 수 있는 지혜를 얻을 수 있음이
니라.
13 그러나 마음을 비우지 아니하며 '나'
를 지우지 아니하면 너희들이 그를 천
번 만 번 읽어도 그 지혜를 얻을 수 없
으며 내 뜻을 알 수가 없는 것이니라.
14 그러니 지금의 종교 지도자들의 가르
침이요, 그리고 맹종 맹신하며 믿음의
길을 가는 그 백성, 너희들은 결코 알
수 없음이니,
15 길고도 긴 6천 년을 그 비밀을 너희들
이 알 수 없어서 그를 제대로 배우고
가르친 자가 없다 함이니라.
16 2천 년 동안 나의 아들 예수가 세상에
와 너희들에게 정녕 무엇인가를 깨우
쳐 주며 나 여호와의 뜻을 직접 심어
줘 너희들에게 지혜를 주고자 하였으
나, 너희들이 나의 아들을 핍박하며
그리 버리지 아니하였던가?
17 그러니 너희들이 그를 알 수가 없었음
이니, 길고도 긴 6천 년 동안 나의 비
밀이요, 모두가 감춰진 대로 그가 열
리지 아니하였으며 그 봉인이 풀리지
않는 이와 같은 세월이 흘렀음이니라.
18 그리하여 지금 내가 불쌍하고 가련한
너희들을 더 이상 볼 수 없어, 내가 지
옥문 앞에 몸부림치는 너희들의 그 처
참한 꼴을 더 이상 볼 수 없어,
19 마지막으로 내가 나의 아들을 통하여
나의 법전을 보내 그 문을 열게 하며
그 해답을 너희들이 볼 수 있는 지혜
를 주기 위하여 모두를 풀어서 너희들
에게 내려보내는 그와 같은 역사가 이
루어지고 있음이니라.
20 그러니 너희들이 두 무릎 꿇고 나에게
감사 기도를 드리며, 나의 법전을 읽
고 깨우쳐 하늘의 이치를 알며 그 성
서를 알 수 있는 지혜를 터득하면,
21 너희들이 구약의 의미를 알며, 신약의
의미를 알며, 또한 제3의 시대의 나의
법전의 의미요, 그 뜻이 무엇인가를
다 알 수 있거늘,
22 어찌하여 너희들이 그리 갈구하는 구
원의 역사를 이루는 나의 법전이요,
나의 아들을 통하여 내리는 그 강론을
너희들은 저주하며, 또한 나의 아들의
가슴에 활을 쏘려 하며,
23 너희들이 어찌하여 이를 미워하며 이
를 정독하지 아니하려 하는가?
24 나의 법전을 접하고 정독하지 아니하
는 백성 너희들은 결코 이를 알 수 없
으며 하늘의 뜻을 모른다는 것을 알아
야 될 것이니라.
25 그러니 이제 나의 아들을 따르는 그
제자들이요, 사랑하는 나의 백성 너희

들은 들으라.
26 그들이 몰라서 못 하는 자이니라.
27 무식해서 못 하며 깨닫지 못해서 못
하는 그 어리석고 불쌍한 백성들을 너
희들이 깨우쳐 줘야 되는 것을 절대
잊지 말라, 사랑하는 나의 아들딸들아!
28 나 여호와가 가장 가슴 아프며 가슴이
저려 오는 것이 무엇인 줄 알겠느냐?
29 지금의 믿음의 길을 오는 그 백성들이
요, 구원을 받았다 말하는 백성들이
구약과 신약의 그 시대를 거울삼아 변
화되고 바로 설 수 있는 데까지 그와
같이 무너지지만 아니하였다 하여도,
나 여호와는 기대를 할 것이며 기다릴
것이니라.
30 그러나 너희들이 이제는 구약과 신약
의 시대, 그 과거를 거울삼아, 지난날
의 삶의 그 역사했던 것을 거울삼아
바로 서고 바로 깨우칠 수 있는 그와
같은 한계를 벗어났으며, 너희들이 너
무나도 멀리 떨어져 있으며 멀리 갔으
니,
31 그 구약과 신약의 시대의 모든 역사했
던 것을 거울삼아 너희들이 그를 깨달
아 지금 바로 서기는 너무나도 멀리
가 있는 형국이니라.
32 그러니 너희들을 돌이킬 수 없으며 그
를 가지고는 바로잡을 수 없기에, 내
가 어찌하는가?
33 지금 바로 나의 법전이요, 새로운 성
경을 나의 아들을 통하여 너희들에게
내림이니,
34 이는 바로 너희들을 바로잡고자 하며
바로 인도하고자 함이 여기 있음을 알
라.
35 사랑하는 아들딸들아, 너희들이 6천
년 동안이요, 구약의 4천 년이요, 신
약의 2천 년의 그 길고도 긴 세월을
오면서 오늘에 너희들의 점수가 무엇
이더냐?
36 도둑이 세상을 들끓으며, 사악한 시대
요, 악마요, 부모가 자식을 버리고, 자
식이 부모를 등지는 이와 같은 험악한
세상이 되었는가 하면,
37 재물 앞에 너희들이 인간의 가장 소중
한, 내가 내린 생명도 미물 다루듯이
그리 다루는 사악한 자들이 세상에 존
재함이니,
38 그저 하늘에 오르는 길은 나의 아들
예수를 부르기만 하면 된다 하며, 재
물을 거둬들여 더 호화롭고 큰 성전이
요, 교회를 짓는 데 모두를 역사하는
그와 같은 자들이 인간 세상의 진리
요, 인간 세상의 저희들의 교리를 위
하여 살아가는 것이지,
39 한 발짝 앞에 나가 하늘의 뜻이요, 창
조주 나 여호와의 뜻을 역사하는 자들
이 없음이니라.
40 그리하여 구약의 성서에 내려진 그 소
중하고 위대한 것이요, 모세가 역사했
던 그 모든 기적이요, 그 역사함이요,
신약을 내려보낸 것이요, 나의 아들
예수가 역사했던, 너희들이 상상할 수
없는 그 기적이요, 이적의 그 모두,
41 그것을 너희들이 과거를 돌이켜 보며
그를 거울삼아 그를 본보기로 하여
깨닫는 백성이 될 수 있었더라면,
42 나는 오늘 160권의 법전을 나의 아들
을 통하여 내리는 이와 같이 어렵고
힘든 대장정의 역사를 이루지 아니하

였을 것이니라.
43 그러나 그를 보고 너희들이 돌이킬 수
없으며 거듭날 수 없으니, 이것이 나
여호와의 가장 큰 가슴 아픔이요, 나
의 슬픔이니라.
44 그리하여 내가 160권에 상세히 풀어
너희들에게 내려보내니, 이게 성서를
들여다볼 수 있는 열쇠임을 알라, 사
랑하는 아들딸들아!

9,671 번째 하나님 말씀

2004년 2월 20일 11시 42분

1 사랑하는 나의 아들아!
2 "네, 아버님! 말씀하옵소서."
3 나의 백성들이 노예의 그 길고도 긴
세월 속에서 그들을 내가 구출하여 보
내면서 내가 얼마나 그들을 기다렸는
가?
4 나 여호와는 구약의 시대에 그 사막
의 생활에서 40년 동안 너희들이 바
로 서기를 기다린 그 뜻에 따라 너희
들이 바로 살아가는 백성이 되어, 너
희들에게 내리는 그 가나안 땅으로 가
기를 바라는 그 40년의 유예의 기간
을 기다렸고 내가 인내했음이니라.
5 그러나 너희들은 바로 보고 바로 가지
못했으며 바로 듣지 못하지 아니하였
던가?
6 너희들은 우상을 섬기며 광란의 짓을
한 그 역사밖에 무엇을 더 했는가?
7 그러니 그것은 너희들이 스스로 버리
는 길을 택했으며, 너희들이 나의 길
을 거역하였으며, 내가 너희들로부터
등을 돌리도록 한 것이 너희가 만든
것이 아니더냐?
8 너희가 스스로 무너지는 백성이 되었
으며 무너지는 길을 선택한 것이라
하였음이니라.
9 그러니 너희들이 무슨 할 말이 있으며
나 여호와에게 무엇을 말할 수 있단
말이더냐?
10 나는 너희들이 변하고자 하는 것을 막
는 창조주 아버지가 아니기 때문이니
라.
11 그리하여 너희들이 그 40년 동안 유
예의 세월 속에서 내가 구할 자가 없
었음이니, 과연 나 여호와의 마음이
어떠했겠는가?
12 그리하여 신약의 시대에 나의 아들
예수를 세상에 보내 너희들을 구원하
고자 다시 그 길고도 긴 세월이요, 2
천 년 동안을 나는 너희들을 보아 왔
음이니라.
13 내가 예수를 세상에 내려보내 너희들
에게 2천 년 동안의 유예의 기간을 두
었으며, 나 여호와는 말없이 2천 년
동안을 너희들이 어찌 변하고 어찌
가는가 그를 바라보고 기다렸음이니
라.
14 그러나 너희들에게 유예의 그 세월을
주었건만, 너희들은 지금 어떠한 형국
이 되어 있느냐?
15 너희들은 인간의 삶이 아니며 인간으
로서는 할 수 없는 그와 같은 사악한
짓을 역사하고 이루어 가고 있지 않
으냐?
16 그리하여 내가 제3의 시대를 여는 것
이며 제3의 시대를 열게 됨이니, 너희
들이 얼마나 무서운 시대가 지금 역

사하고 있는지 알겠는가?
17 40년의 유예의 기간 동안에 너희들이
바로 서지 못하였으며, 내가 2천 년
동안 유예의 기간을 주어 기다리고 너
희들을 바라보고 있었음이니,
18 오늘의 너희들의 그 결과가 내가 너희
들에게서 손을 놓는 그와 같은 형국으
로 너희 스스로 만들었음이니,
19 내가 제3의 시대를 열어 가는 것이 얼
마나 무섭고 두려운 것인가를 알겠는
가?
20 40년 동안의 그 유예의 기간에서 너
희들이 바로 섰으면 오늘이 없었을 것
이며,
21 2천 년 동안 나 여호와가 기다리고 너
희들에게 주었던 충분한 그 유예 기간
에 너희들이 바로 깨우치고 바로 왔더
라면, 제3의 시대에 이와 같이 무서운
역사가 이루어지는 결과는 오지 아니
하였을 것이니라.
22 그러니 너희들은 이 무서움을 알라 내
가 전함이니 그리 알라.
23 구약의 40년보다, 너희들에게 2천 년
동안 내가 기다리고 그 유예의 시간을
주었음이니,
24 그 세월이 얼마나 사악한 백성으로 변
질되었으며 너희들이 얼마나 타락의
길만을 달려왔는가?
25 더 이상 볼 수 없으며 더 이상 기다릴
수 없는 이와 같은 형국을 만든 것이
너희들이기에,
26 심판의 시대를 내가 열어 감이라는 것
을 너희들은 알아야 될 것이니라.
27 내가 유예의 기간을 40년을 주었으
며, 또한 2천 년을 주었음이니라.
28 그러니 내가 더 이상 어찌 너희들에게
유예의 기간을 주겠는가?
29 이제 내가 마지막 시대요, 나의 아들
을 통하여 160권의 법전을 세상에 내
려보냄이니,
30 이제는 천 년에 걸쳐서 행하는 그 시
대가 이루어짐을 너희들은 알아야 될
것이니라.
31 그러니 제3의 시대가 역사하며 나의
법전이 세상에 나오는 것이, 너희들이
얼마나 잘못 흘러왔으며 너희 조상이
요, 너희들의 뿌리가 얼마나 잘못 왔
기에, 오늘의 이와 같은 새로운 법전
이요, 새로운 성경이 세상에 내려오겠
는가?
32 너희들이 나 여호와의 이 어려움을 자
초했으며 그리하도록 만든 자이니, 그
와 같은 무서움과 두려움을 알라 전
하는 것이 나의 뜻이니 그리 알라.

9,672 번째 하나님 말씀

2004년 2월 20일 11시 48분

1 사랑하는 나의 아들아!
2 "네, 아버님! 말씀하옵소서."
3 가장 중하고 귀한 것이 무엇이더냐?
4 나 여호와로부터 은혜를 받을 수 있으
며 내가 내리는 그 모든 축복을 받을
수 있는 백성, 그를 받을 수 있는 자격
을 갖춘 백성이 되어야 하는 것이니
라.
5 너희들이 나의 축복을 받을 수 있는
백성보다도, 내가 축복을 내렸을 때
그 감내할 수 있는 백성이 더 소중함
을 알아야 될 것이니라.

6 지금은 너희들이 나에게 축복을 받을
수 없는 백성이요, 나의 축복을 감내
할 수 있는 백성이 없음이니, 이를 어
찌해야 된단 말이던가?
7 그러한 자격을 갖춘 백성이 여태껏
단 한 명도 세상에 없었다면, 너희들
은 믿겠느냐?
8 그런 자가 이 세상에 존재하기를 나는
바라는 것이니, 한 사람의 의인이 세
상에 나오면 내가 무엇과도 바꾸지
아니한다 함이니,
9 이는 바로 나로부터 축복을 받을 수
있는, 그 은혜를 받을 수 있는 자격을
갖춘 백성이 한 명도 없다는 말의 뜻
이라는 것을 너희들은 알지 않겠느냐?
10 축복을 받을 만한 백성이 한 사람도
없었으니, 그 세월이 2천 년이 흘렀음
이니라.
11 그 2천 년이 흐르는 동안 너희들이 그
축복의 은혜를 감내할 수 있는 백성이
한 명도 없었다는 것은, 너희들이 나
의 가슴을 얼마나 울리고 나의 가슴
을 얼마나 조이게 했는지 알겠는가?
12 인간의 육의 욕심을 버리고 나를 따르
는 백성이 한 명도 없었다 함이니라.
13 그러니 내가 나의 아들 예수를 통하
여, 지금의 나의 아들을 통하여 너희
들에게 사랑의 씨앗을 이 세상에 전
하며 뿌리고자 하는 것,
14 그리고 아담과 하와에게 주었던 그 지
상의 낙원을 역사해 너희들이 그 속에
서 영원히 살아가는 그와 같은 세상을
만들고자 하는 것,
15 그 나 여호와의 뜻을 너희들이 거역한
자들이요, 따른 자가 하나도 없음이
니, 그를 바라보는 내 마음이 어떠하
겠는가?
16 너희들이 모든 죄악을 벗어던지고, 생
수와 같이 맑은 물이 되며, 생명수가
될 수 있도록 그 그릇이 되어야 되며,
그대로 그를 담아서 전할 수 있는 너
희들이 되어야 함을 절대 잊지 말라.
17 나 여호와의 축복을 받을 수 있는 그
와 같은 백성이요, 그 은혜를 받을 백
성이요, 그를 감내할 수 있는 백성이
없다 하였음이니,
18 이제 내가 직접 모든 답을 써 내리는
나의 법전을 읽고 깨우치며, 나의 아
들을 따르는 제자들이요, 나로부터 선
택된 나의 법전을 읽고 깨우친 만백성
너희들이 바로 축복을 받을 수 있는
백성으로서 거듭나야 됨을 절대 잊지
말라.
19 나의 아들을 따르는 제자 너희들만이
그 모두를 역사할 수 있는 자격이 있
으며, 행할 수 있는 자들이라는 것을
알아야 될 것이니라.

9,673 번째 하나님 말씀

2004년 2월 20일 11시 50분

1 사랑하는 나의 아들아!
2 "네, 아버님! 말씀하옵소서."
3 이 세상 나의 피조물 만백성 너희들이
살아가면서 가장 행복하고 축복받은
백성이 무엇이더냐?
4 너희들이 재물을 남에게 나눠 주며 사
랑을 나눠 주며 너희 것을 남에게 주
면서 너희들이 행복이요, 시원함과 축
복을 느끼는 것보다도,

5 가장 너희들이 시원한 마음이요, 행복
이요, 축복을 느낄 수 있는 것은 무엇
인 줄 알겠느냐?
6 너희들이 가지고 있는 악습이요, 너희
들이 가지고 있는 죄악의 그 마음이
요, 악의 씨를 하나하나 벗어나는 것,
벗어 던지는 것,
7 그것보다 더 시원하고 더 행복함이 없
음을 느낄 수 있는 백성들로서 너희들
이 삶을 살아가야 됨을 절대 잊지 말
라.
8 너희들이 잘못된 악습이요, 그리고 땅
을 속이며 하늘을 속이는 그와 같은
행위,
9 너희들이 땅에서 역사하면서 땅을 속
일 수 있다 하고 하는 행위요, 하늘에
서 내려다보거늘 하늘을 속이고 역사
할 수 있다 하여 너희들이 행하는 그
작고 큰 잘못된 악습이요,
10 나를 향하여 한 점의 부끄러움이 없는
행위가 아니라, 너희들이 그를 보는
자가 있을 때 고개를 들지 못할 짓,
11 더욱이 인간이 봐도 고개 들지 못하며
너희들의 이웃 형제가 봐도 안 되며
들어서도 안 되는 그와 같은 행위를,
너희들이 땅을 속이며 하늘을 속이고
행하고자 함이니,
12 그와 같은 행동을 하나하나 저버리며
그를 단죄하여, 너희들이 네 것을 잘
라 내며 네 것을 버리며 네 것을 던져
버리고, 가장 시원하고 행복한 것을
느낄 수 있는 그와 같은 너희들이 되
어야 됨을 알라.
13 그것이 너희들이 가장 축복되고 은혜
받는 삶이라는 것을 절대 잊지 말라.

9,674 번째 하나님 말씀

2004년 2월 21일 0시 40분

1 사랑하는 나의 아들아!
2 "네, 아버님! 말씀하옵소서."
3 이 세상에 살아가면서 너희들이 관리
하고 통제하며 너희들을 위하여 내가
존재하게 한 그 모든 미물이요, 동식
물까지 너희들이 과연 얼마나 알고 있
으며 그 특성을 얼마나 알고 있는가?
4 너희들의 눈으로 보는 것으로써 너희
들이 세상 것을 다 봤다 이야기하는가?
5 네 앞에 기어가는 그 미물들이 네 눈
으로 볼 수 없는 것이 있으며, 도저히
인간의 눈으로써는 볼 수 없는 그와
같은 미물들이 살아서 움직이고 행동
하는 것을 과연 너희들이 알 수 있겠
는가?
6 그러니 이 세상에서 너희들이 보고 듣
고 한다 해도, 너희들이 별로 아는 것
이 없으며 보는 것이 없으며 깨우치는
것이 없으며,
7 제대로 하나도 아는 것이 없는 것이
지금 육의 세상을 사는 너희들의 한계
임을 알아야 될 것이니라.
8 불어 가는 바람 속에 날아가는 그 미
물이요, 그 생명체들을 과연 너희 눈
으로 볼 수 있으며 그를 잡을 수 있는
가?
9 그러니 너희들은 이 세상에 살면서 제
대로 아는 것이 없으며 제대로 깨우치
는 것이 없음이니라.
10 그 모든 역사하는 것을 너희들이 과연
얼마나 알겠는가?
11 그러니 겸손한 자세로 너희들이 살아

가라 하는 것이 나 여호와의 뜻이니라.
12 믿음이라는 길을 오는 그 백성들, 너
희들이 구원을 받은 자요, 하늘에 오
를 수 있는 모두를 다 갖춘 자라 말하
는 자, 그리고 너희들이 육의 삶을 마
치면 바로 나에게 온다는 자, 그가 얼
마나 어리석고 불쌍한 백성들인 줄 알
겠느냐?
13 이제는 나의 아들을 따르는 제자들이
요, 나의 법전을 읽고 깨우친 만백성
너희들은 그리 전하라.
14 저희들이 구원을 받은 자요, 하늘에
오르는 길을 아는 백성이라 그리하거
든,
15 이 세상에 보이지 않는 그 미생물이
요, 모든 생명체를 네가 얼마나 알고
있으며, 지상에 있는 식물의 가짓수
요, 동물의 가짓수요, 미물의 가짓수
를 네가 얼마나 아는가 물어보라.
16 그 모두를 너희들이 다 안다 하면 그
것이 너희들이 하늘에 오르는 길이요,
하늘의 이치를 알 수 있다 할 수 있는
자격이 있는 자라 그리 전하라.
17 그러니 이 세상에 존재하는 것, 너희
들이 볼 수 있는 것, 보지 못하는 것,
세상에 움직이는 그 모두도 제대로 알
지 못하는 너희들이, 지상에서 만지고
취하고 볼 수 있고 연구할 수 있는 그
것도 제대로 알지 못하는 자들이,
18 너희들이 그림으로써 그릴 수도 없으
며 생각할 수도 없는 하늘의 뜻을 감
히 어찌 알아, 나에게 구원을 받은 자
라 말하며 나의 나라에 올 수 있는 자
라 하며, 그리 오만하고 교만한가?
19 그러니 이 세상에 동식물의 이름이요,
움직이는 그 상태요, 실태를 모두 다
아는 자 있거든, 그와 같이 깨달은 자
있거든,
20 그는 곧 하늘의 이치를 알 수 있는 자
요, 나에게 올 자격이 있는 자라 그리
전하라.
21 그러나 너희들이 이 세상에 존재하는
미물이요, 동식물이요, 모두에 이르기
까지 그것도 제대로 알지 못하며, 그
이름도 모르며, 그 특성도 모르며,
22 깊은 물속에 살아가는 생명체가 무엇
이 있으며 얼마나 있는가를, 흐르는
물속에서 너희 눈으로 볼 수 없는 그
생명체요, 미물들이 살아가고 움직이
는 것, 그것 하나도 제대로 다 보지도
못하는 너희들이 지상의 세상도 알지
못하면서,
23 어찌하여 감히 너희들이 하늘의 뜻이
요, 하늘의 역사하는 것을 알 수 있으
며, 더욱이 너희들이 나에게 올 수 있
고 구원을 받았다 그리 말하는가?
24 그러니 그들이 얼마나 어리석고 불쌍
한 백성인가를 그들에게 깨우쳐 주라.
25 이 세상에 너희가 보이지 않는 미물
의 이름이요, 그 숫자까지 알며 동식
물의 이름을 다 아는 자 있으며,
26 그들이 살아가는 생태요, 그들의 특성
을 다 알고, 깊은 바닷물속에 살아가
는 생명체들이 얼마나 있으며, 그 가
짓수가 얼마나 되며, 그들이 어찌하
여 살아가는지를 다 아는 자 있거든,
27 그는 하늘의 이치를 알 수 있다 그리
전하라.
28 그것을 다 알지 못한다면 너희들은
하늘의 이치를 감히 알 수도 없거늘,

29 어찌하여 너희들이 하늘과 땅의 그
높고 높은 차이가 있는 그 세상이요,
지상에 있는 것도 알지 못하면서 하
늘의 것을 안다 하여,
30 너희들이 구원을 받았다 하며 나에게
오를 수 있다 하며, 너희들은 죽어 나
에게 오는 그 축복되고 영광된 특별
한 백성이라 하는가?
31 그 어리석은 생각을 저버리라 그리 전
하라, 사랑하는 나의 아들아!

9,675 번째 하나님 말씀

2004년 2월 21일 0시 45분

1 사랑하는 나의 아들아!
2 "네, 아버님! 말씀하옵소서."
3 인간 세상의 욕심을 버리고 부단히 나
의 계명대로 살고자 하는 백성은 살아
서 움직이는 그와 같은 백성이요, 그
리고 생명이 있는 나의 아들딸임을 너
희들은 알아야 될 것이니라.
4 너희들이 계명을 지킬 수 있다 말하는
자, 그리고 지금 내가 나의 아들을 통
하여 내리는 나의 새로운 성경대로 살
아가고자 하는 백성, 너희들은 살아서
움직이는 백성이요, 생명이 있는 백성
임을 알라.
5 그러나 이를 지키지 못하고 이대로 살
수 없다 가르치고 그를 따르는 백성들
은 곧 죽음이요, 무덤 속에 갇혀 있는
백성들과 조금도 다름이 없음을 알라.
6 너희들같이 나의 뜻에 따라 계명을 지
키며 나의 법전을 지키고 살겠다는 백
성들은, 물고기가 힘차게 물줄기를 거
슬러 치솟아 올라가듯 그와 같이 나를
향하여 달려오는 생명 있는 자요, 살
아서 움직이는 백성들이니라.
7 그러니 계명을 지킬 수 없으며 나의
법전대로 살 수 없다는 백성들은 이미
죽어서 물속에 떠 있어 물이 흘러가는
대로 그저 흘러가는 그 물고기요,
8 먹히고 썩어 가는 그와 같은 형국의
백성이라는 것을 너희들은 잊어서는
아니 될 것이니 그리 전하도록 하라.
9 너희들이 나의 계명이요, 나의 법전대
로 살 수 있다 살 수 없다 하는 그 시
시비비의 한계가,
10 살 수 있다는 자는 물고기가 생명이
있어서 그 물에서 치솟아 목적지를 향
하여 힘차게 전진하는 그와 같은 살아
있는 생명체요, 생명이 있는 것이요,
11 그렇지 않은 자는 죽어서 그저 물이
흐르는 대로 물결에 맞춰 썩어져 내려
가는 죽은 물고기와 같은 것이니,
12 그것이 나의 법전을 지키고 못 지킨다
는 자들의 그 차이임을 알아야 될 것
이니라.
13 이제 나의 계명대로 살지 못한다는 백
성 너희들은 죽어서 그저 그대로 흘러
가는 그와 같은 자들이요,
14 그러니 그저 때가 되면 썩을 것이며,
누가 먹이로써 가져가면 그 먹이로 먹
히는, 아무런 능력도 없으며 저항도
못 하는 불필요한 그와 같은 자들이
되어서 흘러가는 형국이라는 것을 알
라.
15 지금이라도 너희들이 새로운 생명으
로 거듭나는 역사를 이루고자 한다면,
너희들이 나의 아들을 통하여 내리는
160권의 법전을 가슴에 안고 정독하

고 깨우칠 것이며,
16 그리고 내가 성경에 기록하여 전한 나
의 계명을 절대적으로 지키고 행하는
그와 같은 삶으로써 거듭나는 대변화
를 이루지 아니하면,
17 절대 너희들이 그리 소원하는 거듭나
는 생명의 역사를 얻을 수 없음을 알
라.
18 너희들이 거듭나는 백성으로 역사하
며 존재하고자 한다면, 물을 거슬러
올라가는 살아 있는 물고기처럼, 너희
들이 힘차게 나를 향해 전진하고 또
전진하는 살아 있는 그 백성의 삶을
살아야 될 것이니,
19 바로 너희들의 그 힘과 용기가 어디에
있는 줄 알겠느냐?
20 나의 계명을 지키고 살고자 노력하는
백성이요, 그리고 내가 나의 아들을
통하여 새로 내리는 나의 새로운 성경
이요, 법전을 지키고 살겠다 하여, 그
길을 따라오고자 열심히 살아가는 그
백성들이 곧 그와 같이 나에게 한 발
짝 한 발짝 다가올 수 있는 살아 있는
백성이라는 것을 잊지 말라.

9,676 번째 하나님 말씀

2004년 2월 21일 0시 48분

1 사랑하는 나의 아들아!
2 "네, 아버님! 말씀하옵소서."
3 나의 피조물 만백성 너희들이 이제는
결정할 때가 되었느니라.
4 내가 직접 써 내린 나의 계명대로, 그
리고 나의 아들을 통하여 내리는 새로
운 성경대로,
5 그가 세상에 내려오니 이것의 두려움
과 소중함을 알며, 그리하여 이를 지
키고 역사하는 자, 너희들이 나에게
올 수 있는 길을 볼 수 있는 백성인 것
이니라.
6 그러니 나의 계명을 버려두며 나의 법
전을 버려두고는 너희들이 어떠한 역
사를 이룬다 해도 나를 볼 수 없으며,
나에게 올 수 있는 관계가 이루어지지
않는다는 것, 이 뜻을 깊이 깨우치고
행해야 될 때이니,
7 이제 너희들이 어떠한 길을 선택할 것
인지 정할 때가 되었음을 알아야 될
것이니라.
8 이는 곧 내가 나의 새로운 성경을 내
려보내어 심판의 시대를 역사하고 감
이니,
9 너희들이 나의 뜻에 따라 순종하고 살
아가는 그와 같은 백성으로 거듭날 것
인가,
10 그렇지 아니하면 인간의 향락을 위해
나의 계명이요, 나의 법전을 버려두고
나와 관계없는 그와 같은 삶을 살 것
인가,
11 너희들이 이제는 결정할 때가 되었음
이니라.
12 나의 뜻대로 지키고 내 품에 오르는,
영원히 거듭나는 그 축복의 영광을 얻
을 것인가, 너희들이 한 번 들어가면
두 번 다시 나오지 못하는 지옥의 문
을 찾아갈 것인가를 이제는 결정할
때가 되었음이니라.
13 곧 이가 추수 때이며, 이제 내가 결실
을 연 것은 거둬들이며, 쭉정이는 버
리는 그와 같은 시대가 오기 때문이니

라.
14 내가 그리하여 나의 성경에 기록하여
너희들에게 전했듯이, 오늘의 나의 백
성 너희들이 결정할 때가 되었음을 알
아,
15 내가 나의 보혜사요, 새로운 성령이
요, 모두를 나의 아들을 통하여 그것
도 책으로 근거하여 너희들이 보고 깨
우칠 수 있도록 지금 세상에 내려보냄
이니,
16 이것이 나 여호와의 뜻이요, 성령이라
굳게 믿는 백성, 그리고 나의 법전이
새로운 성경이라는 것을 굳게 믿는 백
성, 나의 아들을 통하여 너희들에게
내리는 그 강론이 나 여호와의 뜻이라
는 것을 굳게 믿는 백성과 그와 같이
믿지 않는 백성,
17 너희들이 네 손으로 네 마음으로 이제
는 결정지을 때가 되었음이니,
18 각자 너희 스스로 깨우쳐 빠른 시간
에, 160권의 법전이 나오기 전에 나의
법전을 읽고 깨우치며, 그를 보는 그
와 같은 영광을 얻어야 될 것이니 그
리 알라.

9,677 번째 하나님 말씀

2004년 2월 21일 07시 57분

1 사랑하는 나의 아들아!
2 "네, 아버님! 말씀하옵소서."
3 너희들이 이 세상을 살아감에 좋은 길
동무를 만나 살아가는 것과 좋지 못한
친구를 만나 길동무로 가는 것, 그것
은 얼마나 무서운 결과가 이루어지는
줄 알겠느냐?
4 나의 법전을 읽고 깨우친 백성이요,
그리고 나의 아들을 따르는 너희들은,
너희들과 더불어 가는 길동무를 선택
함에 있어서 너희들의 모두를 다 던지
는 그와 같은 정성을 들이지 아니하면
아니 됨을 알아야 될 것이니라.
5 너희들이 바른 길동무와 가는 것과 바
르지 못한 길동무와 가는 것, 이는 상
상할 수 없는 결과가 오게 됨이니라.
6 그러니 나는 너희들에게 전하고자 하
느니라.
7 너희들이 잘못된 길동무와 같이 가는
것보다, 차라리 너희 스스로 혼자 가
는 길이 훨씬 나을 것이라 내가 그리
가르침이니,
8 인간은 옆에서 남들이 하는 것을 보고
배우며 따르게 되어 있는 것이니라.
9 너희들이 지금 나의 아들을 따르며 나
의 법전이요, 강론을 들으니 지금은
모르나,
10 세월이 흐른 뒤에 나의 아들이 이 세
상에 존재하지 아니할 때, 너희들은
나의 아들이 역사한 그 전철을 밟으
며 그와 같은 방법으로써 만백성을 가
르치는 제자가 되듯이,
11 너희들이 그와 같이 남들이 하는 것,
남들이 역사하는 것, 그것을 너희 자
신도 모르게 따르게 되며, 그를 배우
게 되며, 그와 같은 것을 네 몸에 익히
게 됨이니,
12 그리하여 이제 나의 아들을 따르는 백
성 너희들은 너희들과 더불어 가는 그
길동무를 바르고 고운 자를 선택하는
것, 그것 또한 중요함을 알라.
13 아직 완벽하게 서지 못하였으며 완벽

하게 변하지 못한 너희들이 잘못된 길
동무와 어울리는 그와 같은 삶을 산다
는 것은,
14 스스로 너희들이 무너지는 것을 자초
하며, 너희가 나에게 오고자 하는 것
을 포기하는 그와 같은 삶이라는 것을
알아야 될 것이니,
15 너희들이 더불어 가는 데 그와 같은
좋은 친구요, 좋은 길동무를 선택하면,
16 그는 너희 단점이요, 너희가 잘못된
것이요, 잘못 역사하는 것을 가르쳐
주고 깨우쳐 줌이니, 그보다 더 훌륭
하고 소중한 스승이 없기 때문이니,
17 같은 길을 가되 너희들이 스승의 가르
침을 받으며 가는 자와 잘못된 자의
악습을 들어 가면서 가는 것,
18 이것은 너희들이 어느 시점에 가서는
너희들 자신이 나에게 오르고 못 오르
는 그와 같은 무서운 결과로 역사함이
니,
19 이제 나의 아들을 따르는 제자들이요,
나의 법전을 읽고 깨우친 백성, 너희
들이 깨달으면서 너희들과 더불어 가
는 그 길동무를 잘 선택하며,
20 좋은 친구요, 좋은 선생과 더불어 가
는 그와 같은 현명함을 얻도록 하라.
21 그리하여 너희들 자신이 더 굳어져야
되며,
22 너희들의 악습을 하나하나 버리는 그
와 같은 삶 속에서, 너희들이 그와 같
이 변하는 속에서 내가 내린 나의 법
전이요, 나의 아들을 통하여 내리는
강론을 지키고 살아갈 수 있는 그와
같은 용기요, 밑받침이 됨이니,
23 너희들은 좋은 길동무를 선택하며 그
를 잘 구분하는 것, 그와 같은 현명함
을 갖도록 그리하라.
24 그리했을 때 너희들이 지금 흔들리고
무너질 수 있는 그 길에서 바로 설 수
있음을 알라 내가 전하느니라.

9,678 번째 하나님 말씀

2004년 2월 21일 08시 09분

1 사랑하는 나의 아들아!
2 "네, 아버님! 말씀하옵소서."
3 나 여호와의 뜻을 알지 못하며, 내가
역사하는 것을 모르며, 그를 알지 못
하고 행하는 모든 행위는 다 너희들이
무엇인 줄 알겠느냐?
4 내 뜻을 거역하는 것이요, 내 뜻을 역
사하는 백성이 아님을 알아야 될 것이
니라.
5 그러니 모두를 행하는 것에 너희들은
나의 뜻이 무엇인지 그를 알지 못하고
행해서는 아니 됨이니, 너희들이 그를
알고 행해야 됨이니라.
6 너희들이 내가 이루고자 하며 내가 역
사하는 것을 지금 모르고 가고 있다
면, 그것은 다 헛된 삶이요, 의미 없는
삶이요, 무서운 삶이라는 것을 알아야
될 것이니라.
7 나 여호와 창조주의 뜻이 무엇이며
내가 역사하고자 하는 것이 무엇인지
를 알지 못하고 나에게 너희들이 하
는 모든 행위요,
8 눈물로써 기도를 드리며 재물을 바치
며 구원을 받고자 하는 것, 그 모두가
다 나와는 관계없는 너희들의 신앙생
활이요, 믿음의 생활임을 알아야 될

것이니라.
9 너희들이 내가 이루고자 역사하는 것
이 무엇인 줄 모르며, 오로지 구원이
라는 그 길만을 가지고 그걸 목표를
삼아 온 믿음, 그 모두가 다 허상이라
는 것을 알아야 될 것이니라.
10 나 여호와의 뜻은 너희들의 그저 고
인 물과 같은 신앙생활이요, 깨우침
의 그와 같은 것이 아니니라.
11 변화 속에서 또 변화에 따라 내가 내
리는 것이 나 여호와의 뜻이요, 내가
그 모두를 그리 역사한다는 것을 너
희들은 알아야 될 것이니라.
12 그러니 구약 시대의 백성은 구약만이
너희들이 구원을 받는다 그리 말하며,
오로지 거기서 변할 수 없다 말하는
것이요,
13 신약 시대의 백성들 또한 너희들이
신약을 들고 거기에서 더 변할 수 없
으며 변해서는 절대 아니 된다 그리
말하나,
14 너희들은 제3의 시대에 나 여호와가
내리는 것을 알라.
15 나는 제3의 시대에 너희들의 시대에
맞는 그 뜻이요, 내가 역사하는 나의
성령을 너희들에게 내려보냄이니, 너
희가 이를 알아야 될 것이니라.
16 내가 시대에 맞춰 지금 역사하는 모든
변화에 따라 내가 나의 성령을 나의
아들을 통하여 새로운 성경이라 하여
내리며, 너희들이 하늘에 오르는 길을
안내하는 안내서를 내려보내거늘, 어
찌하여 너희가 거부하고 믿지 않는 것
인가?
17 그러니 너희들이 이를 믿지 않고 변화
되는 그 역사의 흐름을 모르고 가는
길은, 아무리 너희들이 나에게 오르는
길이라 하여도, 그는 내 뜻을 거역하
는 것임을 알아야 될 것이니라.
18 지금 너희들이 변화되는 믿음이요, 변
화되는 세월 속에 내 뜻이 변화되며,
내가 거기에 따라 역사하는 것을 받아
들이지 아니하며, 그를 너희들이 너희
것으로 만들지 않는 백성,
19 너희들은 나를 울고불고 찾는다 해도
내 뜻을 거역하며 나를 핍박하는 백성
들이라는 것을 너희들 스스로 알아야
될 것이니라.
20 지금 너희들이 변화되는 나의 성령이
요, 새로운 성경이 세상에 내려오며,
나의 아들을 통하여 내가 160권이라
는 법전을 세상에 내려보내 너희들을
바로 세워 깨우치고자 하니,
21 이것이 시대의 변화요, 시대의 흐름이
라는 것을 모르고 이를 받아들이지 아
니하며 거역하는 자,
22 나를 핍박하는 것뿐만이 아니라 너희
들이 나의 적이 되어 사탄을 돕고 있
는 그와 같은 신앙이요, 믿음의 길을
가고 있다는 것을 알라, 사랑하는 나
의 아들딸들아!
23 이를 모르는 자, 영원히 너희들이 구
원의 길을 볼 수 없음이니라.

9,679 번째 하나님 말씀

2004년 2월 21일 08시 14분

1 사랑하는 나의 아들아!
2 "네, 아버님! 말씀하옵소서."
3 나 여호와가 아담과 하와에게 내려 준

그 은혜가 내가 너희들을 창조한 그
뜻이며,
4 그리고 나의 사랑하는 백성 너희들이
그와 같은 낙원의 세상에서 살도록 이
루고자 한 것이 창조주 나 여호와의
뜻이었음이니라.
5 그러나 지금 너희들이 수천 년 동안
흘러오는 그 세월 속에서 나의 뜻을
아는 백성이 없으며, 나의 뜻을 이루
고자 하는 백성이 없음이니,
6 나의 뜻을 이루지 아니하였으며 그것
은 이루어지지 아니하였음이니라.
7 그러니 지금까지 믿음의 길을 가며 구
원을 받았다 하는 그 백성들이요, 그
리고 나를 경배하며 내 뜻에 의하여
살아간다고 울고불고하는 그 종교 집
단이요, 그 백성들, 너희들이 나의 뜻
을 모르는 백성이 되어 버렸음이니라.
8 그리하여 낙원의 그 동산이요, 내가
너희들에게 처음에 내려 주었던 그 세
상이요, 그리고 너희들이 나로부터 처
음에 받아 나간 아름다운 인간의 본성
의 그 인성으로 되돌려 주고자 하는
것이 내 뜻이며,
9 그를 역사하고자 하는 것이 내가 지금
나의 사랑하는 백성 너희들로 하여금
더불어 역사하고자 함이니라.
10 그러나 나의 사랑하는 백성 너희들이
과연 아담과 하와에게 내려 준 그 축
복된 영광의 나라요, 인간의 본성의
마음으로 돌아가고자 얼마나 노력을
했으며, 너희들이 얼마나 나의 뜻에
따라 역사했는가?
11 내 뜻에 따라, 너희들을 그 원상태로
복귀시키고자, 돌려놓고자 하는 나 여
호와의 뜻에 따라 노력한 자가 없음이
니라.
12 너희들 자신이 그저 하늘에 오르는 길
이요, 구원을 받는다는 것, 그리고 영
원히 거듭나는 그 세상에 은혜와 영광
을 얻기 위하여 모든 뜻과 몸과 마음
을 다 바쳐 거기에 매달리는 그와 같
은 것이 오늘의 신앙이요, 믿음이요,
13 너희들이 그 삶의 길을 온 백성들이
아니더냐?
14 그러니 그를 바라보는 나 여호와의 마
음이 어떠하겠는가?
15 나 여호와의 뜻을 알고 내가 기뻐하는
것을 알아 행하는 것, 그것이 바로 너
희들이 나의 아들딸로서 하는 길이요,
너희들이 하늘에 오를 수 있는 근본이
요, 기본이라는 걸 어찌 모른단 말이
더냐?
16 너희들이 내 뜻을 안다면, 내가 아담
과 하와에게 내려 준 그 은혜요, 축복
된 땅을 그대로 역사하는 것이 내 뜻
임을 너희들은 알아야 될 것이며,
17 내가 너희들에게 심어 내려 준 인성의
그 아름다운 마음으로 너희들을 복귀
시키려는 것임을 알아야 될 것이니라.
18 너희들은 그를 위하여 노력하지 아니
하였으며, 그 길을 위하여 너희들이
믿음이요, 신앙의 길을 오지 아니하였
으며,
19 그 길로 돌아가기 위해 너희들이 어렵
고 힘든 인간의 그 악습을 하나하나
버리고 살아가는 그와 같은 고통의 시
간을 저버렸으며, 그를 따르지 아니한
자들이니라.
20 오로지 저 자신의 구원만을 위하여 너

희들이 지금의 믿음의 길을 왔음이니,
21 그리하여 오늘과 같이 타락된 길만을
너희들이 달려왔으며, 타락된 백성들
이 이 세상에 존재하는 이와 같이 험
악한 세상이 되었음을 알라.
22 이제 나의 법전에 기록하여 전하는 이
뜻을 너희들이 알았고 깨달았다면,
23 나의 뜻에 의하여 복귀하는 데 너희들
이 최선을 다하며,
24 제3의 시대의 역사함에 있어서 나의
법전이요, 새로운 성경을 너희들이 읽
고 정독하여 그대로 행하고 살아가는
길을 선택하도록 그리하라.
25 그렇지 아니하고는 너희들이 눈물의
기도를 드리며 재물을 바치며 어떠한
행위로써 나를 위하여 한다 해도, 그
모두는 다 잘못된 것이며 허황된 것이
며,
26 나와 관계없이 너희 자신을 위하여 너
희 뜻에 따라 모두를 이루고자 하는,
너희 자신에 의한 믿음이라는 것을 알
아야 될 것이니 그리 알라.

9,680 번째 하나님 말씀

2004년 2월 21일 08시 21분

1 사랑하는 나의 아들아!
2 "네, 아버님! 말씀하옵소서."
3 나의 법전을 정독하여 그대로 행하는
백성, 그 모두는 나의 법전대로 행함
이 우선이라는 것을 알게 될 것이며,
그 속에 담겨 있는 뜻을 알게 될 것이
니라.
4 그러니 나의 법전이요, 새로운 성경에
기록된 그 뜻을 너희들이 알게 될 때,
너희들이 구약이요, 신약이요, 그 성
서에 숨겨져 있는 그 비유의 뜻을 알
게 될 것이니라.
5 그러니 너희들은 또한 그와 같은 역사
의 변화 속에서 내가 역사하고자 하는
그 뜻을 알며, 또 변화되는 시대에 따
라서 변화되는 나의 뜻을 알게 될 것
이니라.
6 너희는 구약과 신약이 지나가며 새로
운 시대가 열리는 것을, 나의 법전을
정독함으로써 너희들이 그리 이루어
짐을 알게 될 것이니라.
7 너희들이 출발 주자요, 중간 주자요,
마지막 주자로 역사하는 것과 같이,
지난 구약과 신약은 새로운 시대 앞에
그 모두가 지워지며, 또한 새로운 시
대는 새로운 역사로서 너희들이 변화
된다는 것을 알아야 될 것이니라.
8 그리하여 변화되는 역사 속에서 모두
가 이루어지는 것을 나의 법전을 읽고
깨우쳤을 때, 너희들은 그 의미를 알
며 내가 역사하는 것을 알게 될 것이
니,
9 그를 깨달아 너희들이 그대로 행하고
갈 때, 나 여호와에게 기쁨이 이루 말
할 수 없는 것임을 알라.
10 지금 나의 새로운 성경이 마지막 심판
의 시대의 나의 뜻이기 때문이니, 너
희들은 이를 알아야 될 것이며 이를
믿어야 될 것이니라.
11 너희들이 간음한 여인을 데리고 나의
아들 예수 앞에 와서 그 여인을 심판
하라 하였음이니라.
12 그를 벌을 주고 벌을 주지 아니하는
것으로써 너희들은 나의 아들 예수를

거기에 따라 응징하려 그리하였음이
니라.
13 그러나 나의 아들 예수가 무어라 말하
였느냐?
14 '죄 없는 자가 있거든 이 여인을 돌로
치라.' 그리 전함이니, 나의 뜻을 전한
예수의 그 가르침이 무엇인 줄 알겠느
냐?
15 너희들이 구약에 간음한 여인을 돌로
치도록 되어 있으니 예수에게 그리 행
하도록 하고자 했을 것이며,
16 또한 돌로 치면, 사랑을 베풀고 사랑
을 부르짖는 나의 아들에게 사랑이 없
는 자라 너희들이 그리 말할 것이니,
17 그리하여 나의 아들 예수는 죄 없는
자 있거든 그 여인에게 돌을 던지라
하였음이니라.
18 그리하여 그와 같이 나의 아들 예수가
너희들을 가르침이니, 바로 그 순간에
무엇이더냐?
19 너희들이 간음한 여인을 돌로 치라는
그 구약 시대는 조용히 흘러가며 물처
럼 흘러가고 지나가는 역사가 되지 아
니하였더냐?
20 그와 마찬가지이니라.
21 지금 내가 나의 아들을 통하여 새로운
성경이요, 나의 법전을 세상에 내려보
냄이니,
22 너희들은 조용히 구약과 신약의 그 가
르침이 물 흐르듯이 지나가며, 새로운
시대가 역사하며 새로운 물이 흘러내
려 온다는 것을 알아야 될 것이니라.
23 그러니 내 뜻을 너희들이 안다면, 지
금 내가 제3의 시대에 마지막 나의 성
령을 내려보냄을 그 은혜를 너희들이
감사하는 마음으로 받아들여 너희 것
으로 만들어 변화되는 삶을 살지 아니
하면 아니 됨이니라.
24 구약과 신약의 그 시대는 조용히 물이
흐르듯이 나의 법전 앞에 흘러가는 그
와 같은 역사가 이루어짐이니라.
25 구약과 신약이 역사했던 그 본보기요,
그 뜻으로써 너희들을 바로잡을 수 없
으며 바로 다스릴 수가 없을 만큼 너
희들이 타락되었으며 무너져 있음을
알아야 될 것이니라.
26 나의 아들 예수의 한마디의 가르침으
로써 너희들의 그 앞에 신약 시대가
열리며, 구약 시대가 조용히 흘러감이
니,
27 또한 이 시대가 바로 너희들이 구약과
신약이 조용히 흘러가는 시대라 함을
알라.
28 그리하여 그를 너희들이 버리고 던지
는 것이 아니요, 그는 그 모두의 뿌리
로서 하나가 이루어짐이니라.
29 달리는 데 출발 주자가 있어 중간 주
자가 있고, 중간 주자가 있어 또 마지
막 주자가 역사하는 것처럼, 이와 같
은 맥락의 흐름이니라.
30 시대의 변화에 따라서 내가 그때 내리
는 나의 성령이 가장 위대하고 소중한
것이며,
31 그때 내리는 나의 뜻을 따라 너희들이
행함으로써 너희들이 변화를 알 수 있
으며, 내가 원하는 길을 알 수 있으며,
나의 기쁨의 뜻을 따라 너희들이 역사
할 수 있는 눈과 귀가 열림이니라.
32 가장 어리석은 자요, 눈이 닫혀 있으
며 귀가 막혀 있는 자가 오늘의 종교

집단이요, 지도자요, 감히 하늘의 고
유의 권한인 구원을 받았다 말하는 그
백성들임을 알라.

9,681 번째 하나님 말씀

2004년 2월 22일 07시 27분

1 사랑하는 나의 아들아!
2 "네, 아버님! 말씀하옵소서."
3 내가 성서에 기록하여 전하기를, 몸과
마음을 다하여 너희들이 믿음의 길을
가야 한다 하였음이니, 과연 몸과 마
음을 다함이 무엇이던가?
4 하나의 부끄럼이 없는 삶을 살아가는
그와 같은 자세이니라.
5 인간 세속에서 살아가는 너희들의 그
삶이 또한 무엇이더냐?
6 나 여호와가 너희들에게 귀한 생명을
내려 주어 세상에 내려갔음이니, 내가
세상에 한 사람이 나올 때마다 그들이
먹고살 수 있는 모두가 다 준비되어
같이 나온다 하지 아니하였더냐?
7 그러니 내가 모두를 너희들에게 다 주
었음이니, 인간 세속의 삶에 있어서도
너희들이 몸과 마음을 다하여 역사하
는 자만이 승자가 될 수 있으며 바른
삶을 살 수 있다는 것을 잊어서는 아
니 될 것이니라.
8 너를 따르는 제자들이요, 또 나의 법
전을 읽고 깨우친 만백성 너희들이 나
의 법전을 만드는 것, 세상에 전하는
것, 그리고 나의 성전을 역사하는 것,
모두가 다 너희들이 몸과 마음을 다하
며 뜻을 다했을 때만이 이루어질 수
있음이니라.
9 정녕 너희들은 몸과 마음을 다하지 아
니하며 게으른 자, 또한 게으름에 따
라 편안함을 찾는 자, 이와 같은 너희
들의 삶에 의하여 모두가 이루어지지
못하며 무너지고 부서진다는 것을 너
희들은 어찌 모르는가?
10 너희들이 몸과 마음이요, 뜻을 다하고
정성을 다했을 때만이 이루어짐이니
라.
11 나의 성전을 관리하는 백성들이요, 그
도 몸과 마음과 뜻이 다 하나가 되어
모든 정성을 다했을 때, 그가 이루어
질 것이며 답이 있을 것이니라.
12 게으른 자, 역사할 수 없으며, 게으름
을 피우는 자, 절대 아무것도 이룰 수
없음을 너희들은 알라.
13 믿음도 마찬가지니라.
14 너희들이 마음이 변하는 것도 마찬가
지니라.
15 천사가 되는 것, 그리고 하늘에 오르
는 길을 볼 수 있는 것, 거기에도 너희
들이 나 여호와의 이름을 망령되이 일
컫지 말며, 나 여호와가 존재함을 굳
건히 믿기에 몸과 마음을 다하며 정성
을 다하는 것, 너희들이 모든 것에 믿
음을 1번으로 하라 내가 하지 아니하
였더냐?
16 나 여호와가 존재함을 믿으라 함이니
라.
17 너희들이 세상사에 인간관계를 저버
리며 나를 경배하고 나를 따르라는 것
이 아니라, 나 여호와가 존재함을 믿
는 그 자체이니라.
18 나 여호와가 존재함을 믿는 그 자체로
써 너희들이 모두를 다 역사할 수 있

음이니라.
19 그 마음이 굳건히 자리 잡았을 때, 너
희들이 남에게 부끄러운 짓을 할 수
없으며, 하늘을 향하여 한 점의 부끄
러운 짓을 할 수 없음이니라.
20 그것도 몸과 마음의 정성을 다하는 그
와 같은 마음 자세에서 모두가 이루어
짐을 알라, 사랑하는 나의 아들딸들아!
21 이제 너희들은 최선을 다하라.
22 게으른 자가 되어서는 아니 될 것이니
라.
23 게으름을 피우는 자, 절대 내가 너희
들에게 문을 열어 주지 아니할 것이
니, 온갖 정성을 다하여 이루도록 하
라.
24 성전을 맡은 자는 맡은 대로, 법전을
만드는 자는 만드는 대로, 마음이 변
하고자 하는 자, 그 마음을 변함에 있
어서 주저하지 말고 그리 가라.
25 그리하면 모두 다 얻을 수 있으며 성
취할 수 있는 것을, 너희들이 게으르
고 노력하지 아니하기 때문임을 알라.
26 남을 원망하지 말며 남을 욕하지 말
며, 나를 원망하지 말며 나를 욕하지
말라.
27 너희들이 온갖 정성을 다하여 나를 따
르고 경배해도 답이 없다 하나, 그는
너희들이 정녕 나를 믿고 따름이 아님
을 알라.
28 오늘의 믿음의 길을 가는 백성 그들이
정녕 하늘에 오르는 길이라 하나,
29 그들이 죽어 나에게 왔을 때 '내가 너
희를 모른다.'는 말을 한다 하였으며,
내가 모르는 것이 정답이라 말하였음
이니,
30 그들이 바른 믿음이요, 진정한 믿음으
로 가지 못한 것처럼,
31 너희들 또한 최선을 다하지 않는 자,
그들과 하나도 다름이 없음을 알아야
될 것이니 그리 알라.

9,682 번째 하나님 말씀

2004년 2월 22일 07시 32분

1 사랑하는 나의 아들아!
2 "네, 아버님! 말씀하옵소서."
3 지금의 모든 종교 집단이요, 지도자들
이 진정한 참진리요, 그리고 아름다운
마음을 가지고 살며, 너희들이 말하는
이방인이라는 백성, 그저 부모에게 효
도하며 이웃을 사랑하고 살아가는 그
들보다 너희들이 앞에 가며 더 높은
깨달음을 얻는 그와 같은 세상이 되었
더라면,
4 오늘과 같이 험악한 세상은 되지 아니
하였음이니라.
5 모든 종교 집단이요, 지도자들이 거짓
된 진리를 가지고 그것이 하늘의 뜻이
요, 진리라 그리 가르침이니,
6 너희들이 나의 뜻을 거역하는 행위만
을 일삼고 있으며, 그 길을 위하여 달
려가고 있는 자들이니라.
7 그러니 이 세상을 바라볼 수 없어 내
가 재앙으로써 모두를 다스리고자 하
나,
8 내가 다시 한 번 나의 아들을 통하여
나의 뜻을 내려보내어 너희들을 구원
하고자 하는 그 두려움과 무서움을 알
라 나의 법전에 수없이 기록하여 전했
음이니,

9 오늘도 너희들이 어떠한 삶을 살아가
며 너희들이 어떠한 믿음의 길을 가고
있는가?
10 정녕 너희들이 마음을 비우며 사랑으
로써 다스린다 말할 수 있는가?
11 지금 믿음의 생활을 하고 있는 백성
들, 오래 믿음의 생활을 했다는 그 신
도들 그들 자체는 무엇이더냐?
12 그들도 제자리를 지키며 제자리에서
목소리를 내며 제 권위를 위한 그와
같은 믿음으로 가고 있는 자들이 거기
에 저희들이 행복을 느끼며 가는 자들
이요,
13 정녕 나 여호와의 뜻에 따라 저희들이
천사와 같이 변하며, 그리고 제 마음
을 비우는 것, 제 손에 있는 것을 그저
아낌없이 놓을 수 있으며,
14 그득히 실은 그 수레를 끌고 가며 건
고 힘든 것을 하나하나 풀어서 남에게
줄 수 있는 그와 같은 모범된 행위를
하고 있는가?
15 그것이 오늘의 너희들이 가야 할 길이
며 오래 믿어 온 백성이라 하나,
16 그들이 제 목소리를 내기 위하여, 저
희 집단에서 제 권위를 세우기 위하
여, 제가 거기서 제 마음대로 할 수 있
는 그 행복에 취하여 가는 자들이 아
니더냐?
17 그리고 믿음의 길을 가는 신도들이요,
또 신앙의 길을 가는 백성들은 무엇이
더냐?
18 저희들이 구원을 받는다는 것, 구원을
받았다는 것, 그것 하나로써 저희들이
모두를 즐거움으로 가고 있는 자요,
19 그리고 저희들이 종교 집단이라는 곳
에 서로 얽히고설키고 모여서 인간 세
속에 살아가는 데 꿀을 얻는 그러한
방편으로 이용하고자, 그와 같은 뜻으
로 이루고자 그곳에 가 매달리는 자가
또한 수없이 있음이니, 어찌 거기에
참진리요, 아름다움이 있겠느냐?
20 내가 나의 아들을 통하여 너희들에게
몸과 마음의 정성을 다하여 나를 믿고
나를 경배하고 나를 생각하고 살아가
도 너희들이 구원을 이룰까 말까 한다
하였거늘,
21 너희들이 두 가지, 세 가지, 마음의 뜻
이요, 생각이 다 다른 자들이 울고불
고 아무리 한들, 그것이 믿음의 길이
요, 진정한 나에게 오를 수 있는 길이
더냐?
22 지도자는 지도자대로 그들의 마음을
악용하고 있는 것이 오늘의 종교 집단
이 썩어져 있는 형국이니라.
23 그러니 광란의 짓을 하는 자, 구원을
받았다는 그 신도요, 그 백성들, 그 누
구도 나를 보지 못하며 내 음성을 듣
지 못하며 내가 역사하는 걸 보지 못
하는 백성들이니라.
24 그러니 그를 보지도 못하는 백성들이
지금의 믿음의 길을 가는 자들이니,
이들이 과연 어떠한 백성들이더냐?
25 지금 저희들만의 오만과 교만에 젖어
있는 자들이니라.
26 그러나 그들이 모르기 때문에 그리하
느니라, 그리고 어리석은 백성들이니
라.
27 모르는 자, 저희들이 아는 체 하며, 모
르는 자, 제가 진정한 지도자라 하는
그들같이 불쌍하고 가련한 백성이 없

음이니라.
28 모르고 가는 자, 그게 죄라 생각하지
말고, 너희들이 그들을 깨우쳐 인도하
는 데 최선을 다하지 아니하면 아니
됨이니 그리 전하라.

9,683 번째 하나님 말씀

2004년 2월 22일 07시 37분

1 사랑하는 나의 아들아!
2 "네, 아버님! 말씀하옵소서."
3 너를 따르는 제자들이요, 그리고 나의
법전을 읽고 깨우친 만백성 너희들은
목숨을 다하며 뜻을 다하여 역사하도
록 그리하라.
4 이 세상에 너희들이 참진리요, 깨우침
이요, 그 모두는 한계가 정해져 있지
않으냐?
5 너희들의 불교요, 또는 기독교요, 그
리고 모든 종교 집단에서 너희들이
무엇을 가지고 가르치는가?
6 너희들이 정해져 있는 그 책이요, 그
리고 글로써 써 내려진 것을 가지고
가르침이니라.
7 그러니 그 모두는 시작이 있으며 끝
이 있음이니라.
8 그러니 시작이 있고 끝이 있는 것은
참진리가 아님을 너희들은 알아야 될
것이며, 그것이 나 여호와의 뜻이 아
니요, 하늘에 오르는 길이 아님을 알
라 그리 전하라.
9 너희들은 알아야 될 것이니라.
10 너희들이 한 권의 책을 가지고 공부
하며 깨우치니, 그 책은 시작이 있으
며 끝이나 있음이니,
11 그것은 한 권의 책 안에 모두가 들어
있는 것처럼 너희들이 말하나, 그는
한계가 있으며,
12 거기서 깨우치고 느낀들 너희들이 얼
마나 느끼고 깨우치겠는가?
13 그러나 너희들이 참진리요, 하늘의 뜻
이라는 것은 하늘을 두루마리 삼고
바다를 먹물로 삼아 써도 써도 그 모
두를 다 못 쓴다 했음이니,
14 새로운 뜻이요, 새로운 진리를 계속
부어 내리는 것이 하늘의 뜻이요, 나
여호와의 뜻이요, 역사함이니라.
15 나는 나의 아들을 통하여 새로운 법전
이요, 그리고 새로운 성경이요, 그리
고 새로운 뜻을 계속 부어 넣어 줌이
니,
16 너희들이 평생 죽을 때까지 듣고 들어
도 다 못 들으며, 배우고 배워도 다 배
우지 못함이니,
17 새로운 것을 얻는 것이요, 새로운 것
을 부어 주며 새로운 것을 들으면서
깨우쳐 가는 그것이 하늘의 진리요,
나 여호와의 뜻이요, 이 세상에 어느
누구도 이와 같은 역사를 이룸이 없지
않더냐?
18 모든 믿음의 길을 가는 백성들은 정해
진 그 책 한 권이요, 몇 권의 그 책 속
에서 진리를 찾으며 거기에 무엇이 있
다고 너희들이 다람쥐 쳇바퀴 돌듯이
돌고 또 돌고 도는 것이 아니더냐?
19 선생이 나와 가르치고 죽으니, 그 제
자가 또 선생이 되며, 그리하여 그것
을 가지고 처음서부터 또 강론하며 가
르치고 하니, 고여 있는 것은 썩은 것
이라 하지 아니하였더냐?

20 그러니 너희들이 그와 같이 가르치는
것이 오늘의 모든 종교 집단의 모든
백성들이니라.
21 나의 아들처럼 내가 직접 내리는 새로
운 뜻으로써, 새로운 명령으로써 너희
들을 깨우치고 가르치는 그와 같은 곳
이 어디 있는가?
22 이것이 이 세상에 단 한 곳밖에 없으
며,
23 이는 나의 아들이요, 나의 성령은 한
곳을 통하여 내려간다 하지 아니하였
더냐?
24 내가 너희들을 다스리되 지상의 한 거
점을 만들어 거기를 통해서 내려간다
함이니,
25 지금 나의 아들처럼 내가 내리는 뜻을
가지고 너희들을 깨우치며 만백성을
가르치고 그 변화되는 삶을, 변화되는
역사를 계속 부어 넣어 주며 변화되
는 지혜를 넣어 주는 그와 같은 곳이
세상에 어디 있는가?
26 단 한 곳, 나의 아들뿐임이니, 이것이
나의 아들을 따르는 제자 너희들의
선택된 위대함이요,
27 나의 법전을 읽고 깨우친 만백성 너희
들의 선택된 가장 위대함이요, 은혜
와 축복 속에 있는 자들이니라.
28 고이지 아니하고 계속 흐르는 생수를
받는 물이 진정한 생수요, 모든 생명
을 살릴 수 있는 것이지,
29 고여 있는 물은 썩고 죽게 되는 것이
라는 것을 어찌 모른단 말이더냐?
30 이와 같은 이치 하나를 깨우쳐 너의
제자들에게 최선을 다하도록 그리 전
하며, 나의 법전을 깨우친 백성은 몸
과 마음을 바쳐 모든 정성을 다하라
그리하라.
31 새로운 생수를 받는 너희들이 인간의
생각이요, 인간의 삶에 모두를 다 던
지는 그와 같은 어리석은 삶을 살아
서는 아니 될 것이니라.
32 이제 예수를 따르는 제자들은 예수가
만왕이니, 그들이 권세와 재물을 얻을
것을 생각하며 그를 따랐으니, 그를
팔았으며 등을 돌렸으며,
33 그들이 모두의 가정을 버리고 역사했
으나, 그 뜻이 잘못되었음이니라.
34 그러나 너희들은 알아야 될 것이니라.
35 새로운 생수가 내려오는 곳이 세상에
없으니, 새로운 생수요, 새로운 말씀
이 내려오는 곳에 너희들이 모두를 다
던지고 바치는 그와 같은 삶을 살 때,
36 너희들은 등 돌리며 배신하며 나의 아
들을 파는 일은 없을 것이니, 그 이치
가 다름을 알며 그 이치의 깨달음이
요, 그 이치의 소중함이요, 위대함을
알도록 그리 전하라.

9,684 번째 하나님 말씀

2004년 2월 22일 07시 47분

1 사랑하는 나의 아들아!
2 "네, 아버님! 말씀하옵소서."
3 모든 백성들에게 참진리의 길을 보라
가르치라.
4 그리고 참진리의 길을 찾아 모두를 다
바치라 그리하라.
5 그리고 나의 법전을 보라 그리 전하라.
6 그리고 나의 법전을 정독하라 그리 전
하라.

7 그리고 나의 계명을 지키고 살라 그리
전하라.
8 그리하여 너희들이 깨우치는 백성이
되라 그리 전하여 깨우쳐 주지 아니하
면 아니 됨을 알라.
9 이 세상에 너희들이 살아가는 것, 너
희들이 행복이요, 슬픔이요, 너희가
웃고 즐기고 사는 것, 그리고 너희들
이 화내고 사는 것, 싸우며 사는 것,
그리고 시시비비를 하며 사는 것, 너
희들이 그 희비애락의 모든 역사하는
것이 무엇인 줄 알겠느냐?
10 인간 세상에 살면서 너희들이 즐거우
면 즐거운 만큼 너희들이 얻고 변하는
것이 아니요,
11 모두가 너희들이 지금 살아가는 그 삶
이 죄악 속에서 이루어지고 있음을 알
고 있는가?
12 너희들이 근본적인 변화요, 근본적인
아름다운 마음이요, 내가 너희들에게
내려 준 아름다운 인간의 인성의 그
본마음이 다 무너져 있음이니,
13 너희들이 이 세상을 살아가며 즐겁고
괴로운 것, 그 모든 고통과 슬픔의 그
세월이 역사하는 것, 그리고 이루어지
는 것, 그것이 너희들이 인간 세상의
지옥의 세상이요, 죄악의 세상에서 모
두가 이루어지고 역사하는 그와 같은
형국이라 함을 알겠느냐?
14 그러니 그곳에서 벗어나는 자, 그것을
뛰어넘는 자, 거기에서 거듭나는 그와
같은 변화를 갖는 백성만이 나에게 오
를 수 있으며 영원히 거듭날 수 있는
것이거늘,
15 너희들이 죄악 속에서 지금 얽히고설
켜 사는 것이, 웃고 즐기고 괴로워서
고통 속에 사는 그 모두가 다 벗어나
지 못한 것이라는 내 뜻을 잘 깨우쳐
새기도록 그리하라.
16 죄악 속에서 이루어지고 있음을 너희
들은 알아야 될 것이며, 거기에서 벗
어나지 못함이니라.
17 참진리의 어렵고 힘든 길을 나의 법
전대로, 나의 계명대로 너희들이 살지
아니하며, 죄의 어둠 속에서 헤어날
수가 없는 이와 같은 삶을 사는 것이
너희들임이니,
18 나의 법전을 읽고 깨우쳐 하늘에 오르
는 길을 보지 아니하면 너희들은 결코
거듭날 수가 없음이니라.
19 내가 너희들이 희비애락이 얽힌 이
세상의 죄악 속에서 산다는 것이 왜
그런 줄 알겠느냐?
20 너희들이 욕망은 많고 욕심은 끝이 없
으며 한계가 없음이니,
21 너희들이 병들어 썩어져 가는, 그리고
무너지는 너희들 자신을 바라보라.
22 너희들이 얼마만큼 지금 어떠한 세상
에서 살고 있는가?
23 모두가 전염되며 모두가 오염되는 그
전염병이 만연한 속에서 너희들이 살
아가고 있는 형국과 같음이니,
24 욕망도 많고 그 욕심의 깊이가 끝이
없으며 넓이가 끝이 없는, 그와 같이
버리지 못하며 너희들의 마음이 병이
들고 마음이 썩어져 가는 그와 같은
세상에 삶이니,
25 전염병이 만연하는 그 속에서 너희들
이 누구도 벗어나지 못하고 있는 백성
이니, 너희들이 죄악 속에서 모두 다

이루어지며 거기를 벗어나서 이루어지는 삶이 없다 내가 하였음이니라.
26 세상에 살며 너희들이 웃고 울고 하는 것, 그 어둠의 세상에서 이루어진 것이며, 그 진흙탕 속을 벗어나지 못한 것이 너희들이라 하였음이니,
27 거기서 벗어날 수 있는 것은 나의 법전을 읽고 깨우쳐 이 새로운 성경의 가르침을 따르고 행하는 길밖에 없다는 것을 만백성에게 전하도록 그리하라.

9,685 번째 하나님 말씀

2004년 2월 22일 07시 52분

1 사랑하는 나의 아들아!
2 "네, 아버님! 말씀하옵소서."
3 참진리의 길을 보고자 연구하며 그 길을 가는 백성, 그는 나에게 오르는 길이요, 그리고 너희들이 참진리의 길을 모르고 가는 그 백성은 멀고도 먼 길을 감이니, 나와 관계없이 멀어져 가는 그와 같은 삶을 사는 것이니라.
4 그러니 너희들이 참진리요, 하늘의 뜻을 깨우치는 것은 바로 무엇인 줄 알겠느냐?
5 너희들이 마음을 비움이니라.
6 지금 너를 따르는 제자들이요, 나의 법전을 읽고 깨우친 만백성 그들도 아직 마음을 다 비우지 못하였음이니라.
7 그리하여 그 마음을 비우지 못한 너희들에게 내가 무어라 하였느냐?
8 어리석은 자와 같이 동행하지 말며, 어리석은 자와 같이 아직은 행동하지 말라 하였음이니라.
9 너희들이 어리석은 자를 깨우쳐 이끄는 것이 아니니요,
10 욕심이요, 질투에 그득 차 세상사의 참진리를 모르는 어리석은 백성들과 너희들이 더불어 생활했을 때, 너희들 스스로 무너지며 너희들 스스로 부서지기 때문이라 내가 그리하지 아니하였더냐?
11 아직은 너희들이 어리석은 자와 동행하는 그와 같은 삶을 살지 말며, 너희들 자신의 마음을 비우는 데 최선을 다하며,
12 나의 법전을 가슴에 안고 정독하고 또 정독하여, 새로운 성경이요, 새로운 뜻을 계속 부어 줌은 나 여호와의 뜻이요, 하늘의 뜻이요, 세상에 단 이곳 한 곳밖에 없음이니,
13 그 안에 있는 너희가 얼마나 소중하며 그 품 안에 있는 너희가 얼마나 귀한 백성인가를 알아 너희들이 참진리를 깨우치는 백성으로 변화되는 데 최선을 다하도록 그리 가르치라.
14 너희들이 나의 진리를 따라 역사하는 것은 너희들이 내 품에 오르는 그 축복이요, 영광됨을 얻는 것이요,
15 참진리의 길을 모르고 가는 백성은 나와는 멀고도 먼 길을 가는 백성들이니라.
16 그리고 이것이 하늘의 뜻이요, 창조주 나 여호와의 뜻이요, 너희들이 구원을 받는 것이요, 진리요, 너희들이 모두를 역사하는 것이라 그리 울부짖는 백성들,
17 어찌하여 내가 계속 부어 내리는 나의 160권의 법전이요, 그 160권의 법전

이 세상에 매듭지음이니, 나의 아들을
통하여 하늘의 뜻을 계속 부어 내리는
이 위대한 역사함을 너희들이 그리 모
르며,
18 한 권의 책만을 가지고 이것이 하늘에
오르는 길이니, 다른 것을 보지도 말
며 접하지도 말며 읽지도 말라 하는가?
19 너희들이 한 권의 책을 가지고 몇 번
만 읽으면 그 뜻을 다 알며 거기에 있
는 내용을 다 알 것이니, 그다음에 너
희들의 변화는 무엇이며 너희들이 역
사하는 건 무엇이란 말이더냐?
20 이것을 견주어 볼 때 너희들이 어찌하
여 그리 어리석은 백성이란 말이더냐?
21 한 줌의 모래알을 너희 손에 쥔 것은
가장 위대한 것이요, 백사장의 그 많
은 모래는 너희들이 위대함을 모르며,
모래가 아니라 부르짖는 자니,
22 너희들이 한 줌의 모래를 과연 어디서
쥐었더냐?
23 그 백사장 속에서 너희들이 한 줌의
모래를 쥐고 너희들이 남들을 속이며,
이것은 하늘에서 내려온 모래요, 제가
특별히 하나님으로부터 받은 모래요,
이 땅에 백사장에서 쥔 모래가 아니니,
24 제 모래는 황금의 모래요, 백사장의
모래는 썩은 모래요, 지옥의 모래요,
사탄으로 가는 길의 모래라 그리 말한
다면,
25 과연 그것이 얼마나 어리석고 불쌍한
백성들이란 말이더냐?
26 너희들이 그 백사장에 한 줌의 모래를
쥐고 그것이 하늘에서 내려온 황금의
모래라 한들, 그것을 백사장의 모래와
견주어 보는 자가 있을 때 무엇이 다
르겠는가?
27 그 다름이 없음이니, 하늘에서 내려왔
다는 그 말을 믿겠느냐?
28 이제 어리석은 백성들아, 그리고 너희
들은 깨우쳐야 될 것이니라.
29 너희들이 어찌하여 그 넓고도 넓은
백사장에 셀 수 없는 모래의 위대함
이요, 그 모래의 역사함은 너희들이
우습게 생각하며,
30 네 손에 쥐고 있는 모래요, 네 손가락
사이로 흘러내려 바람에 날아갈 수 있
는 그 모래는 위대한 모래며, 그것이
모든 백사장의 모래요, 은빛의 모래요
황금의 모래라 그리하는가?
31 그를 보고 모래는 그것뿐이라 너희들
이 가르치는 어리석은 우를 범하지 말
며, 그를 보고 따르는 백성 너희들 또
한 얼마나 어리석고 불쌍한 백성들인
지 알겠느냐?
32 그리하여 아직은 나의 아들딸 너희들
이 어리석은 자와 동행하지 말며 세속
에 어울리지 말라 함이니라.
33 너희들이 그들을 다스리고 깨우칠 수
있으면 어리석은 자와 욕심 많은 자
와 사악한 자와 동행을 해도 너희들이
무너지지 아니할 것이며 그들을 깨우
칠 것이나,
34 아직은 너희들이 뿌리가 깊이 내리지
아니하며 뽑힐 수 있는 나무이기에 너
희들이 더 굳건히 뿌리를 내릴 때까지
기다리라 함이니라.
35 이제 내 뜻을 알겠느냐?
36 한 권의 책을 제 손에 들고 이것이 하
늘에 오르는 길이요, 생명수요, 역사
하는 길이라 하는 것은,

37 백사장에서 모래 한 주먹을 쥐고 그
모래와 백사장의 모래와 견주어 보며,
백사장의 모래는 역사할 수 없으며,
제 손에 쥐고 있는 모래만이 둔갑하고
요술을 부려 모두를 역사하는 것이니
그와 바꾸지 말라 하는 것이니,
38 그 어리석은 자들에게 네가 서 있는
곳이 그 백사장 위라는 것을 잊지 말
라 전하라.

9,686 번째 하나님 말씀

2004년 2월 22일 07시 56분

1 사랑하는 나의 아들아!
2 "네, 아버님! 말씀하옵소서."
3 나의 새벽 기도를 들으며 나의 뜻을
기록하는 '조나영'과 '김윤수'라는 그
두 여인이요, 네 제자요, 사랑하는 나
의 딸 그들에게 전하며, 그들은 만백
성에게 나의 이 뜻을 전하도록 그리하
라 이르라.
4 너희 것은 이 세상에 아무것도 없는
것이거늘, 이 세상의 그 모두에 네 이
름을 붙이고자 발버둥치지 말며, 네
이름을 붙여 놓고자 악을 쓰지 말라
그리하라.
5 이 세상의 어떤 것도 네 것이 없으며
나 여호와의 것이요, 또한, 너희들이
가지고 하늘나라에 올 수 있는 것도
아니거늘,
6 어찌하여 너희들이 이 세상의 그 모두
에 네 이름이요, 네 명패를 붙이고자
그 험악한 죄를 지으며 그 용서받지
못할 길을 가며, 너희들이 구원이요,
거듭나는 그 영광을 버리는가?
7 두 여인은 이를 만백성에게 전하며,
너희 동료들에게 전하며, 나의 아들을
따르는 제자들에게 그를 전하라.
8 '이 세상의 어떤 것도 네 것은 없으며
오로지 아버님의 것인 것을,
9 어찌하여 창조주 아버지의 것인 이 세
상에 있는 것에 너희들의 이름을 남기
려 하며 너희들 이름을 붙이려 하며
너희들의 명패를 걸어 놓고자 하여,
10 너희들이 이 세상에 진리를 모르며 그
리고 욕심이라는 것에서 헤어나지 못
하고 그와 같이 어리석고 불쌍한 삶을
사는가?'
11 이를 너희 형제들에게 전하라.
12 내가 너희들에게 특별히 내리는 상이
요, 명령임이니라.

9,687 번째 하나님 말씀

2004년 2월 22일 08시 11분

1 사랑하는 나의 아들아!
2 "네, 아버님! 말씀하옵소서."
3 지금의 종교 집단이요, 그들이 어찌
가르치는가?
4 행함이요, 실천의 고달프고 어려운 길
은 가지 아니하며, 이론만으로써 가르
치며 이론만으로써 끝나는 그 교육이
수천 년 동안 흘러왔기에,
5 나의 피조물 만백성을 바보요, 어리석
은 자로 만들어 그들이 지옥행으로 가
는 그와 같은 형국이 되었음을 너희들
은 알라.
6 너희들이 수영 시합을 나가는 자, 그
를 가르치는 데 이론만으로써 수영을
가르쳤으며, 어렵고 힘든 실기의 피나

는 노력은 하지 아니하고 수영 대회에
나갔을 때, 그는 결국 어찌 되겠는가?
7 그는 깊은 물이라면 결국 그 생명을
잃을 것이며, 그는 한 발짝도 앞으로
전진하지 못할 것이니라.
8 너희들이 자전거라는 것을 타되, 가르
치는 것을 이론만으로써 설명하고 가
르치며, 그리하여 너희들이 자전거를
타고 시합하는 것을 이론으로 철저히
몇십 년을 가르쳐 시합장에 내보낸다
면 과연 그는 어찌 되겠느냐?
9 그 또한 출발선에서 절대 한 발짝도
나가지 못하는 어리석은 짓을 하지 않
겠느냐?
10 그 모습을 바라보는 너희들의 마음은
어떠하겠는가?
11 이론으로써 가르쳤으며 이론으로써
우등생을 만들어 내보낸 그 선생이 그
제자를 출발선에서 자전거를 태워 출
발시키니, 그는 한 발짝도 가지 못하
고 쓰러져 넘어지는 꼴을 볼 때,
12 저 자신이 얼마나 잘못했으며 제가 얼
마나 어리석은 것인가를 그때 가서야
깨달을 수 있단 말이더냐?
13 모든 운동 경기요, 시합에서 역사하는
것이, 너희들이 투우장에서 그 황소와
싸우는 자에게 이론만 가르치고 거기
에 들여보내면 그는 어찌 되겠는가?
14 그는 그 황소의 뿔에 받쳐 죽음을 면
치 못하는 것이니,
15 바로 너희들이 이론만을 가르치고 이
론만으로써 모두를 역사하는 것이 몇
천 년 동안 흘러왔기에,
16 사탄과 싸워서 이길 수 있는 능력이
없으며, 사탄의 유혹에 그저 넘어지는
그와 같은 형국이 되어 있는, 어리석
고 부족하며 제 다리로 서지 못하는
나의 백성들을 만들어 놓은 것이니,
17 이를 보는 나 여호와의 통탄함이 어떠
하겠는가?
18 사랑하는 나의 아들아!
19 모든 몇천 년 동안 흘러온 믿음이 너
희들이 실습은 없으며 그저 말로써 이
끌어 말로써 가르치는 그와 같은 어리
석은 가르침으로 하늘에 오른다 그리
하였음이니,
20 인간 세상에 너희들이 경기를 함에 피
나는 노력을 한 만큼, 땀 흘린 만큼 너
희들이 그 시합장에서 결과를 얻을 수
있는 것이거늘,
21 하늘에 오르는 길이요, 천국에 오르
는, 너희들이 인간 세상이요, 육의 세
상을 벗어나 하늘의 역사하는 그 세상
을 감히 너희들이 이루고 못 이루는
그 길을 간다 말로 하는 백성들이,
22 어찌하여 너희들이 그 고통의 어렵고
힘든 길을 가지 아니하고, 말로써만
너희들이 구원이요, 그리고 나에게 올
수 있다 그리 가르치며 편안하게 올
수 있다 가르쳐,
23 그들에게 재물을 받아들이며 그들의
모두를 착취하는 그와 같은 사악한 행
위를 하고 있는가?
24 그것을 바라보는 내 마음이 어떠하겠
느냐?
25 지금의 모든 신앙생활이 그러하니라,
사랑하는 나의 아들아!
26 오죽하면 내가 나의 아들 너를 통하여
지금 160권이라는 대법전을 세상에
내리며 새로운 성경을 내려보내며, 그

리고 네가 명을 다할 때까지 내가 이
세상에 나의 뜻을 너를 통하여 세상에
내려보낸단 말이더냐?
27 그들이 이론만으로써 지금 경지에 오
른 자들이요, 그러니 막상 시합장에
가면 한 발짝도 나가지 못하는 낙오자
가 되는 그 백성들,
28 그리하여 너희들이 이론만으로 가르
쳤기에, 사탄이요, 마귀의 밥이 되어
그들이 끄는 대로 지옥으로 그저 끌려
가는 그 백성들이 불쌍하여,
29 초보 단계에서부터 내가 다시 가르치
고자 하는 것이 나의 뜻이니라.
30 그리하여 사랑하는 나의 아들을 통하
며 나의 아들을 따르는 제자 너희들로
하여금 내가 나의 새로운 성경을 만들
어 만백성에게 전하는 것은 초보 단계
에서부터 초보적인 것을 가지고 가르
치며 변화의 역사를 이룸이니,
31 160권의 법전이 초보의 단계를 너희
들이 벗어나는 길이니, 그를 읽고 깨
우쳐 너희들이 한 발짝 한 발짝 변하
는 그 역사를 이루도록 하라.
32 그리하여 기초부터 나눠 내가 가르침
이니, 160권에 상세히 세세히 내가 가
르쳐 기록하여 전하는 뜻이 여기 있음
이니 이를 알라.
33 내가 모든 비유를 들어 너희들에게 말
하여 가르쳤느니라.
34 수영을 하는 자, 이론으로써 가르쳐
시합장에 나가니, 그가 물에 빠져 죽
을 것이요,
35 자전거라는 것을 타고 시합장에 가는
자, 너희들이 10년, 20년 동안 이론으
로써 가르쳐 이론으로는 박사가 되었
느니라.
36 그러나 너희들이 출발선에서 타고 갈
때는 한 발짝도 나가지 못하니, 이와
같은 나의 백성들을 만드는 우를 범하
는 것이 너희들이니,
37 내가 이와 같이 나의 백성들을 사탄의
먹이로써 사탄이 유혹하는 데 넘어지
도록 나약하며 판단력이 없는 백성으
로 만든 너희들을 용서치 아니할 것이
니 그리 알라.
38 그리고 너희들이 그 죄의 대가가 무엇
인지는 상상을 초월할 것이니라.

9,688 번째 하나님 말씀

2004년 2월 22일 08시 18분

1 사랑하는 나의 아들아!
2 "네, 아버님! 말씀하옵소서."
3 참진리의 뜻이요, 하늘에 오르는 길을
간다는 백성들, 지도자요, 그리고 깨
우쳤다는 백성들, 그 모두가 다 너희
들이 어떠한 한계를 두고 공부하며 어
떠한 한계에서 깨우침을 가고 있느냐?
4 인간의 높이요, 인간의 한계를 두고
너희들이 나의 성령이요, 나의 뜻을
해석하고 연구하고 깨우치고자 함이
니,
5 인간의 한계를 벗어나지 못한 상태에
서 또한 가르치고 듣고 가는 것이 너
희들이니라.
6 그러니 참진리요, 하늘의 뜻이요, 나
여호와의 뜻을 너희들이 알 수 없기에
내 뜻을 모름이니,
7 너희들이 방향을 모르는 자, 잘못 가
고 있듯이, 엉뚱한 방향으로 흘러가며

엉뚱한 방향으로 나의 피조물 만백성
을 가르치고 인도한 것이니,
8 엉터리가 엉터리를 가르친 그와 같은
형국이 되어 버린 것이 오늘의 현실임
을 알아야 될 것이니라.
9 너희들이 참진리요, 하늘의 뜻이요,
'나'를 지우며 '나'의 모두를 버려 너희
들이 그 뜻을 봐야 되거늘,
10 너희들이 인간의 욕심이요, 인간의 한
계를 벗어나지 못하는 삶을 살기에,
11 인간의 이성과 지혜로써 모두를 보려
하며 모두를 그 한계 내에서 깨우치려
함이니, 거기를 벗어나지 못함이니,
12 하나 더하기 하나는 둘이요, 너희들이
손의 보는 것만을 가지고 모두를 깨우
치고 가려 함이니,
13 그것이 너희들이 이성과 지혜로써 벗
어나지 못함을 너희들은 알아야 될 것
이니라.
14 너희들이 나 여호와의 뜻을 깨우치며
하늘에 오르는 길을 볼 수 있으며 변
화되는 삶을 살 수 있는 것은,
15 바로 내가 직접 친필로 써 내린 나의
십계명이요, 그리고 지금 내가 나의
아들을 통하여 내리는 새로운 성경,
이를 정독하고 읽고 깨우치고 실천하
고자 할 때,
16 성령이 너희들에게 임해야만 너희들
이 바로 볼 수 있으며, 하늘의 뜻을 알
수 있으며, 인간의 이성과 지혜의 한
계를 벗어나 너희들이 하늘의 참뜻을
볼 수 있으며, 그 위대함을 알게 됨이
니,
17 너희들은 인간의 높이에 한계를 두고
모두를 생각하지 말라.
18 변하는 노력이요, 변하고자 하는 삶을
살라.
19 그리고 너희들이 나의 계명을 반드시
지키며, 내가 새로 내리는 성경을 반
드시 지키는 그와 같은 변화되는 속에
서 모두를 깨우치고 얻을 수 있다는
것을 명심하고 또 명심하도록 그리하
라, 사랑하는 나의 아들딸들아!

9,689 번째 하나님 말씀

2004년 2월 22일 08시 20분

1 사랑하는 나의 아들아!
2 "네, 아버님! 말씀하옵소서."
3 지금의 신앙과 믿음이 절대적인 믿음
이라 그와 같이 너희들이 믿고 가는
것, 지금 너희들이 그리하여 울고불고
하고 있는 짓, 그 모두가 다 어떠한 형
국인 줄 아느냐?
4 나 여호와가 바라보는 너희들의 그 모
습은 하늘을 향해 짖어 대는 강아지처
럼 너희들이 허공에 대고 소리 질러
몸부림치고 울고불고하는 그와 같은
행위를 벗어나지 못하고 있음이니,
5 너희들이 오늘의 가는 그 믿음은 존재
하지 않는 우상을 섬기는 자들이요,
그리고 사탄을 믿는 자요, 사탄의 후
예가 되어 너희들이 사탄에게 힘을 실
어 주는 그와 같은 길을 가고 있다는
것을 알아야 될 것이니라.
6 너희들은 나 여호와의 존재함을 믿으
며, 나의 뜻에 따라 역사하며, 내 뜻에
의한 그 길을 가는 백성이 아님이니라.
7 나에게 오고자 하여 내 뜻을 따라 오
는 길은 어렵고 협착하여 힘든 길이기

에, 너희들이 편안하고 넓은 길을 찾
고 감이니,
8 너희들이 아무리 그 길에서 울고불고
허공에 대고 몸부림치고 부르짖어 봐
야 그는 다 허상이며, 아무것도 이루
어지는 것이 없으며, 나와는 관계없는
것이요,
9 오로지 사악한 악마요, 사탄에게 힘을
실어 주는 어리석은 짓을 하고 있다는
것을 알라.
10 이제 내가 나의 아들을 통하여 너희들
이 가는 믿음의 길이 잘못되었다 가르
쳤으며, 너희들이 인간의 한계의 높이
를 초월하지 못하고 모두를 계산한다
하였음이니,
11 이는 곧 너희들이 인간의 교리를 만들
어 인간의 교리로써 지금 역사하는 종
교 집단이요, 지도자이니라.
12 그러니 나는 인간의 교리로써 역사하
는 너희들을 절대 용서하지 아니하며,
그를 내가 받아들이지 아니하며, 받아
들일 수 없는 것이 하늘의 법도임을
너희들은 알라.

9,690 번째 하나님 말씀

2004년 2월 22일 11시 42분

1 사랑하는 나의 아들아!
2 "네, 아버님! 말씀하옵소서."
3 이제 사랑하는 너를 따르는 그 제자들
이요, 나의 법전을 읽고 깨우친 만백
성 너희들은 경쟁이 되지 않는 자와
경쟁하는 그와 같은 마음 자세를 가져
서는 아니 됨을 알라.
4 너희들의 깨달음이요, 너희들이 느끼
는 그 경지가 높고 높이 와 있음이니,
모든 백성들이 너희들을 알 수 없으며
너희들을 따를 수 없음이니라.
5 상대가 되지 않는 자를 경쟁자로 만들
어 너희들이 승자가 된다 해도 그것은
부끄러운 일이 아니더냐?
6 그리고 너희들이 상대가 되지 않는 자
를 경쟁자로 만들어 그를 이기고 승
자라 한다면, 그것은 진정한 승자가
아니지 않더냐?
7 그러니 너희들이 이제 너희들의 뜻을
따르며 너희들을 알 수 있는 백성이
없음이니, 그들과 너희들은 경쟁하지
말며 시시비비하지 말라.
8 그들을 절대 너희들이 경쟁자로 생각
해서는 아니 됨이니라.
9 모르고 어리석은 백성을 너희들이 조
용히 깨우쳐 주고 지도하는 것으로써
너희들이 가야 할 길이요,
10 모든 종파요, 믿음의 길을 가는 종교
집단을 너희들이 경쟁자로 생각해서
는 아니 됨이니라.
11 너희들이 초등학교 학생을 상대로 40
이 넘는 장년이 무엇인가를 이루고자
한다면, 그것은 어찌 되겠느냐?
12 누가 지고 이기는지는 당연한 것이
아니더냐?
13 지금의 너희들이 깨달음을 얻는 그것
이 너희들이 장년이요, 이미 40대에
들어선 인생의 삶을 사는 것처럼 그
높이에 와 있음을 이제 알아야 될 것
이며,
14 모든 종파요, 그 속에서 가는 백성들
은 초등학교라는 유년의 그 나이도 벗
어나지 못한 자들의 깨달음이요, 그들

의 행함이니라.
15 그러니 너희들이 그들을 깨우치고 다
스려 인도함은 너희들이 해야 할 일
이나,
16 그들을 만에 하나 경쟁자로서 생각하
고 경쟁의 심리를 가져서는 아니 됨을
너희들은 알아야 될 것이니라.
17 모든 종교 집단이요, 교회의 성당이
요, 성막을 보면서 너희들이 그 벽을
넘기가 힘들고 어려운 것을 두려워하
지 말며, 그 또한 너희들이 경쟁자라
그리 보지 말라.
18 감히 그들이 너희들의 경쟁자가 될 수
없으며, 그들은 너희들에게 상대가 되
지 아니함이니 그리 알라.
19 내가 이 세상에 의인 하나를 얻으면
세상과 바꾸지 않는다 하였음이니,
20 그 의인의 길을 위하여 한 계단 한 계
단 올라오는 것이 나의 아들을 따르는
제자들이요, 오늘의 믿음의 길을 가는
너희들이 아니더냐?
21 그러니 그 누구도 너희들에게 경쟁의
상대가 없음이니, 너희들은 그와 같은
생각을 갖지 말라.
22 오로지 모르기에 잘못 가는 자, 불쌍
하고 가련한 백성이라 하여 조용히 깨
우쳐 주고 깨닫게 해 주는 그와 같은
길만을 가도록 그리하라.
23 너희들은 절대 이 세상에 그 누구도
너희들과 같이 겨룰 자가 없음이니,
24 그리고 너보다 약한 자를 경쟁의 상대
로 선택하여 그와 너희들이 경쟁을 한
다는 것은 인간 도리에서 있을 수 없
음이니, 너희들은 그와 같은 이치를
깨우쳐 삶을 살아가도록 그리하라.

9,691 번째 하나님 말씀

2004년 2월 22일 20시 09분

(대전에서)

1 사랑하는 나의 아들아!
2 "네, 아버님! 말씀하옵소서."
3 너희들이 남과 경쟁하여 시비를 하여
싸움을 함이니, 그 싸움에서 너희들이
이긴 자요, 승자가 되는 것은 하나를
얻는 것이니라.
4 너희들이 지금 나의 법전을 가지고 만
백성을 구하는 그 역사를 하며, 오늘
의 나의 성전을 또한 이곳에 너희들이
이리 이루었음이니,
5 너희들이 이곳에서 이기는 것은 너희
들이 하나를 얻는 것이요, 너희들이
지는 것은 모두를 얻는다는 그와 같은
나 여호와의 가르침을 가슴에 새겨 살
아가도록 그리하라.
6 너희들이 이기고자 하는 것은 하나만
을 얻는 것이요,
7 너희들이 지는 자가 되어서 모두를 역
사한다면 모두를 다 얻는 그와 같은
너희들에게 은혜가 있으며, 그것이 너
희들이 가야 할 길이라는 것을 알아야
될 것이니라.
8 너희들이 싸워서 이기는 것은 열 개
중에 하나를 얻는 것이요,
9 너희들은 그리 이겼을 때 하나는 얻으
나 아홉 개를 잃는 것이니라.
10 그러니 지는 자가 되는 것, 패자가 되
는 듯 하나, 그는 아홉 개를 얻으며 하
나를 잃는다는 나 여호와의 가르침을
명심하여 행하도록 그리하라.
11 그리하여 너희들이 그리 살아간다면

바로 내 뜻을 역사할 수 있을 것이며,
나 여호와가 너희들과 더불어 함을 절
대 잊어서는 아니 될 것이니라.
12 너희들이 바로 서지 못하며 바로 가지
못할 때 나 여호와가 너희들에게 상을
내릴 수 없으며, 내가 은혜를 내릴 수
없다는 것을 너희들은 명심하고 또 명
심하도록 하라.
13 그리하면 내가 사랑하는 나의 아들을
버림이요, 너희들이 나에게 올 수 없
도록 내가 너희들을 버려 지옥으로 가
게 되는 것이니,
14 내가 어찌하여 사랑하는 나의 아들딸
들을 그리 보낼 수 있으며 그 길을 갈
수 있다 하겠느냐?
15 그러니 너희 스스로 깨우쳐 바로 깨닫
고 너희들이 바로 서기를 바라는 것이
요,
16 그 모두를 너희들이 할 수 있는 안내
를 내가 다 해 주고 있으며 안내문을
다 내려보냈으며, 너희들이 보고 깨우
쳐 행할 수 있는 모든 답을 다 주었음
이니,
17 그 답대로 행하는 것은 너희들이 해야
될 일이며 너희들이 역사해야 된다는
것을 절대 잊지 말라.

9,692 번째 하나님 말씀

2004년 2월 23일 0시 07분

1 사랑하는 나의 아들아!
2 "네, 아버님! 말씀하옵소서."
3 내가 바위에 불로 직접 써 내린 나의
친필인 십계명을 네가 암송하고 암송
함이니,
4 세상에 너보다 더 암송하는 자가 없
으며, 그를 너의 제자들보다 더 많이
듣는 자가 없음이니라.
5 그러니 그를 가장 많이 듣는 제자들도
그를 지키지 못하며, 그를 행하지 못
하며, 그리 많이 암송하는 너 또한 그
를 당당히 지키지 못하며 행하지 못함
이니,
6 과연 누가 그것을 행하고 역사할 수
있단 말이더냐?
7 그 십계명을 수없이 듣고 들은 그 제
자들이 그를 따르고 지키는 것이 당
연한 것이거늘,
8 아직도 너희들이 그 벽을 넘지 못하며
그를 지키지 못하고 있다면 그것은 무
엇을 의미하느냐?
9 너희들이 곧 나 여호와의 뜻을 따르지
아니하며 그를 행하지 아니하는 것이
아니더냐?
10 인간 세상에 너희들이 살아가면서도
그 부모의 마음을 헤아리는 자, 그 부
모의 심정을 아는 자, 그가 가장 효성
스런 자손이 아니던가?
11 그러니 나의 피조물 만백성 너희들도
내 뜻에 따라 내가 역사하는 것을 헤
아리는 자, 그것을 따라서 행하는 자
가 가장 나에게 사랑스런 아들딸이 아
니더냐?
12 그러니 내가 나의 아들을 통하여 십계
명을 암송하고 암송하도록 하는 것은
그를 지키고 행하는 것이 나 여호와의
가장 큰 기쁨이기 때문에 내가 너희들
에게 그리 암송하도록 하는 것이 아니
더냐?
13 그러니 그것을 지키고 행하는 것이 너

희들이 나 여호와를 기쁘게 하는 것이
니라.
14 육의 세상에 부모에게 효성스런 자식
은 그 부모의 심정이요, 그 부모가 가
지고 있는 생각을 헤아려 그 뜻에 따
라가는 자식이라 말하지 아니했더냐?
15 그러니 나 여호와에게 기쁨이요, 나를
가장 기쁘게 하는 나의 아들딸이란 바
로 무엇이더냐?
16 내 뜻을 알며 내 마음을 알며 내가 원
하는 것을 알아서 그대로 행하고 역사
하는 자, 그 자식이 나에게 가장 귀하
고 소중한 아들딸이 아니더냐?
17 그러니 나의 십계명을 나의 아들보다
더 암송한 자가 없으며, 그를 너희들
보다 더 많이 들은 자가 없음이니,
18 너희들이 그를 지키고 행하는 데 있어
서 아직도 미진하며 그대로 행하지 못
한다면, 과연 이 세상에 어느 백성이
그것을 행하겠느냐?
19 너희들이 이제 나의 십계명을 들을 때
마다, 그리고 암송할 때마다 이를 지
키고 행하겠다는 굳은 마음으로써 암
송하고 들어야 될 것이요,
20 그냥 흘러가는 이야기로 듣고 암송해
서는 너희들이 변화되지 못할 것이니,
이를 명심하도록 그리하라.
21 이를 암송하고 듣는 나의 아들을 따르
는 제자들이요, 또한 나의 아들이요,
이를 암송하는 너희들 모두가 이를 지
키겠다는 그 굳은 마음 아래,
22 너희들이 한 번을 암송해도 너희가
얼마나 지키고 있는가, 지키지 못하는
것은 무엇인가 점검하여, 거기에 따른
악습을 하나하나 버리고 행하는 그와
같은 삶을 살도록 한다면,
23 열 개밖에 안 되는 그 계명을 지키지
못할 일이 없으며 역사하지 못할 것이
없으니,
24 매일매일 십계명을 들을 때마다 한
구절 한 구절 듣는 그 제자 너희들이
그를 지키겠다는 각오를 다짐하며, 그
를 지키는 것이 나 여호와의 뜻을 헤
아리는 것이요, 나에게 가장 큰 기쁨
이라는 것을 마음 깊이 새겨 간직하
고 행하도록 그리하라.

9,693 번째 하나님 말씀

2004년 2월 23일 0시 10분

1 사랑하는 나의 아들아!
2 "네, 아버님! 말씀하옵소서."
3 진정한 지도자는 무엇이더냐?
4 나 여호와의 뜻에 따라 만백성을 구하
며 그들을 이끄는 데 저 자신의 모두
를 다 희생할 수 있는 그와 같은 마음
을 가지고 가는 자,
5 그게 바로 진정한 지도자요, 나의 뜻
을 역사하는 자요, 만백성을 구할 수
있는 그와 같은 백성이라는 것을 너희
들은 절대 잊어서는 아니 됨이니라.
6 이 세상에 너희들이 깨우친 만큼 너희
들을 따를 백성들이 없다 하지 아니하
였더냐?
7 그러니 너희들이 그 모두를 다 희생하
여 나의 피조물 만백성을 구하고 인도
하는 데 주저하지 아니하고 두려워하
지 아니하며, 너희들이 실제로 행하며
역사하는 자,
8 그가 나로부터 명받은 진정한 지도자

라는 것을 절대 잊지 말라.
9 그와 같은 길을 가지 아니하면 너희들은 아니 됨이니라.
10 이제 이 세상에 너희들이 살아가면서 너희가 이기고 지는 것, 그와 같은 것에 관심을 갖지 말며, 그와 같은 것에 연연하지 말라.
11 너희들이 모든 종교 집단보다 앞에 가는 것, 더 역사하고자 하는 것, 그리고 그들이 쓰러져 가는 것, 그들이 폐해 가는 것, 그와 같은 걸 보고자 하지 말며, 그와 같은 역사가 이루어지기를 바라지 말며, 그와 같은 생각을 하지 말고,
12 오로지 너희들이 깨달음이요, 너희들이 변하는 데만 모두를 다 바치며, 나의 법전에 따라서 살아가는 데 거기에 온갖 정성을 다하라.
13 그리고 너희들이 깨달은 것, 너희들이 얻은 것만큼 네 이웃의 형제요, 만백성을 구하는 데 주저하지 말며, 그들을 이끌어 하늘에 오르는 길을 볼 수 있도록 하는 데 최선을 다하는 것이 너희들이 해야 할 일이라는 걸 잊지 말라.
14 모든 종교 집단에 속해 있는 백성들은 그들이 지금까지 믿음의 길을 오면서 제가 이겨야 되며, 저희가 꼭 이겨야만 된다는 생각을 가지고 있는 자들이니라.
15 그러니 그들이 그 속에서 무엇을 얻겠느냐?
16 제가 이겨야만 되는 것이며, 제가 이겨야만 된다는 그 생각 속에서 저희들이 지금까지 나를 경배하고 나를 찾으며, 나의 아들 예수의 이름을 부르며, 그것으로써 구원을 받는다 그리 몸부림치고 온 그 백성들,
17 그들은 정녕 내 뜻을 모르며 내가 역사하고자 하는 것을 모르는 백성들이니라.
18 그러니 너희들이 아무것도 얻을 수 없는 것이 오늘의 가장 큰 악습이요, 너희들이 그 폐습에 젖어 있으며,
19 그리하여 나의 피조물 만백성이 구원의 길이요, 하늘에 오르는 길을 보지 못하고 다 모두가 무너져 있음이니라.
20 그러니 그와 같은 전철을 너희들은 밟아서는 아니 될 것이며, 그와 같이 어리석은 백성들을 구하는 데 최선을 다하도록 하라, 사랑하는 나의 아들딸들아!

9,694 번째 하나님 말씀

2004년 2월 23일 0시 15분

1 사랑하는 나의 아들아!
2 "네, 아버님! 말씀하옵소서."
3 너희들이 계획하며 연구하는 것, 그 모두의 가장 소중한 것이 과연 무엇이더냐?
4 너희들은 나 여호와의 뜻에 따라 너희들의 구원의 길을 위하여 모든 계획을 세우고 거기에 너희 모두를 바치는가,
5 그렇지 아니하면 너희들이 그 세상의 세속의 삶에 의한 계획이요, 그 계획을 세우는 데 모두를 다 바치고 있는가?
6 나 여호와가 보는 너희들의 삶은 너희들이 더 소중한 것이 바로 인간 세상

의 삶을 위한 계획이니라.
7 너희들이 정녕 나 여호와의 뜻이요,
내가 역사하는 그와 같은 나에게 오르
고자 하는 계획은, 너희들이 육의 세
상에 역사하고자 하는 계획만큼 치밀
하지 않으며 소중하게 생각하지 아니
하는 것이 오늘의 모든 나의 피조물
만백성 너희들이니라.
8 믿음의 길을 가며 신앙의 길을 가며
내 뜻에 의해 역사한다는 그 백성들
또한 그들이 하늘에 오르는 길이 무엇
이며 나 여호와가 원하는 것이 무엇
인가를, 그를 위하여 너희들이 계획을
치밀하게 세우는 것이 아니요,
9 육의 세상의 삶의 계획만이 가장 소
중한 것처럼 거기에 모두를 매달리며
그 모두를 다 바치는 그와 같은 형국
의 삶을 너희들이 삶이니,
10 육의 한계를 벗어나지 못한 백성이라
함을 너희들은 알겠느냐?
11 너희들이 가장 귀하고 소중하게 세우
는 모든 계획이요, 그 치밀함은 인간
육의 삶의 행복의 극치를 위하여 설
계하고 계획하는 것이요,
12 거기에 바치는 너희들의 열과 성의는
감히 어떤 것도 초월할 수 없는 그와
같은 너희들이 노력을 함이니, 그게
바로 무엇이더냐?
13 너희들이 우상을 섬기는 자요, 다른
신을 섬기는 자의 그 마음의 기본이
요, 기초에서 모두가 이루어진다는 것
을 너희들은 알아야 될 것이니라.
14 그러니 너희들이 인간 세상의 그 계
획이요, 육의 향락을 위해 세우는 그
열정과 성의는 한도가 없으며 끝이
없으며, 부단히 노력하는 것을 쉬지
아니하고 그리 노력하느니라.
15 그러나 그 위대한 세상에 진입하는
것, 그리고 나 여호와의 뜻에 따라 너
희들이 다시 태어나는 영광을 얻는
것, 그와 같은 길을 위해서는 과연 너
희들이 무엇을 바치며, 얼마나 세밀
한 계획으로 주도면밀한 역사로써 임
하는가?
16 너희들은 그것은 그저 접어 두고 흘러
가는 그와 같은 형국이 되었음이니라.
17 너희들이 나에게 오르는 그 주도면밀
한 계획하에 너희 인간 세상에 살아가
는 것은 더불어 다 이루어지고 역사하
는 것이거늘,
18 너희들은 인간 세상의 그 극치를 위해
서 모두를 다 계획하며,
19 그 한계가 없으며 바라볼 수 없는 하
늘에 오르는 그 뜻이요, 그 역사는 그
저 한 귀퉁이에 이루어지는 것, 그저
따라가는 것, 세월이 지나면 이루어지
는 것처럼 생각하니,
20 육의 세상의 향락을 위해서 너희들이
모두를 얻을 것을 얻으면 그것은 모두
가 이루어지는 것이며, 그리고 재물을
바침으로써 모든 역사가 이루어진다
그리 거꾸로 생각하고 가고 있는 백성
들이니,
21 그들이 얼마나 어리석고 불쌍한 백성
인 줄 너희들은 알겠느냐?
22 인간 세상의 한 계단 위에 있는 세상
이요, 거기에 진입하기 위하여 너희들
이 계획하고 노력으로 역사할 때,
23 너희 육의 세상에서 이루어지는 그 모
두는 스스로 다 이루어진다는 그 엄연

한 사실을 알아야 될 것이니라.
24 너희들은 그러나 반대로 알고 있으며,
반대로 알기에, 그리 반대로 살아가는
어리석은 백성들임을 나의 법전에 기
록하여 전함이니 그리 알라.

9,695 번째 하나님 말씀

2004년 2월 23일 0시 22분

1 사랑하는 나의 아들아!
2 "네, 아버님! 말씀하옵소서."
3 나 여호와가 사랑하는 나의 피조물 만
백성 너희들을 세상에 태어나게 하며
너희들을 내가 창조했음이니,
4 너희들을 창조하면서 나 여호와가 사
랑하는 나의 아들딸들을 지옥으로 가
도록 그 목적을 두고 창조했겠는가,
5 그렇지 않으면 너희들이 나에게 오르
는 길이요, 하늘에 오르는 길이요, 더
불어 나 여호와가 영원히 존재하는 그
세상에 올 수 있도록 내가 너희들을
창조했겠는가?
6 너희들은 이 두 가지의 답을 놓고 생
각해 보라.
7 너희들이 그와 같은 답을 생각할 때,
창조주 나 여호와가 너희들을 지옥으
로 가도록 하기 위하여 그리 창조하
였다면, 너희들을 세상에 내보내지는
아니하였을 것이니라.
8 그러하거늘 어찌하여 너희들은 나의
뜻을 저버리며 지옥으로 가는 그와
같은 삶이요, 그 길을 위하여 그리 달
려가는가?
9 이를 보는 나 여호와가 어떠할 것인
지 너희들은 생각해 보았느냐?
10 내가 너희들을 하늘에 오를 수 있으
며 내 품에 올 수 있는 나의 백성으로
창조하였거늘,
11 너희가 어찌하여 나를 울리는 일만을
그리 계획하며, 나를 고통스럽게 하는
그 일만을 하고 있는가?
12 이것이 오늘의 나의 피조물 만백성 너
희들이 가고 있는 것이니,
13 이것이 정녕 나로부터 생명의 은혜를
받아 세상에 태어난 그 은혜에 보답하
는 길이요, 그리고 내가 너희들에게
영원히 사는 나의 세상에 올 수 있도
록 그 모두를 다 내려보내 준 나 여호
와의 은혜에 너희들이 보답하는 길인
가?
14 너희들이 그 길은 가지 못할망정 어
찌하여 나 여호와를 그리도 울리는 일
만을 골라서 역사하며 행하는가?
15 이를 바라보는 나 여호와의 마음이 얼
마나 아프고 저린가 너희들은 알겠느
냐?
16 이제 그 마음의 나의 눈물을 거두어
주며 나의 아픈 마음을 달래 줄 수 있
는 것은 지금 나의 아들을 따르는 제
자들이요, 나의 법전을 읽고 깨우친
만백성 그들밖에 없다 함을 너희들은
알아야 될 것이니라.
17 너희들은 그리 나를 울리는 일을 더
이상 하지 말라.
18 나 여호와의 가슴이 저리고 아픔이니,
내 가슴에 남아 있는 것이 하나도 없
음을 너희들은 알라.
19 그것도 나를 경배하고 나의 뜻에 의해
산다는 믿음의 길을 가는 백성들, 그
리고 너희들이 말하는 지도자요, 나로

부터 명반은 목자라는 자들이요, 그
밑에서 배우는 신도들이요, 그리고 구
원을 받았다 말하는 너희들,
20 그 백성 너희 스스로 그 모두를 만들
어 가며 그를 역사해 가고 있다는 것
을 너희들은 알겠느냐?
21 너희들이 어찌하여 하늘에 오르는 그
정답을 찾지 아니하며, 나에게 올 수
없는 오답을 찾아 살아가는 그와 같은
삶을 산단 말이던가?
22 나 여호와는 너희들이 지옥으로 가는
것을 위하여 창조한 나 여호와가 아니
며, 나에게 오를 수 있는 백성으로서
거듭나는 기회를 준 것이 나 여호와가
창조한 뜻이니,
23 과연 나 여호와의 뜻에 의해 너희들이
살아가는 그와 같은 삶으로써 살아갈
수는 없는가?
24 너희들이 나를 울릴 만큼 울렸음이니,
이제 나의 눈물을 거둘 수 있도록 너
희들이 변화될 수는 없겠느냐?
25 내가 모든 나의 백성들에게 전함이니
라.
26 이제 내가 마지막 시대에 너희들을 위
하여 나의 법전이요, 새로운 성경을
나의 아들을 통하여 세상에 내려보냄
이니,
27 이 뜻을 받아들이는 자는 나에게 올
수 있으며, 이를 받아들이지 아니하는
자는 영원히 그 기회를 얻지 못함을
알아야 될 것이니라.
28 나는 너희들에게 말함이니라.
29 진정한 나의 백성이라면 너희들은 지
옥이라는 게 있을 수 없음을 알아야
될 것이니라.
30 나의 백성이요, 나의 아들딸로서 너희
들이 내 뜻에 의해 살아가는 백성이라
면,
31 너희들 앞에는 하늘에 오르는 길이요,
천국은 있을지라도 지옥이라는 건 절
대 있을 수 없는 것이 나의 아들딸들
로서 살아가는 길임이니라.
32 감히 너희들이 나 여호와의 아들딸이
요, 내 뜻에 의해 살아가는 백성들이
라면, 너희들이 악을 행하지 아니하고
선만을 행하는 백성으로서 살아가는
것이 나의 아들딸들이니,
33 나의 그와 같은 진정한 아들딸 너희들
앞에는 천국의 문은 있을지라도 지옥
의 문은 절대 없는 것이니,
34 너희들이 지옥의 문으로 들어가는 자,
지옥의 문을 행하여 가는 백성, 그것
은 이미 나의 아들딸이 아님이니, 내
가 너희들을 모른다 한다는 그 뜻이
여기 있음을 알라.
35 사랑하는 나의 아들딸들아, 그리고 나
의 아들을 따르는 제자 너희들은 들으
라.
36 너희들이 정녕 나 여호와의 뜻에 의해
역사하고자 하는 그 삶을 사는 백성이
라면, 너희들에게는 지옥이라는 것은
절대 없으며, 오로지 천국이라는 것만
있으며, 거듭나는 영광만이 너희들에
게 있음이니라.
37 그와 같은 길을 가지 못하며, 너희들
자신이 너희 자신에게 점수를 매겨 봤
을 때, 너희들이 천국에 오르지 못하
며 지옥으로 갈 수밖에 없다는 그와
같은 너희들의 점수를 얻는다면,
38 이것은 바로 너희들이 나의 아들딸로

서 이미 자격을 상실함이니라.
39 그러니 너희들이 지금 모든 잘못 가
는 마음이요, 고통스러운 마음이요,
너희들의 불안한 마음을 달래는 길이
무엇이더냐?
40 너희들이 공포와 불안과 허전한 마음
이요, 너희들이 나에게 구원을 받을
수 있다는 자신을 갖는 그 백성들,
41 육의 세상에, 짧은 세상의 안일을 위
하여 너희들이 나의 아들 예수의 보혈
로써 나의 아들을 찾기만 하면, 그리
고 너희들이 지은 죄의 온상에 가 기
도하고 경배하며 재물을 바치면 구원
을 받는다는 것,
42 그것으로써 너희들이 죄지은 마음이
요, 불안한 마음이요, 공포의 마음이
요, 그 허전한 육신의 생활에서 벗어
나려 하는 자와 똑같은 행위를 하고
있음이니라.
43 그러나 그것이 너희들이 미래에 얼마
나 무서운 대가를 치러야 되며 그 대
가를 지불해야 되는 것인가를 알아야
될 것이니,
44 나 여호와의 눈물 어린 이 호소를 너
희들이 가슴 깊이 새겨 깨우쳐 육의
삶을 바르게 살도록 그리하라.
45 나를 경배하며 나의 아들 예수를 찾는
것만으로써 너희들이 구원받지 못함
이니라.
46 너희들이 행함과 더불어서 해야 된다
함이니, 두 가지를 다 같이 역사하는
백성으로 살아가라는 것이 나의 법전
이요, 나의 아들이 너희들에게 부르짖
는 것이 아니더냐?
47 그러니 한쪽만을 선택해서 갈 수 있다
는 그와 같은 백성들, 너희는 그리 가
서는 아니 될 것이니라.
48 너희들은 여기서 깨우치라.
49 너희들이 그저 말로써 모두를 찾으며
말로써 모두를 역사하며, 행위가 그리
중요하지 아니하며 그 행위로써 심판
을 받지 않는다는 그와 같은 생각을
저버리고,
50 너희들의 삶의 행위도 중요하며, 나를
믿는 것도 중요하다는 것이니,
51 두 가지가 똑같이 귀하고 소중하며 하
나도 차이가 없다는 것을 알고 그리
믿고 가면 오죽이나 좋겠느냐?
52 그것 하나 행해 달라는 것이 나 여호
와의 눈물 어린 호소임을 전하라, 사
랑하는 나의 아들아!

9,696 번째 하나님 말씀

2004년 2월 23일 0시 30분

1 사랑하는 나의 아들아!
2 "네, 아버님! 말씀하옵소서."
3 나의 피조물 만백성 너희들을 누가 창
조했는가?
4 나 여호와가 너희들을 창조하며 너희
들에게 명했느니라.
5 이 세상의 모두를 너희들이 지배하며
통제하며 취하고 너희들 자신이 존재
하여 아름답게 살다 나에게 오를 수
있도록 그 모두를 내가 너희들에게 내
려 주었거늘,
6 그와 같은 모두를 내려 주어 나 여호
와가 창조한 나의 아들딸 너희들이 어
찌하여 너희들 자신에 대하여 그리 과
소평가하며 너희들이 그리 능력 없는

자라 생각하는가?
7 너희들은 나의 십계명을 지킬 수 없으
며, 나의 율법대로 지킬 수 없으며, 그
리고 내가 내리는 나의 새로운 성경이
요, 나의 법전에 따라 살아갈 수 없다
평가하는 것, 그것이 너희들 스스로
너희들을 과소평가하는 것이 아니더
냐?
8 그러니 너희들이 너희 자신을 그리 과
소평가하지 말라.
9 나 여호와가 너희들을 세상에 창조하
여 만들어 세상을 살아갈 수 있도록
내렸을 때, 너희들이 그리 나약하며
능력 없는 백성으로서 내가 너희들을
내려보내지 아니하였음을 알아야 될
것이니라.
10 내가 너희들을 창조하여 세상에 내려
보냄이니, 너희들은 어떠한 것과도 이
세상의 무엇과도 싸워서 너희들이 이
길 수 없는 것이 없으며, 너희들이 패
자가 될 수 없는 것이며,
11 오로지 너희들에겐 승자의 길만을 갈
수 있는 그 잠재의 능력을, 끝없는 그
능력을 주어 내가 세상에 내려보내 주
었으며, 너희들이 세상에 태어나도록
했다는 것을 알아야 될 것이니라.
12 너희들의 마음에 어떠한 결심과 어떠
한 결의를 갖고 역사하느냐에 따라서
모두는 다 이루어지고 못 이루어지는
그 결과가 거기에 있음을 알아야 될
것이니라.
13 너희들이 어떠한 마음의 결심과 결의
를 가지고 역사하느냐에 따라서 그 모
두의 이루고 못 이루는 것을 체험할
수 있으며, 너희들이 경험으로써 그
모두를 알 수 있거늘,
14 어찌하여 너희들이 그리 나약한 백성
으로서 너희들을 과소평가하는가?
15 창조주 나 여호와가 너희들이 생각하
는 만큼 그리 나약하게 만들어 세상에
내보냈겠는가?
16 너희들이 가지고 있는 그 잠재의 능력
은 끝이 없으며 한이 없을 만큼 너희
들이 연구 개발할 수 있도록 내가 모
두를 주어 너희들에게 내려보냈으니,
17 너희들의 결심과 결의에 따라 이루고
못 이룸을 역사한다는 것을 알아야 될
것이니라.
18 그러니 너희들이 그와 같은 것을 깨닫
지 못하거든, 너희들이 이 세상에 돌
아가는 사물의 이치를 한번 돌이켜 보
도록 그리하라.
19 이 세상의 모든 사물에 대한 가치를
가지고 따지며, 그 사물에 너희들의
욕심을 버리지 못하고 평가하고 따지
기 때문에,
20 너희들이 무엇을 위해서 싸우는 것이
며, 너희들이 무엇을 위해서 인도해야
되며, 너희들이 무엇을 위한 길을 가
야 되는 것인가를, 너희들이 그를 알
지 못하고 있음이니라.
21 그러니 이제 사랑하는 나의 아들을 따
르는 제자 너희들은 이 세상에 살아가
면서 눈에 보이는 사물에 대한 그 가
치가 아니라,
22 너희들의 내면에 가지고 있는 그 가치
를 볼 줄 아는 그와 같은 문을 열어야
되며 눈을 떠야 됨이니라.
23 그렇다면 너희들이 내면에 가지고 있
는 그 가치를 알고 연구할 때,

24 너희들이 얼마나 위대한 백성들이며,
너희들이 얼마나 위대한 잠재능력을
가지고 있는가를 스스로 알게 될 것이
니라.
25 그때가 되면 너희들이 마음을 어찌 결
심하고 어찌 결의하여 모든 것을 이루
느냐에 따라, 너희들은 그 결과에 따
라서 못 이루는 것이 없으며 역사하지
못할 것이 없다는 것을 알게 될 것이
니라.
26 그와 같은 깨달음을 얻었을 때, 너희
들은 나의 십계명을 감히 지킬 수 없
다 말할 수 없을 것이며,
27 그리고 창조주 나 여호와가 지키지 못
할 것을 너희들에게 내려보냈다 얘기
하지 아니할 것이니라.
28 너희들은 내가 지키지 못할 계명을 내
려보냈으며 지키지 못할 나의 법전을
내렸다면,
29 너희들이 하늘에 오르는 길이요, 나에
게 오르는 길이요, 거듭나는 그 길을
막고 방해하는 것이 나 여호와가 아니
더냐?
30 너희들에게 나에게 와 새로운 생명이
요, 거듭나는 역사를 얻으라 하면서,
31 너희들이 지키고 와야 하는 것은 나
의 계명이요, 나의 법전이라 하며, 너
희들 말대로 이는 지킬 수 없으며 역
사할 수 없는 것을 내가 내려보냈다
면,
32 내가 너희들에게 모두를 훼방하는 자
요, 방해하는 자요, 앞으로 나가는 자
를 넘어트리며 쓰러트리는 그와 같은
자가 아니더냐?
33 그러니 결국 그와 같이 말한다면 너희
들이 나를 사탄이요, 마귀요, 사악한
자요, 마귀의 제왕이라 말하는 것과
같음을 잊지 말라.
34 함부로 너희들이 그와 같은 말을 너희
입에 담아서는 아니 됨이니 그리 알
라.
35 그것이 얼마나 너희들이 두렵고 무서
운 행위를 하는 것인가?
36 그리고 너희 자신에게 내가 준 그 잠
재 능력을 너희들이 과소평가하는 것
이니, 너희들이 나를 욕되고 욕되게
하는 행위라는 것을 잊지 말라 전하라.

9,697 번째 하나님 말씀

2004년 2월 23일 0시 39분

1 사랑하는 나의 아들아!
2 "네, 아버님! 말씀하옵소서."
3 나 여호와가 인간인 너희들을 창조하
여 아담과 하와에게 주었던 그 에덴
의 동산이 무엇이더냐?
4 그 세상이 바로 너희들이 하늘에서 이
루어진 것같이 이 세상에 이루어진
것이며, 하늘의 나라가 이 땅에 이루
어진 그 역사가 이루어졌음이니라.
5 그러나 너희들이 지금에 살아오면서
그 모두를 다 버렸음이니, 그와 같은
것을 원상 복구시키는 것이 나 여호
와의 뜻이라 하지 아니하였더냐?
6 그러니 내가 그와 같은 것을 원상 복
구시키며 그 역사를 도로 돌려놓음이
니, 그를 내가 과연 누구와 더불어 역
사하여 이룰 수 있단 말이더냐?
7 내가 그와 같은 세상을 이룸이니, 들
에서 살아가는 맹수들과 더불어 그

역사를 이룰 수 있겠는가,
8 날짐승들과 그를 역사할 수 있겠느냐,
9 바다를 헤엄쳐 다니는 물고기들과 더
불어 그 모두를 역사할 수 있겠는가?
10 내가 누구와 그것을 의논하여 그 세
상을 만들 수 있겠느냐?
11 오로지 이는 가장 높은 지혜요, 가장
높은 생각과 판단력을 준 너희들 인
간, 내가 창조한 너희들로 하여금 더
불어 이것을 이루며, 하늘과 땅이 하
나가 되어 그와 같은 역사를 이룰 수
있는 길밖에 더 무엇이 있겠느냐?
12 그러니 지상에는 나의 사랑하는 백성
너희들이 있으며 하늘에는 나 여호와
가 있음이니,
13 너희들이 내 뜻에 따라 역사하여 하늘
에서 이루어진 것같이 이 땅에서 그
지상의 낙원이 이루어져 나와 너희들
이 하나가 되는 그 역사가 있다면, 이
보다 더 위대하고 이보다 더 기쁜 것
이 어디 있겠는가?
14 그러나 지금 너희들이 그 뜻을 저버리
며 그 뜻을 알지 못하며, 오로지 육의
삶이요, 육의 향락을 위하여 너희들의
신분이요, 너희들의 직분이요, 너희들
이 해야 할 일을 잊어버리고 살아감이
니,
15 이제 너희들이 나의 십계명을 지킬 수
없으며, 나의 법전대로 지킬 수 없으
며, 인간은 죄를 짓지 않는 사람으로
살아갈 수 없으며, 천사와 같이 변할
수 없다는 그 백성들이 무엇인 줄 알
겠느냐?
16 이 세상에 나 여호와가 아담과 하와에
게 주었던, 하늘과 지상이 똑같이, 하
늘에서 이루어진 것같이 이 땅에서
이루어지는 것은 내가 누구를 촉매
역할로 해서 이루어야 된단 말이더냐?
17 인간인 너희들을 통하여 그 모두를 원
상 복구시킬 수 있으며, 원상태로 돌
아갈 수 있는 길은 오로지 너희들밖에
없음이니,
18 그와 같이 너희들밖에 없거늘, '우리
는 할 수 없는 자요, 갈 수 없는 자요.'
그리하여 너희들이 미리 거부하고 그
리 간다면,
19 나 여호와는 과연 누구와 더불어 그
역사를 한단 말이더냐?
20 그러니 너희들이 내 뜻을 거부하는 자
요, 내가 역사하는 것을 모르는 자요,
내가 이루고자 하는 것을 모르며, 너
희들이 세상에 존재하는 그 이유요,
가치도 모르는 백성들이 지금 나를 경
배하며 하늘의 뜻에 따라 역사한다 하
며,
21 하늘의 뜻에 따라 나의 피조물 만백성
들이 그저 구원이라는 것, 너희들이
천국에 오르는 것, 지옥문을 피해 가
는 것, 거기에 따라서 가고 있는 것이
모든 신앙이요, 믿음이요, 너희들이
지금까지 흘러온 역사의 바탕이 거기
에 있음이니,
22 얼마나 너희들이 나와는 관계없는 길
을 가고 있느냐?
23 그러면서 내가 너희들에게 원하는 것,
너희들을 통하여 이루고자 하는 것,
반드시 너희들이 아니고는 이룰 수 없
으며, 너희들이 아닌 것으로써는 내가
다시 원상 복구시킬 수 없으며, 내 뜻
을 이룰 수 없거늘,

24 그 백성 너희들이 이를 이룰 수 없으
며 이 길을 갈 수 없다는 것이 정면으
로 나를 거부하는 것이니,
25 그게 나의 아들딸이 할 말이던가?
26 그러니 사탄과 마귀의 자식이 된 자들
이 그 말을 할 수 있다 함이니라.
27 내가 너희들에게 다시 물음이니라.
28 내가 하늘에서 이루어진 것같이 이 땅
에서 이루는 것은 아담과 하와에게 내
렸던 그 시대요, 그 땅을 내가 만들고
자 하며 그 세상을 만들고자 함이니,
29 그 세상을 만드는 내가 밀림에 있는
사자요, 맹수요, 코끼리를 데리고 그
를 이룰 수 있는가?
30 내가 무엇을 가지고 이루더냐?
31 너희들이 애완동물로 기르는 그 동물
과 더불어서 그와 같은 지상의 낙원을
이룰 수 있겠는가,
32 날아다니는 온갖 날짐승과 더불어서
내가 그를 만들 수 있겠는가,
33 그리고 바닷속을 다니는 그 물고기요,
모든 미생물들과 더불어 내가 머리를
맞대고 연구하고 그들에게 지혜를 주
어, 그와 같이 하늘에서 이루어진 것
같이 이 땅에서 이루어질 수 있다더냐?
34 가장 높은 지혜요, 가장 높은 판단력
을 주었으며, 가장 높은 생각을 주었
으며, 잠재 능력을 가지고 있는 너희
들을 통하여 너희들에게 명하여 내가
지상의 낙원을 이루는 그 길밖에 없지
않으냐?
35 그러니 너희들이 그 길을 가고자 노력
하며, 또 변화되는 삶을 살며,
36 어찌하든 창조주 내 뜻에 따라서 그와
같은 세상을 이루겠다 하여 노력하는
백성이 내 뜻에 따라가는 백성들이 아
닌가?
37 너희들은 인간이기 때문에 죄를 짓지
아니하고 살 수 없으며 욕심을 버리고
는 살 수 없으며, 나 여호와 창조주가
내린 계명대로 살 수 없으며, 내가 내
리는 새로운 성경대로 살 수 없다 그
리 말함이니,
38 내가 이루고자 하는 그 뜻을 정면으로
부인하는 자요,
39 모든 백성들이 그 길을 가며 내 뜻에
따라 하늘에서 이룬 것같이 이 땅에서
이루고자 하는 그들까지도 희망을 꺾
게 하며,
40 그들까지도 너희들이 계획을 하지 못
하도록 하며,
41 그들까지도 그 변화되는 삶을 살지 못
하도록 막는 것이 오늘의 종교 집단이
요, 구원을 받았다 울고불고 광란의
짓을 하는 너희들이니,
42 내가 그리하여 너희들을 알지 못하는
자요, 너희들의 그 죄가 얼마나 무서
운 것인가를 머지않아 알 것이라는 그
두려움을 알라.
43 너희들이 나의 법전을 읽고 깨우쳐 내
가 원하는 것, 너희들이 존재하는 이
유요, 너희들이 존재하는 가치요, 너
희들이 해야 할 길이 무엇인가를 알지
못하는 백성, 깨닫지 못하는 백성,
44 너희들은 정녕 나의 아들딸이 아니라
내가 나의 법전에 기록하여 전함이니,
45 나를 아버지라 부르지 말며 창조주라
부르지도 말라.
46 내 뜻을 거역하는 자요, 내가 역사하
는 것을 막는 자들이 어찌하여 그 입

으로 나를 아버지라 부르며, 창조주라
부르며, 나의 아들 예수의 이름을 부
르고 울고불고 그 보혈로써 구원을 받
았다 하며,
47 죄를 지으며 그 아버지요, 보낸 이의
뜻을 거역하는 자, 너희들을 위하여
나의 아들 예수가 피를 흘려 너희들에
게 그 모든 속죄양이 되었다 생각하는
가?
48 너희들은 착각에서 깨어나도록 그리
하라.
49 오로지 나의 아들 예수의 보혈로써,
그 모든 역사로써 너희들이 은혜를 받
고 나에게 오를 수 있는 자는 내 뜻을
행하는 자들이니라.
50 나의 계명을 지킬 수 있으며, 내가 내
린 법전을 지킬 수 있으며, 그 길을 위
하여 살아가는 자, 그리고 이를 읽고
깨우쳐 너희들이 존재 이유를 아는 백
성만이 나에게 오를 수 있는 자요, 나
의 아들딸이 될 수 있다는 것을 명심
하고 또 명심하도록 그리하라.
51 절대 이를 지워 버리고 이를 욕되게
하는 자, 너희들은 거듭날 수가 없음
이니라.

9,698 번째 하나님 말씀

2004년 2월 23일 06시 29분

1 사랑하는 나의 아들아!
2 "네, 아버님! 말씀하옵소서."
3 나 여호와의 뜻이요, 참진리의 길을
가는 것은 인간의 당연한 도리요, 인
간이 당연히 가야 할 길이니라.
4 그러나 그 길을 지키고 가기가 그리
힘들고 어려운 것이 너희들 인간사의
삶이라 하였음이니라.
5 오죽하면 내가 너희들에게 하늘을 향
하여 한 점의 부끄럼이 없는 삶을 살
라 하는 나의 깊은 그 뜻을 전하였겠
느냐?
6 그러니 그 길은 당연히 가야 할 길이
며, 그리 가는 것이 인간 세상의 도리
요, 삶이니라.
7 그러나 정녕 그 정도의 길을 가기가
그리 어렵고 힘든 것이 너희들이 인간
사의 삶이 아니더냐?
8 이제 너는 나의 뜻을 따라 너의 제자
들과 그와 같은 길을 가야 될 것이니
라.
9 너희들은 약속이라는 것은 생명의 지
킴과 같으며, 약속은 생명과 같이 생
각하고 살도록 그리해야 될 것이니라.
10 아래로는 모든 백성들과의 약속이요,
그리고 또한 너의 제자들과의 약속이
요, 너의 제자들 또한 인간과 이웃과
의 약속이요, 그 약속을 생명처럼 생
각하고, 생명을 내던지는 것보다도 더
소중히 귀하게 지키는 그와 같은 삶으
로 가야 됨을 절대 잊지 말라.
11 이제 너와 너의 제자들이 해야 할 일
이며 역사할 일은 약속은 생명보다 더
소중하다는 그와 같은 마음 자세요,
12 거기에서 너희들이 흐트러짐이 없으
며, 거기에서 실수하는 삶을 살아서는
아니 됨이니, 이를 명심하고 명심해야
됨을 잊지 말라.
13 너희들이 위로는 나 여호와와 약속한
것이요, 나와의 약속이 너희들의 생명
보다 더 소중히 지켜야 되는 것은 두

말할 것도 없으며,
14 인간관계에 있어서 너희들이 약속은
곧 생명이라는 생각을 갖고 그와 같이
행하도록 하라.
15 이제는 실수해서는 아니 될 것이며,
그 실수를 너희들이 사전에 하지 않도
록 굳게 약속을 하고 살아가는 것이
인간의 도리이니라.
16 그와 같이 어떠한 이유든 너희들이 약
속을 지킬 수 있으며 약속을 행하고
살 수 있는 것이니라.
17 그러나 너희들은 남을 속이며 거짓된
행동을 하기에, 너희들이 약속을 지키
지 못하며 약속을 어기는 그와 같은
삶을 사느니라.
18 오늘 이 순간 이후부터 너희들은 약속
은 생명이라 생각하며, 그 모두를 지
키도록 그리하라, 사랑하는 나의 아들
아!
19 모든 약속은, 나와의 약속은 하늘에
너희들의 생명을 걸고 지켜야 될 것이
며,
20 아래로는 모든 백성들과 너희들의 이
웃과의 약속 또한 너희들의 생명보다
더 소중하다 생각하여 그리 지키고 사
는 삶을 살며,
21 너희들이 지키지 못할 약속을 하지 말
도록 그리하라.
22 이것이 이제 너희들이 가야 하는 길이
며, 이것이 모든 백성들이 너희들을
따르는 길이며, 너희들을 숭배하며 너
희들의 가르침을 귀담아 들을 수 있는
것이니라.
23 작고 큰 약속을 지키지 못하면서 너희
들이 아무리 강론을 하며 나의 법전
을 가지고 말하며 나의 참진리를 가
지고 이야기한다 해도, 그것은 절대
받아들이지 아니하며 역사할 수 없음
이니라.
24 그러니 약속을 지키는 그와 같은 삶을
살도록 그리하라.
25 작든 크든 거짓말을 하는 것은 살인과
같다 하였음이니, 너희들이 작고 큰
약속을 지키지 않는 것은 네 생명을
던지는 것과 같음이니,
26 목숨을 바쳐 작고 큰 약속을 지키고
행하는 그와 같은 어렵고 힘든 길을
너희들이 가야 함이니, 이 길을 넘어
야 됨이니라.
27 이제 내가 너희들에게 주는 마지막 너
희들의 고비니라.
28 이를 지키고 역사했을 때 너희들이야
말로 너희들이 얻을 수 없으며 볼 수
없는 그 세상을 볼 것이며, 거듭나는
영광의 은혜를 얻을 것이니,
29 이제 나의 아들을 따르는 제자들이요,
그리고 나의 법전을 읽고 깨우친 만백
성 너희들은 인간 세상에서 약속한 것
을 지키는 삶이요, 하늘을 향하여 약
속한 것을 지키는 그와 같은 삶으로
살라.
30 내가 너희들이 나에게 기도로써 울고
불고 맹세하며 그 일을 반복하는 것을
용서할 수 없다 하였듯이,
31 너희들은 나와의 약속을 지켜야 될 것
이며, 모든 백성들과의 약속을 지키는
그와 같은 삶을 오늘부터 살라.
32 약속을 지키지 못하는 말을 하지 말라.
33 오늘 이후부터 너희들은 지킬 수 없는
약속을 절대 하지 말도록 그리하라.

34 사랑하는 나의 아들과 나의 아들을 따
르는 제자들이요, 나의 법전을 읽은
백성 너희들은 이것이 마지막 넘을 고
비요, 마지막 넘어야 하는 것이라는
걸 알라.
35 이것 하나를 넘고 지켰을 때, 너희들
이 그 은혜요, 영광이요, 축복됨을 알
게 될 것이니라.

9,699 번째 하나님 말씀

2004년 2월 23일 06시 37분

1 사랑하는 나의 아들아!
2 "네, 아버님! 말씀하옵소서."
3 작은 거짓은 너희가 살인하는 것이요,
너희가 작은 약속을 지키지 못함은 네
생명을 저버리는 것이라 하였음이니,
4 작은 약속을 지키는 것은 너희들이 생
명을 버리지 아니하는 것이요, 작은
거짓말을 하지 아니함은 너희들이 살
인하지 아니하는 길이라 하였음이니
라.
5 그것을 지키고 가는 길이 너희들이 나
의 법전을 가지고 만백성에게 전하는
것이요, 강론을 하는 그 역사보다 위
대함이니라.
6 이제 너와 너의 제자들이 이를 지키
고 갈 때, 너희들은 내가 이루고자 하
는 그 역사의 길을 볼 수 있을 것이니,
7 너희들이 그를 지키지 아니하면, 나의
아들딸이요, 나의 전사요, 내 뜻대로
역사할 수 있는 백성이 아니기 때문이
니라.
8 이제 내가 마지막 관문이라 하였음이
니, 너희들은 그를 지키고 살아가는
데 모두를 다 바치라.
9 오로지 너희가 그 관문을 넘었을 때
모두는 역사할 것이니라.
10 너희들은 나 여호와가 창조한 만백성
이요, 너희들이 나를 아버지라 말하면
서, 정녕 너희들은 나의 뜻에 의하여
역사하며 살아가는가, 그리고 내가 명
하는 것을 지켜 가는가?
11 그와 같은 것을 행하지 아니하고 지금
살아가는 것이 나의 백성들이니라.
12 모든 믿음이요, 신앙의 길을 간다는
그 백성들, 정녕 너희들은 나의 뜻에
의하여 역사하는 것이 아니라, 그저
저 자신의 구원을 받겠다는 그 길에만
매달려 살아가는 그와 같은 삶을 사
니, 나와 관계없다 하였음이니라.
13 그러니 너희들도 그와 같은 백성이 되
지 아니하려거든, 나 여호와의 뜻을
지키고 행하는 그와 같은 백성이 되라
내가 직접 너희들에게 명함이니라.
14 구원을 위해 살아가는 백성들은 내가
직접 명하는 그 뜻을 듣지 못했으며,
나로부터 직접 내리는 새로운 성령이
요, 내 명령을 받은 적이 없으며 들어
본 적이 없음이니,
15 직접 듣는 너희들이 그를 지키지 아니
한다면, 내 뜻을 모르고 오로지 구원
을 위하여, 자신이 구원받기 위하여
살아가는 그 백성들과 무엇이 다르단
말이던가?
16 너희들이 더 잘못된 백성이라는 것을
알아야 될 것이니라.
17 이제 내가 마지막 너희들의 관문이라
는 그를 명심하도록 그리하라.
18 그러니 너희들이 구원을 받기 위해,

저 자신이 나에게 오르고자 하는 축복
을 받기 위해 몸부림치는 그 백성들과
차별화되는 것은,
19 너희들이 나의 음성이요, 나의 뜻을
직접 들으니, 내가 명하는 것을 어떠
한 일이 있어도 지키고 행하는 것, 그
것으로써 너희들이 그들과 차별화가
되어야 될 것이며,
20 그들과 똑같은 길을 간다는 것은 내가
용납하지 아니하며 용서할 수 없음을
너희들은 알아야 될 것이니라.
21 이제 너희들은 그와 같은 마음으로써
살아가라, 그리고 그를 행하도록 하며
그를 역사하도록 하라.
22 그것이 마지막 나의 기쁨이요, 너희들
이 나에게 모두를 바침이니,
23 그를 지켰을 때, 너희들이 나에게 오
를 수 있는 길에 들어선다는, 반석 위
에 서서 하늘에 오르는 찬란한 빛을
보게 됨이니, 그 빛은 무엇이더냐?
24 곧 너희들을 안내하는 역사가 이루어
진다는 것을 잊지 말라.

9,700 번째 하나님 말씀

2004년 2월 23일 06시 44분

1 사랑하는 나의 아들아!
2 "네, 아버님! 말씀하옵소서."
3 수천 년 동안 믿음의 길을 온 백성 너
희들이 지금까지 가르치고 부르짖는
것이 무엇이며, 그리고 어디에 너희들
이 모두를 걸고 살아가는가?
4 너희들은 나를 찾으며 예수를 구세주
라 부르며, 그리고 너희들이 나의 뜻
이라 하여 지금 가지고 가르치는 그
복음을 전파하며 살라,
5 그리고 복음의 삶을 살며, 너희들이
이웃을 구제하며 살며, 너희들이 나
여호와가 내린 말씀을 섬기며 살라,
6 그러면 너희들은 나에게 오를 수 있으
며, 나의 아들 예수가 재림할 날을 너
희들은 소망하면서 기다리기만 하면
구원의 역사가 이루어진다 그리 가르
치고 있음이니라.
7 너희들이 나의 복음을 전파하며, 그리
고 나의 말씀이라 하여 내 뜻을 섬기
며 살아가기만 하면 되는 것이라,
8 그리 살면 너희들이 예수가 재림하는
것을 볼 것이며, 그 소망을 기다리며
그를 소원하는 애절한 마음을 갖고
살면, 무조건 너희들은 구원을 받게
되어 있는 그 백성이라 가르치고 오
는 것이 지금의 역사함이니라.
9 그러나 너희들은 이를 알아야 될 것이
니라.
10 이미 나 여호와가 그와 같은 시간을
너희들의 2천 년이라는 긴 세월을 유
예하며 기다렸으나,
11 너희들은 내 뜻에 의해 살아가는 삶
을 살지 아니하였음이니라.
12 그리하여 내가 너희들에게 그 유예의
기간을 거두고, 이제 너희들이 나의
뜻에 의하여 나의 아들 예수가 재림
하는 그 역사를 기다리며 그를 시작
하는 시대가 아니라 함을 내가 너희
들에게 전함을 알아야 될 것이니라.
13 나 여호와의 뜻이요, 나의 아들 예수
가 재림하는 그 역사는 이미 벌써 시
작되었으며, 너희들이 지금 이 세상에
역사하고 있음이니,

14 나 여호와는 성서의 약속대로 새로운
보혜사요, 새로운 뜻을 전하는 나의
아들을 세상에 내려보내어 내가 내 뜻
을 전하며 새로운 시대의 역사를 이루
어 감이니,
15 이는 곧 너희들이 바라고 바라는 나의
아들 예수가 재림하는 것이요, 나의
성령이 세상에 내려감이니,
16 곧 너희들이 그리 바라는 시대가 지금
벌써 진행되고 있다는 것을 너희들은
어찌 모르는가?
17 그를 보지 아니하며 그 뜻을 이해하지
못하며 받아들이지 못하는 자, 너희들
은 말로써만 모두를 역사하고 말로써
만 믿음의 길을 가다 끝나는 너희들의
인생이 됨을 알아야 될 것이니라.
18 내가 나의 성경이요, 나의 새로운 법
전에 기록하여 전했듯이,
19 어찌하여 너희들은 추수가 시작되었
으며 거둬들이기 시작한 이 시대에 씨
앗을 뿌리려고 씨앗을 뿌리는 터전을
일구는 그 일에만 얽매어 살고 있는가?
20 너희들은 이를 봐야 될 것이니라.
21 결실의 시대가 지금 시작되고 있으며,
너희들이 말하는 새로운 말씀이요, 새
로운 뜻이요, 그 모두가 다 역사하고
있다는 것을 알도록 그리하라.
22 이를 받아들이지 않는 백성, 너희들은
결국 터전을 닦다 마는 그와 같은 백
성이 될 것이니라.
23 너희들이 어찌하여 결실의 시대가 지
금 역사하고 있는 것을 보지 못하며,
너희들의 아집과 고집으로써 그를 받
아들이지 아니하며,
24 그저 씨앗을 뿌리는 시대라 하여 씨앗
을 뿌리고 나의 아들 예수가 재림하는
때만을 기다리며, 구원을 받는다는 그
와 같은 생각에서 아직도 벗어나지 못
하고 있는가?
25 너희들이 그와 같은 삶으로써 살다 정
녕 너희들이 지은 죄요, 그 대가에 대
한 것을 용서받지 못하며,
26 그를 너희들이 다 상쇄할 수 있으며
그로부터 구원을 받을 수 있는, 선하
고 아름다운 삶의 행하는 것을 지금
행하지 아니하고 있음이니라.
27 너희들이 결실의 때라는 것을 알고도
너희들이 지금 십계명대로 지키고 살
수 없으며, 너희들이 육의 행함이 소
중하지 아니하며,
28 그저 말로써 기다리고 구하며, 말씀을
말로써 섬기기만 하면 되는 것이라 지
금도 그와 같이 말할 수 있겠는가?
29 이제는 너희들이 그 어리석음에서 깨
어나야 될 것이니라.
30 또한 나의 아들을 따르는 제자요, 너
희들이 내가 지금 역사하고 있는 마지
막 결실의 시대요, 거둠의 역사가 시
작된다면,
31 그를 모르고 방황하는 그 백성들을 깨
우치고 그들에게 전하는 것은 너희들
이 해야 할 일이라는 것을 잊지 말도
록 각자가 가슴 깊이 새겨야 되며,
32 어찌하여 그들을 구원할 것인가를 너
희들이 연구하고 그리 노력하는 삶을
살도록 해야 될 것이니,
33 게을러서는 아니 됨이니 그리 알라.

9,701 번째 하나님 말씀

2004년 2월 23일 06시 51분

1 사랑하는 나의 아들아!
2 "네, 아버님! 말씀하옵소서."
3 나 여호와가 넓고 편한 그 길을 가는
것이 믿음의 길이 아니요, 나에게 오
르는 길이 아니라 한 의미를 알겠는가?
4 좁고 협착하고 어려운 길을 가는 것,
그것이 너희들이 나에게 오르는 길이
라 하여 내가 성서에 기록하여 전한
그 뜻을 알겠느냐?
5 너희들이 인간 세상의 삶에 있어서도
그리하니라.
6 너희들이 편안하게 살고자 하여 편안
한 길을 선택하고자, 안일한 방법으로
써 세상을 살아가고자 하는 그와 같은
마음을 갖기에,
7 너희들이 거짓된 행위를 할 수 있으
며, 약속을 지키지 아니하고 살아가는
그와 같은 형편이 됨이니, 그 모두는
다 무엇인 줄 알겠느냐?
8 육의 세상에서 편안한 방법으로써, 그
저 쉬운 방법으로써 대충 인간 세상에
살아가는 그와 같은 마음을 가진 자,
너희들이 거짓말을 수없이 할 수 있으
며, 작은 약속부터 큰 약속까지 지키
지 아니하는 삶을 사는 대표적인 자들
이니라.
9 그러니 너희들이 편안한 길이요, 너희
들이 쉬운 길을 선택하며 그 길을 가
고자 하는 것, 이는 곧 노력하지 아니
하는 자요, 게으른 자가 하는 역사의
삶이라는 것을 알겠느냐?
10 인간 세상에서 너희들이 거짓 하는 것
은 살인하는 것과 같으며, 너희들이
약속을 지키지 않는 것은 너희 목숨을
버리는 행위라 하였음이니,
11 그 모두가 다 너희들이 쉽게 사는 길,
편안하게 살 수 있는 길, 그리고 노력
하지 아니하고 간단하게 모든 걸 취하
고자 하는 그와 같은 마음에서 너희들
이 그를 행하며, 그게 무섭고 두려운
줄 모르고 그와 같은 삶을 사는 백성
이니라.
12 그러니 너희들이 믿음이라는 것이 과
연 무엇이더냐?
13 너희들이 믿음에 오는 길이요, 나에게
오르고자 하는 그 모두는 내가 성경이
요, 나의 새로운 법전이요, 계명에 모
두를 다 세상에 내려보냈으니,
14 이는 너희들과 나와 계약서가 없으나,
곧 나와 너희들과의 그 약속이니,
15 너희들이 세상에 태어날 때, 지상에
가면 나의 뜻이요, 나의 계명이요, 내
가 역사하는 것을 그대로 지키고 살다
나에게 오겠다는 굳은 약속을 하고 온
백성들이니,
16 나 여호와가 지키고 행하라는 그 모두
가 너희들과는 이미 그 모든 약속이
체결된 것이요,
17 너희들은 일방적인 나의 약속이며 너
희들은 약속한 것이 없다 그리 생각하
지 말라.
18 그러니 나의 십계명이요, 나의 율법이
요, 내가 다시 내리는 나의 법전이요,
새로운 성경대로 너희들이 살지 아니
하는 것은 나와의 약속을 파기하는 것
이요, 약속을 지키지 않는 것이니, 그
것이 바로 무엇이더냐?

19 모든 믿음의 길을 가는 백성, 너희들이 쉽고 편안한 길을 선택하는 자요, 그 길을 가고자 하는 것이요,
20 믿음 자체도 너희들이 그와 같이 편안하고 간단한 방법으로 살아가고자 하기에 내 약속을 거역하며 내 뜻을 지키지 아니하는 백성이 되었음이니,
21 나와 약속한 것을 시행하지 아니하고 지키지 아니하고 너희들은 나에게 오를 수 없는 백성이라 함이 여기 있음을 알며,
22 너희들이 성서의 넓고 편안한 길을 선택하지 말며 어렵고 힘든 길을 가라는 것, 그것이 나와의 약속을 지키고 가기 위해서는 얼마나 힘들고 어려운 길을 가야 된다는 것인가?
23 너희들이 편안하고 쉽게 살고자 하는 자는 협착하고 어려운 길을 선택하지 아니하는 자이니,
24 너희들이 거짓된 행위요, 약속을 지키지 아니하고 살아가는 백성이라는 것을 잊지 말라, 사랑하는 나의 아들딸들아!

9,702 번째 하나님 말씀

2004년 2월 23일 06시 56분

1 사랑하는 나의 아들아!
2 "네, 아버님! 말씀하옵소서."
3 지금의 종교 집단과 지도자, 그 백성들, 그들이 지금 구원을 받았다며 구원을 보장받은 백성이라 하여 가고 있는 것이 그 믿음의 삶의 전부이니,
4 나로부터 구원의 보장을 받았으며 구원을 받았다는 백성들은 과연 무엇으로써 그와 같이 말하느냐?
5 그들은 그와 같은 의미를 가지고 말하느니라.
6 저희들이 나 여호와가 갖고 있는, 영원히 죽음에서 거듭 태어나는 죽음이 없는 나의 생명록,
7 너희들이 내가 가지고 있는 그 생명록에 너희들의 이름은 이미 기록되었다 말하는 자들이 아니더냐?
8 그러니 나 혼자만 관리하며 내가 가지고 있는 그 하늘의 비밀인 그 생명록에 너희들의 이름이 기록되었다고 자신하는 백성들이 아니더냐?
9 그것이 바로 오늘에 구원을 받은 자요, 구원의 보장을 받았다는 믿음으로 가는 백성 너희들임을 알라.
10 그러나 너희들은 알라, 어떠한 백성의 이름도 아직 거기에 기록된 자 없으며, 거기에 너희들의 이름을 아무리 찾아본다 해도 없음을 알라.
11 기록하는 나 여호와가 기록하지 아니하였으며, 나 혼자 가지고 있는 하늘의 비밀인 너희들이 거듭나는 생명록의 그 책은 나 여호와만이 관장하니, 거기에 너희들의 이름이 없다면 없는 것이니라.
12 다만, 나의 아들을 따르는 백성들이요, 나의 법전대로 나의 십계명을 지키고 살아가겠다 몸부림치는 백성들, 그들의 이름이 나의 생명록에 기록되어 있음을 너희들은 알아야 될 것이니라.
13 나의 법전대로 사는 백성들이요, 그 길을 위하여 노력하는 백성들, 그리고 나의 아들을 따라 저희들이 그 모두를

지키며 나의 뜻대로 역사하겠다고 몸
부림치는 그 제자들, 그들의 이름밖에
는 거기에 없음이니, 내가 또한 기록
한 것이 그들밖에 없음이니라.
14 그러나 너희들은 또한 알아야 될 것이
니라.
15 내가 십계명대로 살며 나의 법전대로
살며 나의 뜻에 의해 역사하고자 하는
나의 아들을 따르는 제자, 그들의 이
름이 생명록에 지금 기록되었다 하나,
16 그들 또한 언제든 지워질 수 있으며,
언제든 그걸 내가 지옥 불에 던짐이
니, 그들이 그 명패를 찾아 지옥 불에
들어가는 그 길을 가야 할지도 모르는
것이거늘,
17 어찌 너희들이 그와 같이 나의 생명록
에 너희들의 이름이 기록되었다 그리
말할 수 있단 말이던가?
18 너희들은 알아야 될 것이니라.
19 내가 오늘 나의 아들을 통하여 하늘의
뜻이요, 하늘의 비밀을 너희들에게 깨
우쳐 줌이니,
20 이는 나의 아들이 세상에 나가 만백성
을 구하고자 하는 그 길을 따를 수 있
으며 바라볼 수 있으며 나의 법전을
가슴에 안고 정독할 수 있는 백성을
내가 얻고자 전함이니,
21 너희들은 생명록에 너희들의 이름이
없는 것을 알라.
22 하늘에 너희들의 이름이 기록되지 아
니하였음을 알아야 될 것이니라.
23 그러니 거기는 너희가 기록되었다고
한다 하여 너희 마음대로 기록되는
것이 아님이니, 이를 알라.
24 그러니 하늘의 뜻을 모르는 너희들에
게 내가 하늘의 법도요, 하늘의 뜻을
깨우쳐 줌이니,
25 이것이 바로 나의 아들이 세상에 나의
성령을 가지고 내려간 것이요, 내 뜻
을 가지고 역사하는 것이요, 만백성을
구하고자 하는, 내가 마지막 너희들에
게 주는 기회라는 것을 절대 잊지 말
라.

9,703 번째 하나님 말씀

2004년 2월 23일 07시 10분

1 사랑하는 나의 아들아!
2 "네, 아버님! 말씀하옵소서."
3 지금의 종교 집단과 지도자, 그 신도
들, 그들이 얼마나 어리석은 백성들이
며, 그들이 나의 뜻을 거역하며 나에
게 순종치 아니하며 살아가는 백성인
줄 알겠느냐?
4 그리고 그들은 당당히 한 입 가지고
두말을 하매, 저희들이 어떠한 말을
하고 있으며 어떠한 죄의 역사를 하고
있는지도 모르는 백성들이니라.
5 저희들은 말하기를, 십계명을 지키고
살아야 한다는 너희들이 가르치고 전
하는 그 말을 뭐라 반박하느냐?
6 십계명을 지킬 수 있다는 자는 거짓된
자요, 그는 나 여호와를 기만하는 자
요, 나를 욕되게 하는 사탄만이 할 수
있는 말이라 그리 말하느니라.
7 인간은 완벽하지 못하기에 죄짓지 아
니하고 살 수 없다는 것이며,
8 인간은 신이 아니기 때문에 절대로 죄
를 짓지 아니하며 십계명대로 산다 하
는 것은 잘못된 것이라 그리 가르치

며, 그는 사탄의 자식들이라 그리 말
하느니라.
9 그렇게 저 자신의 죄지음을 아래위로
지도자나 그 백성들이나 할 것 없이
다 변명하는 그와 같은 삶을 사는 것
이니라.
10 죄를 짓는 것은 인간이기 때문에 어쩔
수 없으며, 인간이 죄를 짓지 아니하
고 살 수는 없다 하여 아래위로 저희
들이 위안을 얻는 그와 같은 자들이
저 자신의 죄를 감추며 저 자신이 죄
지음을 위안하는 말로써 그리 사용함
이니,
11 그 모든 신도들이 또 '아멘! 맞습니
다!' 그리 울부짖느니라.
12 그러면서 너희들은 그 한 입으로써 또
무어라 말하느냐?
13 너희들이 재물을 거둬들이고 나의 백
성으로부터 재물을 갈취하기 위해서
는 상상할 수 없는 말을 그 자리에서
또 하느니라.
14 너희들은 완벽한 목적지에 도달한 백
성들이라, 나의 아들 예수의 보혈로써
나의 아들 예수를 찾기만 하면 완벽한
목적지에 도달할 수 있는 구원을 받은
백성들이라 그리 또 말함이니라.
15 너희는 이미 믿음의 목적지에 도달한
백성이요, 축복받은 백성들이니, 그러
니 믿음의 종착역인 구원을 받은 백성
들이라 그리 말하며 그리 가르치는 것
이 너희들이 하는 말이 아니더냐?
16 너희는 구원은 완벽한 백성만이 나로
부터 그 은혜와 축복을 받는 것이거늘,
17 어찌하여 그와 같이 너희 입으로써 인
간은 완벽하지 못하다고 말하면서,
18 또한 완벽한 인간만이 받을 수 있는
그 역사의 은혜의 축복을 너희들은 완
벽한 백성이기에 완벽하게 받았다 그
리 말하며, 너희들의 목적이 이루어진
자들이라 그리 가르치는가?
19 지금 너희들이 그리 나의 백성들을 지
옥의 길로 인도하고 있는 그 사악한
행위를 하고 있다는 것을 모르고 있음
이니, 이를 알아야 될 것이니라.
20 완벽한 백성만이 하늘에 오르는 그 목
적지에 도달할 수 있거늘,
21 너희들이 지금 인간은 완벽하지 못하
며 너희들은 완전한 신이 될 수 없다
말하면서,
22 완벽한 백성이요, 신의 경지에 오른
자들만이 구원의 길이요, 나에게 오를
수 있는 그것을,
23 어찌하여 너희들은 완벽하게 구원을
받은 자들이요, 완벽하게 목적지까지
다 도달한 자들이요, 신앙의 그 모든
뜻을 이룬 백성이라 그리 말하느냐?
24 그러면서 너희들의 믿음이 무엇이더
냐?
25 믿음의 그 목적과 뜻도 모르면서 너희
들이 지금 가고 있다는 것을 알겠느냐?
26 믿음의 목적이 구원이요, 그를 가르치
며 그것을 위하여 가는 백성이 오늘의
삶을 사는 너희들이니라.
27 그러니 너희들이 얼마나 어리석은 백
성인 줄 알겠는가?
28 종교 지도자가 '여러분은 구원을 얻었
습니까, 구원을 얻지 못했습니까?' 그
리 너희들에게 물을 때, 그 신도들이
벌어진 입으로 무어라 말하느냐?
29 '우리는 완벽히 구원을 얻은 백성들입

니다.' 그리 말하느니라.
30 종교 지도자가 단상에 서서 그 신도들
에게 말하느니라.
31 '여러분은 구원을 받았습니까, 구원을
받지 못했습니까?' 물을 때,
32 '우리는 완벽하게 구원을 받은 백성입
니다.' 그리 말함이니,
33 인간이 완벽하지 아니하면 구원을 받
을 수 없으며 나에게 오를 수 없는 하
늘의 법도를 너희들이 다 말하고 가르
치면서, 어찌하여 너희들이 그와 같은
행위를 할 수 있단 말이던가?
34 정녕 이와 같은 것이 오늘의 종교 집
단이요, 지도자 너희들이 가고 있는
믿음이라는 것을 알라.
35 믿음과 신앙이요, 나를 찾으며 나의
아들 예수를 찾는 것은 너희들이 나의
뜻대로 너희를 써 주십사 하여 기도하
는 것이며, 그리하여 그것만이 너희들
이 나에게 바칠 수 있는 최대의 능력
이요, 너희들이 역사할 수 있는 것이
요, 너희들이 가지고 있는 능력의 한
계라는 것을 알라.
36 너희들은 완벽한 인간이 될 수 없다면
서, 완벽한 인간이 받는 구원을 받을
수 있다 말함이니,
37 이제는 내가 하늘의 뜻이요, 너희들이
나에게 기도하며 역사할 수 있는 길이
무엇인가를 나의 아들을 통하여 너희
들에게 명백히 기록하여 전함이니, 이
를 받아들이는 자 구원을 받을 것이니
라.
38 너희들이 믿음이요, 신앙의 그 가는
길은, 나를 찾으며 나의 아들 예수를
찾는 그와 같은 것은 무엇인 줄 알겠
느냐?
39 너희들은 그와 같은 은혜를 받을 수
있음은 너희들이 다음과 같은 말을
할 수 있는 것이요, 다음과 같은 소망
을 바라는 것임을 너희들은 알라.
40 '창조주 아버지께서 아버님 뜻대로 저
희들을 써 주시고, 아버님께서 역사하
고자 하시는 곳에 저희들을 사용하여
주시고, 아버님께서 이루고자 하시는
것에 저희들이 일부를 담당하고 사역
할 수 있도록 불러주시고 써 주옵소
서.'
41 그것이 너희들이 할 수 있는 능력의
한계이며, 너희들이 나에게 소원하고
기도할 수 있는 대목임을 알아야 될
것이니라.
42 너희들이 나에게 써 주기를 바라며,
내가 역사하는 곳에 너희들을 불러 역
사하도록, 너희들에게 자리를 주어 그
대명을 맡을 수 있도록 하는 것,
43 그리고 너희 자신의 한 자리를 찾아서
내가 너희들을 쓰도록, 그와 같은 너
희들의 능력을 이루어 달라, 너희들에
게 그와 같은 은혜를 내려 달라, 그리
고 그와 같은 축복을 달라 나에게 기
도하고 바랄 수 있는 것이 인간 너희
들이 가지고 있는 능력의 한계요, 나
에게 역사할 수 있는 한계이거늘,
44 너희들이 감히 어찌하여 스스로 구원
을 받았다 말하며, 완벽하게 너희들은
신앙의 믿음이요, 그 목적지에 도달했
으며, 하늘나라에 완벽하게 그 모두를
이룬 선택된 백성이라 말한단 말이더
냐?
45 이것이 너희들이 오늘의 가고 있는 길

이라는 것을 알라.
46 이제 사랑하는 나의 아들을 따르는 제
자들이요, 나의 법전을 읽은 만백성
너희들은 두 무릎을 꿇어 나에게 기
도하며 나에게 소원하고자 하는 마음
을 갖는다면, 그를 소원하며 그를 기
도하도록 하라.
47 '아버지여! 정녕 저를 마음대로 사용
하시고 뜻대로 써 주시고, 저를 기억
하여 주옵소서. 제가 일익을 담당할
수 있는 그와 같은 영광과 은혜를 주
옵소서.' 하는 그 기도를 너희들이 나
에게 드린다면,
48 내가 그를 받아 주며 너희들은 그와
같은 기도를 드릴 수 있는 것을 내가
또 하나를 내림이니,
49 너희들은 그와 같은 마음으로 기도해
역사하도록 하라.
50 그것이 너희들이 가지고 있는 최대의
능력이요, 너희들이 할 수 있는 길이
요,
51 너희들이 그 이상의 한계를 넘어서는
절대로 이룰 수 없으며, 갈 수 없으며,
역사할 수 없다는 것을 알라.
52 감히 그와 같은 자들이 너희들이 믿
음의 종착지에 도착하였으며 구원의
목적지에 도착했으며 모두를 얻었다
그리 말하니,
53 감히 하늘의 뜻을 알지도 못하는 지
도자가 단상에 서서 '너희들은 구원을
얻었느냐, 얻지 못했느냐?' 할 때, '우
리는 완벽하게 구원을 얻었다.'며 소
리 지르는 그 어리석은 백성들,
54 잠시나마 너희들이 그리 악쓸 때 너
희들 자신이 위안을 얻을 수 있으나,
55 돌아서서 너희들이 밝은 하늘이요, 밝
은 태양 밑에 너희 자신을 비춰 봐도,
네가 얼마나 추하고 흉악한 모습인가
를 알 수 있을 것이거늘,
56 너희들은 잠시 위안을 얻는 것으로써
영원히 거듭나는 영광의 축복의 은혜
를 얻을 수 없는 백성이라는 것을 알
라.
57 이제 너희들은 교회라는 곳에 가서 믿
는 자, 그에게 물어보라.
58 지금의 믿음의 길을 가는 백성 너희들
처럼 썩고 썩지 않은, 그래도 아직 깨
끗하고 아름다운 마음을 가지고 있는
자들,
59 이방인이요, 부모를 공경하고 사랑하
며 이웃을 위해 살아가며 봉사하고 희
생하는 그 마음이 아직도 조금 남아
있는 그 백성들은 그리 말할 것이니라.
60 '너는 뭐하러 교회를 가며, 뭐하러 믿
음의 길을 가느냐?' 하면, 너희들의 그
믿음이 얼마 되지 않은 백성들은 그리
말할 것이니라.
61 '마음의 위안이 되기 때문에 교회를
가며, 내 죄지음이 불안하여 내가 그
를 씻을 수 있을까 하여 가는 것이며,
62 착하고 바르게 살라는 곳이 교회라는
곳이기에 또한 더불어 살아 보려고 내
가 가는 것이다.' 그리 말하는 그 백성
들의 그 솔직한 대답, 그것만도 못한
자들이 너희들이니라.
63 그러니 오늘의 종교 집단이요, 지도자
들은 그와 같이 말하는 착하고 순박한
나의 백성들만도 못하게 썩고 썩은 것
이 너희들임을 알라.
64 너희들이 나에게 기도할 수 있는 것,

나의 아들을 따르는 제자들이 기도할 수 있는 것, 하나를 더 내가 내림이니,
65 '아버지께서 역사하는 곳에 저를 써 주옵소서, 아버지 뜻대로 이루어 주옵소서, 아버지 뜻대로 저를 사용하여 주옵소서.'
66 그와 같은 기도 하나는 더 할 수 있는 것이요, 그것 외에는 너희들이 더 이상 기도를 할 수도 없는 것이니라.
67 내가 나의 아들을 통하여 내리는, 너희들에게 드리라는 그 기도 이외에는 아무것도 너희들이 역사할 수 없음이니라.
68 신약 시대에는 '주기도문'을 내렸음이니, '주기도문' 외에는 너희들이 기도할 것이 없는 것처럼,
69 내가 제3의 시대요, 추수의 시대요, 마지막 시대에 내리는 이와 같은 기도를 따라 너희들이 기도하고 그대로 행하면 되는 것이니,
70 모든 백성들에게 전하라.
71 너희들이 완벽하게 구원을 받았으며, 종착지에 도달했으며, 축복의 나라요, 나에게 거듭나는 역사의 목적지에 도달했다는 그 어리석은 백성들, 그들에게 너희들이 경종을 울리라.
72 너희들이 할 수 있는 것은 '아버님! 뜻대로 저를 써 주옵소서, 그리고 그 은혜를 얻도록, 그 쓰여짐의 축복을 얻도록, 영광을 얻을 수 있도록 기회를 주옵소서.' 하는 그것 외에는 아무것도 할 능력이 없는 백성들이라는 것을 가르치라.

9,704 번째 하나님 말씀

2004년 2월 23일 07시 16분

1 사랑하는 나의 아들아!
2 "네, 아버님! 말씀하옵소서."
3 내가 너희들에게 명하여 가르치기를 무어라 전했느냐?
4 너희들이 부모가 죽어 가며 남기는 말을 유언이라 함이니라.
5 그러니 죽어 가는 그 부모가 아무리 험악하게 살았다 해도, 그 자식에게 남기는 유언만큼은 얼마나 뼈저리고 진실하며 그 자식을 위한 얘기더냐?
6 너희들은 여기서 듣고 깨우쳐야 될 것이니라.
7 나의 아들 예수가 그 죽음의 길의 순간에, 그 고통의 죽음 속에 그가 나에게 드린 기도가 무엇이더냐?
8 그것은 마지막 그가 나에게 드리고자 하는 기도요, 마지막 그의 소원이며, 모두를 거기에 결집하여 바친 그의 기도라는 것을 너희들은 어찌 모르는가?
9 나의 아들 예수가 그 고통의 죽음 속에서 나에게 드린 기도가 무엇이더냐?
10 '아버님! 아버님께서 이 고통을 면할 수 있도록 하여 주실 수 있되, 아버님께서 정녕 그리 원하지 아니하신다면 그 모두는 아버님 뜻대로 역사하옵소서. 아버님 뜻에 따르겠사옵나이다.' 예수는 죽어 갈 때 그리 기도를 했으니,
11 그 기도가 얼마나 처절하게 그가 마지막 이룰 수 있는 길이라 그리 생각하여 그 기도를 했겠는가?
12 너희들은 그 기도 소리를 들으면서 무

엇을 생각하며, 그 구절을 읽으면서
무엇을 생각한단 말이더냐?
13 나의 성령으로 잉태하여 세상에 나간
나의 아들이 마지막 죽는 그 고통의
순간에 나에게 드린 눈물의 기도가 무
엇인 줄 알겠느냐?
14 '아버님! 저를 정녕 버리시렵니까? 아
버님! 저는 어떠한 고통과 시련이 있
다 해도 이 길을 면할 수 있다면 면할
수 있겠으나, 그래도 아버님 뜻대로
모두를 역사하옵시고, 아버님 뜻대로
이루어 주옵소서.' 하며 그것이 저의
마지막 소원이요, 기도라며 그리 마지
막 기도를 드렸거늘,
15 그 기도가 얼마나 진실된 기도며 얼마
나 처참한 기도더냐?
16 나의 아들 예수요, 하늘의 뜻을 알며
성령을 받아 나간 나의 아들도 마지막
죽을 때, 그 마지막 한마디는, '아버님
뜻대로 하여 주옵소서.' 그 기도를 올
리고 죽었음이니라.
17 그러니 그와 같은 나의 아들이 그 기
도를 드려, 그 기도가 세상에 전하여
져 너희들에게 그와 같은 마음으로 살
라 하였거늘,
18 오늘의 종교 집단이요, 지도자들이 무
어라 말하느냐?
19 예수도 그리 기도했거늘, 너희들이 나
의 아들 예수보다 얼마나 더 높고 얼
마나 더 위대한 자이기에,
20 너희들의 믿음은 구원을 받았으며, 믿
음의 목적지에 도달했으며, 너희들이
모두를 다 얻었다 그리 말한단 말이더
냐?
21 나의 아들 예수보다도 종교 지도자 너
희들이 더 아름다운 자요, 더 내 뜻을
행하는 자요, 그보다 더 너희들이 위
에 있는 자들이라는 말이더냐?
22 이것이 오늘의 너희들이 사악한 자들
이요, 그 용서할 수 없는 자들이니라.
23 오늘 내가 130권의 법전을 넘기면서
나의 아들을 통해 너희들에게 그 기도
하나를 더 명한 것이 무엇이더냐?
24 '아버님께서 역사하고자 하시는 길에
저를 써 주시고, 저를 불러서 사용하
여 주옵소서, 아버님! 그것이 제 소원
이며 제가 가장 바라는 기도옵나이
다.'
25 그리 기도를 드리라 하였음이니라.
26 그리고 그 기도 한마디를 할 수 있는
자격도 이제 내가 너희들에게 부여했
음이니,
27 나의 아들을 따르는 제자들이 그 많은
세월 속에 그 많은 가르침 속에서 그
들의 허물을 벗고 거듭나고자 노력했
기에,
28 그 상으로써 내가 진정한 나에게 드릴
수 있는 기도 한마디를 더 내림이니,
이 얼마나 소중하고 귀한 말이던가?
29 그러나 어찌하여 너희들은 이 범주를
넘었으며 이를 벗어난 백성이라 하여,
30 너희들이 목적을 이루었으며, 믿음의
구원을 얻었으며, 너희들이 그 신앙의
생활이요, 믿음의 그 모두를 소원을
이룬 자들이라 그리 말하는가?
31 그것이 너희들이 얼마나 나를 욕되게
하며 사악한 행위를 하는 것인지 알겠
느냐?
32 2천 년 전에 나의 아들 예수가 성령을
가지고 세상에 나갔으며, 내 뜻을 받

아 그리 오늘의 나의 아들처럼 모두
를 역사한 그는 내 뜻을 알기에,
33 과연 저를 어찌해 달라 그리 기도하
였더냐?
34 '아버님께서 이 고통과 시련을 벗어날
수 있게 하여 주실 수 있으면 하여 주
시되, 그러나 그리하지 아니하려 한다
면, 아버님의 뜻대로 이루어 주옵소
서.' 그리 기도를 하였음이니,
35 내가 오늘에야 그 기도를 드릴 자격
을 나의 아들을 따르는 제자들이요,
나의 법전을 읽고 깨우친 만백성 너희
들에게 주어, 너희가 드릴 수 있는 기
도라 하였거늘,
36 지금 종교 집단이요, 지도자요, 모든
뜻을 이루며 구원을 받았다 말하는
자, 너희들이 과연 예수보다 더 위대
하며, 예수보다 나의 뜻을 바로 들으
며, 나의 가르침을 너희들이 듣고 역
사하는 자들이란 말이더냐?
37 그러니 너희들이 얼마나 사악한 자들
인 줄 알겠느냐?
38 너희들은 인간을 돌로 쳐 죽이는 것
보다도 더 사악한 행위를 하는 자들
이니라.
39 인간을 돌로 쳐 죽이니, 거기서 튀는
피를 보고 광분하고 흥분하여 사람을
돌로 치고 죽이는 것이요,
40 내 뜻이요, 하늘에 오르는 길이라 하
여 닥치는 대로 인간을 죽이는 것이
오늘의 종교 집단이요, 지도자요, 구
원을 받았다며 광분하고 맹종 맹신하
는 너희들이라는 것을 알라.
41 이것이 하늘에서 보는 한 장의 그림이
요, 너희들의 모습임을 알라.

9,705 번째 하나님 말씀

2004년 2월 23일 11시 40분

1 "너는 나 외에는 다른 신들을 네게 있
게 말지니라.
2 너를 위하여 새긴 우상을 만들지 말
고, 또 위로 하늘에 있는 것이나 아래
로 땅에 있는 것이나 땅 아래 물속에
있는 것의 아무 형상이든지 만들지 말
며, 그것들에게 절하지 말며 그것들을
섬기지 말라.
3 너는 너의 하나님 여호와의 이름을 망
령되이 일컫지 말라.
4 안식일을 기억하여 거룩히 지키라.
5 네 부모를 공경하라.
6 살인하지 말지니라.
7 간음하지 말지니라.
8 도적질하지 말지니라.
9 네 이웃에 대하여 거짓 증거하지 말지
니라.
10 네 이웃의 집을 탐내지 말지니라.
11 나 여호와가 존재함을 믿는 그 자체가
구원의 길에 들어서는 기본이요 근본
이며, 나의 법전을 가슴에 안고 정독
하는 자, 반석 위에 서서 하늘에 오르
는 찬란한 빛을 보게 되는 영광을 얻
게 됨이니라."
12 사랑하는 나의 아들아!
13 "네, 아버님! 말씀하옵소서."
14 내가 너를 통하여 십계명을 암송함이
니, 그를 듣는 너의 제자들이 어떠한
삶으로써 살아가야 되는 것인가를 알
겠느냐?
15 지금 내가 나의 뜻이요, 내 모두를 역
사하는 것은 단 한 사람을 통하여 지

상의 한 거점을 통하여 그 모두를 역
사한다 하였음이니라.
16 그러니 그 나의 아들을 통하여 십계명
을 암송하도록 하며, 그를 너희들이
듣도록 하며, 너희들 또한 암송하도록
하는 그 뜻이 무엇인가를 내가 나의
법전에 기록하여 전했음이니, 너희들
은 그 소중함과 귀함을 알아야 될 것
이니라.
17 그러니 지금 이 세상에 많은 백성들
중에 내가 나의 아들을 통하여, 한 지
점을 통하여 나의 성령이요, 나의 뜻
을 세상에 내려보냄이니, 이것이 얼마
나 귀하고 소중한 것인가를 너희들은
알겠느냐?
18 수십억 그 인구 중에서 내가 나의 아
들을 통하여 내리는 나 여호와의 하늘
의 그 뜻을 한 번도 듣지 못하며, 그
기도 소리를 듣지 못하며, 그 강론을
듣지 못하며, 내가 내린 그것을 듣지
못하는 그와 같은 백성들이 셀 수 없
음이니, 너희들은 과연 어떠한 백성들
이더냐?
19 너희들이 지금 나의 아들을 통하여 내
리는 그 기도요, 그리고 그 강론이요,
그 설명을 듣고 너희들이 하루에 한
가지씩만 변한다 해도,
20 너희들이 얼마나 많은 변화의 역사를
이루는 백성이 되겠는가를 너희들은
과연 생각해 보았느냐?
21 창조주 나 여호와가 세상에 내리는 것
을 나의 아들을 통하여 이곳에 내림이
니,
22 이곳에서 그 기도 소리를 수없이 듣는
백성, 그리고 그 강론을 듣는 그 백성,
너희들이 이를 한 번도 듣지 못하며
감히 생각도 못 하는 그 백성들과 똑
같이 한 웅덩이에서 벗어나지 못하며
진흙탕에서 벗어나지 못하고 허덕이
고 있다 하면,
23 이는 결국 내가 너희들을 잘못 선택한
것이요, 내가 너희들을 잘못 불러 쓴
결과가 아니더냐?
24 그러니 너희들이 나 여호와를 욕되게
하지 아니하며, 내가 너희들을 불러
쓰는 것을 사탄이요, 천사도 의혹하는
그 마음에서, 너희들을 내가 부른 그
뜻을 그들이 감히 더 이상 말하지 못
하며 그들이 고개 숙여 수긍하게 할
수 있는 것은,
25 너희들이 나의 아들을 통하여 내리는
그 강론이요, 나의 기도 소리를 듣고
그에 따라 변하는 삶을 사는 것, 그것
만이 너희들이 나에게 모두 보답하는
길임을 알아야 될 것이니라.
26 너희들은 나의 아들을 통하여 내리는
그 기도요, 나의 성령의 뜻을 수없이
듣느니라.
27 그리고 너희들은 또한 수없이 강론을
듣고 그와 같이 삶을 사느니라.
28 그러나 그 많은 백성들이 그것을 한
번도 듣지 못했으며, 그와 같은 것이
있는 것을 생각지도 못하고 살아가니,
29 그 백성들과 너희들이 똑같이 진흙탕
에서 헤어나지 못하며 서로 얽히고설
키고 있다 하면,
30 과연 이것이 나 여호와의 뜻이요, 내
가 창조한 뜻이라 너희들이 생각하는
가?
31 너희들이 변화되지 아니하며, 듣는 것

만큼 너희들이 거듭나지 아니한다면,
이 모두는 나 여호와의 뜻이 아니요,
사탄이 역사함이라 너희들은 그리 알
아야 될 것이니라.
32 그러니 너희들이 나 여호와가 사탄이
아니요, 내가 창조주 아버지요,
33 나의 법전이 만백성을 구하는 마지막
심판의 역사를 하는 것이요, 너희들이
구원을 받고 못 받는 그 길을 보는 것
이요,
34 하늘에 오르는 길의 기초를 역사하는
나의 법전이라 말할 수 있으려거든,
35 너희들이 듣고 배운 만큼 변화되지 아
니하면 아니 됨을 알아야 될 것이며
이를 명심해야 될 것이니라.
36 너희들이 듣고 들어도 변하지 못하며
보고 보아도 변하지 못한다면, 결국
나 여호와는 너희들을 선택함이 잘못
되었으니,
37 내가 너희들과 나의 고리의 그 끈을
놓는다 일찍이 너희들에게 명했으니,
38 한 번도 듣지 못하며 보지도 못하며,
나의 아들의 손을 한 번 잡아 보지도
못했으며, 그 옷깃 한 번을 스치지도
못한 그 수많은 백사장의 모래알보다
더 많은 백성들, 그들이 과연 어떠한
백성들이더냐?
39 그중에서 너희들이 선택된 자라 하였
음이니, 이것이 너희들이 얼마나 영광
된 백성이며 얼마나 축복된 백성인가?
40 그럼에도 너희들이 그리 변하는 것이
이리 늦으며, 너희들이 변화되는 속도
가 늦으며, 너희들이 이를 보고 두렵
고 무섭다 하여 깨우치는 것이 없다
하면, 과연 너희들이 역사하겠느냐?
41 내가 나의 아들을 통하여 너희들이 얼
마나 은혜 받은 자라 하였느냐?
42 하늘에서 소낙비가 쏟아져 세상을 덮
으니, 그 속에 황금의 빗방울 한 방울
이 내려옴이니, 그것이 너희가 벌리고
있는 그 손바닥 위에 떨어지는 것보다
도 더 위대하고 소중하고 영광된 것이
너희들이 나로부터 부름을 받은 것이
요, 선택된 자라 하였거늘,
43 너희들이 그와 같은 기도요, 나의 가
르침을 한쪽 귀로 듣고 한쪽 귀로 흘
리지 아니하였다면, 너희들이 어찌하
여 그 많은 것을 듣고 역사하면서도
변하지 아니하였던가?
44 백사장의 모래알보다 많은 백성들이
나의 아들을 보지 못하며, 그 옷깃을
스치지 못하며, 그와 대화하지 못하
며, 그를 통하여 내가 내리는 성령의
그 가르침을 듣지 못하며, 그를 통하
여 내리는 강론을 듣지 못하거늘,
45 그 백성들과 너희들이 얼마만큼 차별
화가 되어야 되는가를 너희들은 한번
생각해 보았느냐?
46 이것이 너희들이 오늘 생각해야 될 길
이며, 너희들이 가야 할 길이며, 너희
들이 바로 서야 될 길이라는 그 무서
움을 알도록 그리하라.
47 아무것도 보지 못하며 듣지 못하는 그
많은 백성들 중에 너희들을 선택하여
수없이 내가 나의 아들을 통하여 내리
는 하늘의 기도를 들으며, 하늘의 비
밀을 알며, 그리고 내가 역사하고자
하는 것을 듣고 깨달아 역사하는 너희
들이 어찌하여 변하지 못하며,
48 그들과 똑같이 진흙탕 속에 서로 얽히

고설키고 시기하고 질투하는 그와 같
은 마음속에서 살아가는가?
49 너희들에게 하늘의 뜻이요, 높은 내
뜻의 그 이상을 보라 하였음이니라,
그리고 너희들이 다음 세상의 위대함
을 보라 하였음이니라.
50 그러니 나의 아들을 보지도 못하며,
기도를 듣지도 못하며, 강론을 듣지도
못하며, 법전을 접하지 못했으며, 나
의 아들을 통하여 내리는 그 중요한
강론을 한 번도 제대로 듣지 못한 그
백성들만큼도 너희들이 변하지 못한
다면 무엇이더냐?
51 이는 나 여호와의 뜻에 따르며 하늘에
오르는 길이라 하여 믿음의 길을 달려
오고 저희들이 구원을 받았으며 천국
의 문에 들어올 수 있는 그 자격증을
가지고 있다는 어리석은 그 백성들보
다도 너희들이 더 잘못되었음을 알아
야 될 것이니라.
52 그리하여 너희들이 지금의 종교 집단
이요, 지도자들이 어찌 잘못 가며, 어
찌 잘 가며, 너희들이 어찌 가야 되며,
어찌 역사해야 하는 것인가를 깨우쳐
주기 위해 내가 성서의 한 구절을 그
대로 기록하여 전할 것이니, 그를 보
고 행하여 지키도록 그리하라.

9,706 번째 하나님 말씀

2004년 2월 23일 12시 07분

1 사랑하는 나의 아들아!
2 "네, 아버님! 말씀하옵소서."
3 너희들이 역사하고 가야 될 것, 너희
들이 이루어야 될 것, 너희들이 행해
야 될 것을 내가 모두 기록하여 너희
들에게 전했음이니,
4 그 성서의 한 구절을 네가 나의 법전
에 기록하여 만백성들의 귀를 열어 줄
것이며 눈을 뜨게 할 것이며, 그들이
정녕 가야 할 길이 무엇인가를 깨우쳐
주도록 그리하라, 사랑하는 나의 아들
아!
5 "네, 아버님! 말씀하옵소서."
6 '네가 네 하나님 여호와의 말씀을 삼
가 듣고, 내가 오늘날 네게 명한 그 모
든 명령을 지키며 행하면, 네 하나님
여호와께서 너를 세계 모든 민족 위에
뛰어나게 하실 것이라' 너희들에게 기
록한 그 내용이 있음이니라.
7 '네가 네 하나님 여호와의 말씀을 순
종하면, 이 모든 복이 네게 임하며 네
게 미치리라' 또한 그와 같이 전한 내
용이 거기에 있음이니라.
8 '너희들이 성읍에서도 복을 받고 들에
서도 복을 받을 것이며' 너희들이 들
판에 나가 어떠한 고통과 시련 속에
서도 나 여호와의 뜻을 따르고 순종하
는 그 백성은 복을 받는다 그리기록하
여 전했음이니라.
9 '네 몸의 소생과 네 토지의 소산과 네
짐승의 새끼와 우양의 새끼가 복을
받을 것이며' 그 번식함이 또한 너희
들이 이루 말할 수 없는 그와 같은 역
사와 은혜를 받을 것이라 하여 기록
한 대목을 너희들은 알겠는가?
10 '네 광주리요, 네 떡반죽 그릇이 복을
받을 것이며' 그가 항상 그득히 채워
질 것이며 그가 마르지 아니할 것이며
끝이 나지 아니할 것이라, 그와 같은

복을 너희들이 받을 것이라 또한 성경
에 기록하여 전했느니라.
11 '네가 들어와도 복을 받고 나가도 복
을 받음이니라.' 하였으니, 네가 어떠
한 행동이요, 어떠한 역사를 하든 너
희들은 항상 복을 받으며 축복을 받으
며 은혜를 받는 백성이니,
12 그것이 나 여호와의 뜻대로, 너희들이
내가 나의 아들을 통하여 내린 그 성
령의 가르침이요, 지금 나의 아들을
통하여 내린 법전의 그 내용대로,
13 그리고 너희들이 구약의 골격인 나의
십계명대로 그대로 지키고 살아가며
순종하는 백성들이야말로,
14 너희들이 들어와도 나가도 복을 받는
다 내가 그리 전하였음이니, 오로지
은혜만이 너희들에게 내려지는 것이
아니더냐?
15 '네 대적이 일어나 너를 치려 하면 여
호와가 그들을 네 앞에서 패하게 하시
리니, 그들이 한 길로 너를 치러 들어
왔으나, 네 앞에서 일곱 길로 도망하
리라.' 그리 말하였으니,
16 아무리 방대한 조직이요, 아무리 방대
한 능력을 가진 자들이라 해도 너희들
을 멸망케 하려 하였을 때,
17 나 여호와가 그 모두를 멸망케 하여
그들이 지리멸렬히 저희들이 살기 위
하여 도망가는 그와 같은 형국으로 내
가 너희들을 지켜 주는 것이 나 여호
와의 뜻을 지키고 살아가는 백성이
가는 길이라 하였으며, 그와 같이 복
을 받으리라 전했음이니라.
18 '여호와가 명하사 네 창고와 네 손으
로 하는 모든 일에 복을 내리시고, 네
하나님 여호와께서 네게 주시는 땅에
서 네게 복을 주실 것이라' 그리 가르
쳐 전했음이니라.
19 '네가 네 아버지 여호와의 명령을 지
켜 그 길로 행하면 여호와께서 네게
맹세하신 대로 너를 세워 자기의 성
민이 되게 하시리라.' 또한 기록하여
전한 것을 너희들은 알겠느냐?
20 '너를 여호와의 이름으로 일컬음을 세
계 만민이 보고 너를 두려워하리라.'
또한 그와 같은 역사를 기록하였음이
니,
21 거듭나고 바로 보는 그 백성의 두려
움과 무서움을 만백성이 아니, 그들이
와 고개 숙여 너희들을 경배하고 따
른다는 것을 내가 기록하여 전했음이
니라.
22 '여호와께서 네게 주리라고 네 열조에
게 맹세하신 땅에서 네게 복을 주사
네 몸의 소생과 육축의 새끼와 토지의
소산으로 많게 하시며 그 축복이 내릴
것이라' 그리 가르쳐 전했느니라.
23 '여호와께서 너를 위하여 하늘의 아름
다운 보고를 열어 네 땅에 때를 따라
비를 내리시고 네 손으로 하는 모든
일에 복을 주시리니, 네가 많은 민족
에게 꾸어 줄지라도 너는 꾸지 아니할
것이요.',
24 궁핍한 생활을 하지 아니하며 덕을
베풀며 사랑을 베풀며 살아가나, 너희
들이 걸인이 되어 구걸하는 그와 같
은 백성은 절대 되지 아니하며,
25 그와 같이 너희들이 그 길을 살아가지
아니한다 나 여호와가 너희들에게 기
록하여 전한 내용을 알겠는가?

26 '여호와께서 너로 머리가 되고, 꼬리
가 되지 않게 하시며, 위에만 있고 아
래에 있지 않게 하시리니,
27 오직 너는 내가 오늘날 네게 명하는
네 하나님 여호와의 명령을 듣고 지
켜 행하면 그 모두의 축복이 있다.' 또
한 전했음이니라.
28 '내가 오늘날 너희에게 명하는 그 말
씀을 떠나 좌로나 우로나 치우치지
아니하고 다른 신을 따라 섬기지 아
니하면 이와 같이 너희들이 복을 얻을
것이며 그와 같은 축복을 얻을 것이
라' 내가 기록하여 전했음이니라.
29 그리하여 너희들이 또한 나의 뜻대로
행하지 아니하며 그대로 순종하지 아
니하며 거역했을 때, 너희들은 다음과
같은 벌을 받을 것이며, 그곳에서 벗
어나지 못한다 하여 그 계명을 내가
성서에 기록하여 전했음이니라.
30 그러나 너희들은 이를 가지고 뭐라 하
느냐?
31 이를 제대로 지키지 못했을 때, 행하
지 못했을 때, 너희들은 그 몇 배의 벌
을 받으며 지옥으로 가는 백성이 된다
하였으나,
32 너희들 인간의 노력으로써는 모두를
지키고 갈 수 없다 가르치는 것이 지
금 종교 지도자들이 아니더냐?
33 내가 지금 나의 아들을 통하여 성서에
기록된 몇 부분을 다시 기록하여 역사
하였음이니,
34 너희들이 그대로 행하지 아니할 때는
다음과 같은 벌을 받으며 다스림을 받
는다는 내용을 다시 한 번 기록하여
전함이니,
35 이를 보고 너희들이 과연 어떠한 길을
가고 어떠한 선택을 해야만 나에게 오
르는 백성이요, 내 아들딸이 되는 것
인가를 깨우쳐 행하도록 하라.
36 나는 다음과 같이 너희들에게 명하였
음이니라.
37 '네가 만일 네 하나님 여호와의 말씀
을 순종하지 아니하여 내가 오늘날
네게 명하는 그 모든 명령과 규례를
지켜 행하지 아니하면, 이 모든 저주
가 네게 임하고 네게 미칠 것이니',
38 너희들은 이를 지키고 행하지 아니하
면 다음과 같은 그 죄를 받으며 다음
과 같은 그 대가를 치른다는 것을 내
가 성서에 기록하여 전했음이니,
39 이를 다시 한 번 그들에게 명확히 깨
우치도록 그리하라, 사랑하는 나의 아
들아!
40 '네가 성읍에서도 저주를 받으며 들에
서도 저주를 받을 것이라' 내가 기록
하여 전했음이니,
41 너희들이 땅속에 있든, 물속에 있든,
어디에 있든 나의 저주를 면하지 못
하는 것이 나를 능멸하는 자요, 순종
하지 않는 자의 그 길이라 하였음이니
라.
42 또 '네 광주리와 떡반죽 그릇이 저주
를 받을 것이요,' 거기에 벌레가 득실
거리며 먹을 것을 얻을 수 없으며 너
희들의 양식이 말라비틀어짐이니,
43 아무리 너희들이 쌓아 놓아도 그를 구
할 수 없는 것이며 취할 수 없는 것이
라 하였음이니, 이게 곧 나로부터 받
는 저주라 하였음이니라.
44 '네 몸의 소생과 네 토지의 소산과 네

우양의 새끼가 저주를 받을 것이며,
네가 들어와도 저주를 받고 나가도 저
주를 받으리라.' 했음이니,
45 너희들이 어느 곳에서도 나의 저주를
받지 아니할 수 없음이니, 나와 너희
들이 관계없는 백성이 된다는 그 의미
를 다시 한 번 깊이 깨우쳐 주도록 그
리하라.
46 '네가 악을 행하여 그를 잊으므로 네
손으로 하는 모든 일에 여호와께서 저
주와 공구와 견책을 내리사 망하여 속
히 파멸케 하실 것이라' 내가 그리 전
하도록 했으며 그리 기록한 내용을 너
희들이 다시 한 번 음미하지 아니하면
아니 될 것이니라.
47 '여호와께서 네 몸에 염병이 들게 하
사 네가 들어가 얻을 땅에서 필경 너
를 멸하실 것이라' 하였음이니,
48 나 여호와에게 순종하지 않는 자, 너
희들이 그와 같은 병마에 시달려 제
대로 살지 못하며 네 명을 다 살지 못
하는 그와 같은 형국에 이를 것이라
는 것을 내가 전했음이니라.
49 '여호와께서 폐병과 열병과 상한과 학
질과 한재와 풍재와 썩는 재앙으로
너를 치시리니, 이 재앙들이 너를 따
라서 너를 진멸케 할 것이라' 하였음
이니,
50 너희들이 바로 죄 속에서 살아가는 그
와 같은 삶을 산다 기록한 그 대목을
또한 너희들이 상기하며 이 대목을 기
억하도록 그리하라.
51 '네 머리 위의 하늘은 놋이 되고 네 아
래의 땅은 철이 될 것이며,
52 여호와께서 비 대신에 티끌과 모래를
네 땅에 내리시리니, 그것들이 하늘에
서 네 위에 내려서 필경 너를 멸하리
라.' 하였음이니,
53 너희들에게 생명수를 공급하는 그 모
두를 차단하게 됨이니, 너희들이 곧
멸망의 속에서 황폐한 자가 되어, 사
막의 물을 만나지 못하여 시들어 죽어
간 동물처럼 너희들이 그와 같은 형국
을 면하지 못할 것이며,
54 그 모두를 날짐승들이 즐기는 그와 같
은 형국이 될 것이 너희들이 받는 저
주라는 것을 내가 기록하여 전하였음
이니라.
55 '여호와께서 너로 네 대적 앞에 패하
게 하시리니, 네가 한 길로 그들을 치
러 나가서는 그들의 앞에서 일곱 길로
도망할 것이며, 네가 또 세계 망국 중
에 흩음을 당하고,
56 네 시체가 공중의 모든 새와 땅 짐승
들의 밥이 될 것이나, 그들을 쫓아 줄
자가 없을 것이라' 하였음이니,
57 너희들을 거두어 주고 너희들을 묻어
주고 다스려 줄 자도 없으니, 너희들
의 모든 종족이 끝난다는 그 무서운
뜻을 내가 이미 너희들에게 저주받은
자들의 앞날이라 하여 전했음을 알라.
58 '여호와께서 애굽의 종기와 치질과 괴
혈병과 개창으로 너를 치시리니 네가
치료함을 얻지 못할 것이며' 죽어 가
는 자, 너희들이 그리 서로 보며 몸부
림치나 누구도 너희를 구원하여 역사
하는 자가 없음이 그 비참한 형국의
저주라 하였음이니라.
59 '여호와께서 또 너를 미침과 눈멂과
경심증으로 치시리니,

60 소경이 어두운 데서 더듬는 것과 같이
네가 백주에도 더듬고, 네 길이 형통
치 못하여 항상 압제와 노략을 당할
뿐이니 너를 구원할 자가 없을 것이
며,
61 네가 여자와 약혼하였으나 다른 사람
이 그와 같이 잘 것이요, 집을 건축하
였으나 거기 거하지 못할 것이요, 포
도원을 심었으나 네가 그 과실을 쓰지
못할 것이며' 이와 같은 내용을 내가
너희들에게 또한 기록하여 전했음이
니, 그 무서움을 너희들은 알아야 될
것이니라.
62 '네 소를 네 목전에서 잡았으나 네가
먹지 못할 것이며, 네 나귀를 네 목전
에서 빼앗아 감을 당하여도 도로 찾지
못할 것이며, 네 양을 대적에게 빼앗
길 것이나 너를 도와줄 자가 없을 것
이라' 기록하였느니라.
63 '네 자녀를 다른 민족에게 빼앗기고
종일 생각하고 알아봄으로 눈이 쇠하
여지나 네 손에 능이 없을 것이며' 그
들을 볼 수 없으며 구원할 수 없는 것
이 너희들이 저주받은 자들이라 내가
기록하여 전했느니라.
64 '네 토지 소산과 네 수고로 얻은 것을
네가 알지 못하는 민족이 먹겠고, 너
는 항상 압제와 학대를 받을 뿐이라'
내가 그리 전하였음이니라.
65 '이러므로 네 눈에 보이는 일로 인하
여 네가 미치리라.' 그리 전한 뜻을 알
겠는가?
66 아무것도 너희들은 구하려 해도 구하
지 못하며 얻으려 해도 네 힘이 닿지
못하니, 너희가 정신이상자요, 미친
자로서 타락할 것이라, 그리 내가 저
주받은 자의 모습을 전했음이니라.
67 '여호와께서 네 무릎과 다리를 쳐서
고치지 못할 심한 종기로 발하게 하여
발바닥으로부터 정수리까지 이르게
하시리라.' 하였음이니라.
68 '여호와께서 너와 네가 세울 네 임금
을 너와 네 열조가 알지 못하던 나라
로 끌어가시리니, 네가 거기서 목석으
로 만든 다른 신을 섬길 것이며' 우상
을 섬기는 형국으로 너희들이 전락될
것이요, 이게 곧 저주된 자의 상징이
라 내가 기록하여 전하였음이니라.
69 이 모두를 내가 성경을 통하여 너희들
에게 전한 이 무서운 사실을 너희들은
어찌 받아들이는가?
70 이와 같은 것을 너희들이 어찌 깨닫
고, 종교 집단이요, 지도자들이 어찌
다스려 가는가, 그 내막을 알아야 될
것이니라.
71 '여호와께서 너를 끌어가시는 모든 민
족 중에서 네가 놀램과 속담과 비방거
리게 될 것이며,
72 네가 많은 종자를 들에 심을지라도 메
뚜기가 먹으므로 거둬들일 것이 적을
것이며,
73 네가 포도원을 심고 다스릴지라도 벌
레가 먹으므로 포도를 따지 못하고 포
도주를 마시지 못할 것이며,
74 네 모든 경내에 감람나무가 있을지라
도 그 열매가 떨어지므로 그 기름을
네 몸에 바르지 못할 것이며,
75 네가 자녀를 낳을지라도 그들이 포로
가 되므로 네게 있지 못할 것이며,
76 네 모든 나무와 토지 소산은 메뚜기가

먹을 것이며,
77 너희 중에 우거하는 이방인은 점점 높
아져서 네 위에 뛰어나고 너는 점점
낮아질 것이며' 그들에 지배를 받을
것이며,
78 그들이 나에게 오르는 길이요, 너희들
은 그를 보며 통곡하는 그와 같은 처
참한 백성으로 됨이 바로 너희들이 저
주받는 자의 상징이라는 것을 알라.
79 '그는 네게 꾸일지라도 너는 그에 꿔
지 못하리니, 그는 머리가 되고 너는
꼬리가 될 것이라' 내가 전했음이니라.
80 '네가 네 하나님 여호와의 말씀을 순
종치 아니하고 네게 명하신 그 명령과
규례를 지키지 아니하므로 이 모든 저
주가 네게 임하고 너를 따르고 네게
미쳐서 필경 너를 멸할 것이라' 내가
전한 그 뜻을 너희들은 알아야 될 것
이니라.
81 이 모두는 내가 너희들에게 일찍이 전
하고 전달한 사항이며 너희들을 깨우
치고자 한 내용임을 너희들은 알아야
될 것이니라.
82 그러니 너희들이 이와 같은 것이 얼마
나 두렵고 무서운 것인가를 알며,
83 너희들이 나의 뜻을 순종하지 아니하
고 지키지 않음으로써 어떠한 것을 역
사하는지를 성경에 기록한 것을 내가
나의 법전에 다시 한 번 전하는 이 무
서운 사실이요, 나 여호와의 수고로움
을 너희들이 알아야 될 것이니라.
84 '이 모든 저주가 너와 네 자손에게 영
원히 있어서 표적과 감계가 되리라.
85 네가 모든 것이 풍족하여도 기쁨과 즐
거운 마음으로 네 하나님 여호와를 섬
기지 아니함을 인하여
86 네가 주리고 목마르고 헐벗고 모든 것
이 핍절한 중에서 여호와께서 보내사
너를 치게 하실 대적을 섬기게 될 것
이니, 그가 철 멍에를 네 목에 메워서
필경 너를 멸할 것이라' 그리하였음이
니,
87 너희들이 죄악의 족쇄에서 영원히 벗
어나지 못하며, 한 번 가면 나오지 못
하는 지옥으로 가 거기에 족쇄가 채워
짐을 끊으려야 끊을 수 없는 그와 같
은 것이 너희들의 저주받은 자들의 운
명이라 함을 알라.
88 '곧 여호와께서 원방에서 땅 끝에서
한 민족을 독수리의 날갈이 너를 치
러 오게 하시리니, 이는 네가 그 언어
를 알지 못하는 민족이요,
89 그 용모가 흉악한 민족이라, 노인을
돌아보지 아니하며 유치를 긍휼히 여
기지 아니하며,
90 네 육축의 새끼와 네 토지의 소산을
먹어서 필경은 너를 멸망시키며, 또
곡식이나 포도주나 기름이나 소의 새
끼나 양의 새끼를 너를 위하여 남기지
아니하고 필경은 너를 멸절시키리라.'
전했음이니라.
91 '그들이 전국에서 네 모든 성읍을 에
워싸고 네가 의뢰하는 바 높고 견고한
성벽을 다 헐며, 네 하나님 여호와께
서 네게 주시는 땅의 모든 성읍에서
너를 에워싸리니,
92 네가 대적에게 에워싸이고 맹렬히 쳐
서 곤란케 함을 당하므로 네 하나님
여호와께서 네게 주신 자녀, 네 곧 네
몸의 소생의 고기를 먹을 것이라' 내

가 그리 명확히 전한 사실을 너희들
은 어찌 받아들이는가?
93 '너희 중에 유순하고 연약한 남자라도
그 형제와 그 품의 아내와 그 남은 자
녀를 질시하여
94 자기의 먹는 그 자녀의 고기를 그중
누구에게든지 주지 아니하리니, 이는
네 대적이 네 모든 성읍을 에워싸고
맹렬히 너를 쳐서 곤란케 하므로 아무
것도 그에게 남음이 없는 연고일 것이
며,
95 또 너희 중에 유순하고 연약한 부녀,
곧 유순하고 연약하여 그 발바닥으로
땅을 밟아 보이지도 아니하던 자라도
그 품의 남편과 그 자녀를 질시하여
96 그 다리 사이에서 나온 태와 자기의
낳은 어린 자식을 가만히 먹으리니,
이는 네 대적이 네 생명을 에워싸고
맹렬히 쳐서 곤란케 하므로 아무것도
얻지 못함이리라.'
97 너희들이 물도 없으며 먹을 것도 없으
며, 에워싸여 너희들은 적에게 죽지
아니하면 그곳에서 너희들이 네 살을
먹고 네 살을 취하는 그와 같은 험악
한 지경으로써 이르는 것이 나로부터
저주받은 너희들의 길이라는 것을 내
가 전함을 너희들은 알라.
98 '네가 만일 이 책에 기록한 이 율법의
모든 말씀을 지켜 행하지 아니하고 네
하나님 여호와라 하는 영화롭고 두려
운 이름을 경외하지 아니하면,
99 여호와께서 너의 재앙과 네 자손의 재
앙을 극렬하게 하시리니, 그 재앙이
크고 오래고 질병이 중하고 오랠 것이
니라.' 전했음이니라.
100 '여호와께서 네가 두려워하던 애굽의
모든 질병을 네게로 가져다 네 몸에
들어붓게 하실 것이라' 하였음이니,
너희들이 과연 그 질병의 고통에서 구
원할 수 있겠는가?
101 이 또한 내가 그대로 전했으며 지금
내가 나의 아들을 통하여 다시 이를
전함이니,
102 너희들이 이와 같은 역사를 하지 아니
하면 아니 되며, 이를 거부하지 아니
하면 아니 되며, 이 두려움과 무서움
을 알지 아니하면 아니 되느니라.
103 너희들은 이 모두는 인간이 지킬 수
없는 것이라며 너희들과는 관계없다
그리 오늘 종교 집단이요, 지도자들이
가르쳐 이 세상이 이와 같이 멸망이
요, 말세요, 종말의 시대가 이루어졌
으니,
104 그 죄가 너희들은 혀로 땅을 핥고 살
아도 내 앞에 와서 용서받지 못할 것
이 오늘의 종교 집단의 지도자라 하였
음이니라.
105 이를 지킬 수 없다 말함이니, 이 재앙
을 모두 받고자 하는 자들이 너희들임
을 알라.
106 '또 이 율법책에 기록지 아니한 모든
질병과 모든 재앙을 너희 멸망하기까
지 여호와께서 네게 내리실 것이니라.
107 너희가 하늘의 별같이 많았을지라도
네 하나님 여호와의 말씀을 순종치 아
니하므로 남는 자가 얼마 되지 못할
것이라.
108 이왕에 여호와께서 너희에게 선을 행
하시고 너희로 번성케 하시기를 기뻐
하시던 것같이 이제는 여호와께서 너

희를 망하게 하시며 멸하시기를 기뻐
하시리니, 너희가 들어가 얻는 땅에서
뽑힐 것이요.' 그리 전했음이니라.
109 이 모두를 행하고 지키도록 하고자 내
가 그리하여 신약 시대에 나의 아들
예수를 내려보냈음이니라.
110 그러니 내가 나의 아들 예수에게 내린
것이요, 곧 모세에게 내린 것이요, 구
약의 백성들에게 깨우쳐 역사한 것이
니, 이것은 한줄기의 역사함이니,
111 오늘의 나의 아들에게 내리는 그 명령
이요, 그 예수에게 내린 명령이요, 모
세의 시대에 구약의 백성에게 내린 명
령이니,
112 이는 모두가 하나로써 내가 너희들에
게 같이 내림이니, 너희들이 똑같이
지키고 역사하는 것이 나의 뜻임을 알
아야 될 것이니라.
113 '여호와께서 너를 땅 이 끝에서 저 끝
까지 만민 중에 흩으시리니, 네가 그
곳에서 너와 네 열조의 알지 못하던
목석 우상을 섬길 것이라,
114 그 열국 중에서 네가 평안함을 얻지
못하며 네 발바닥을 쉴 곳도 얻지 못
하고 오직 여호와께서 거기서 너의 마
음으로 떨고 눈으로 쇠하고 정신으로
산란케 하시리니,
115 네 생명이 의심나는 곳에 달린 것 같
아서 주야로 두려워하며 네 생명을 확
신할 수 없을 것이라
116 네 마음의 두려움과 눈의 보는 것으로
인하여 아침에는 이르기를 아하 저녁
이 되었으면 좋겠다 할 것이요, 저녁
에는 이르기를 아하 아침이 되었으면
좋겠다 하리라.
117 여호와께서 너를 배에 실으시고 전에
네게 고하여 이르시기를 네가 다시는
그 길을 보지 아니하리라 하시던 그
길로 너를 애굽으로 끌어가실 것이라,
거기서 너희가 너희 몸을 대적에게 노
비로 팔려 하나, 너희들을 살 자가 없
으리라.' 그와 같은 너희 모두를 기록
하여 너희들에게 전하였음이니라.
118 그러니 너희들이 이것은 나의 뜻에 순
종하여 역사하지 않는 백성이 받는 고
충이요, 너희들이 치러야 할 그 대가
인 것이니,
119 내가 이와 같은 것을 너희들에게 내려
보냈음이니, 너희들이 정녕 나 여호와
의 뜻이요, 나의 계명을 지키고 사는
것이 얼마나 두렵고 무서운 것인가를
깨달아야 할 것이거늘,
120 오늘의 종교 집단이요, 지도자 그들이
어찌 가르치는가?
121 이제 너희들은 들으라.
122 나 여호와가 너희들에게 내린 십계명
이 무엇이더냐?
123 그 십계명은 율법의 핵심이요, 골격이
니라.
124 그 계명과 나의 뜻을 지키고 하늘에
오르는 자가 있느냐, 지금의 모든 종
교 집단의 지도자들이 그리 말하느니
라.
125 너희들의 종교 집단의 지도자요, 그와
같은 자들이 율법을 지키며 나의 계명
을 지키며, 그리하여 그대로 지키고
하늘에 오를 자 있으면 나와 보라 지
금 그리 말함이니,
126 내가 직접 써 내린 친필을 지킬 수 없
다 그리 말하느니라.

127 그러면서 나 여호와가 지키고 행하라
명한 구약의 가르침을 지키고 행한다
는 것은 나 여호와를 기만하는 것이라
너희들이 그리 말하느니라.
128 내가 너희들에게 지킬 것을 먼저 명했
으며, 너희들이 그를 지키고 따르지
아니하였을 때, 너희들에게 체벌이요,
너희들이 받아야 할 그 죄상을 하나하
나 기록하여 전했거늘,
129 지금의 모든 종교 집단들이 뭐라 하느
냐?
130 나 여호와의 뜻을 지키고 행하며 구약
의 가르침을 지켜 구원받을 자 있으면
나오라,
131 그러니 구원받지 못할 것이며 지키지
못할 자가 그를 지키고 구원의 길을
가겠다 말하는 자는 창조주 나 여호와
요, 저희 아버지를 속이고 기만하는
자요, 거짓된 자요, 거짓된 가르침이
라 말하며,
132 그는 지옥으로 가는 백성이라 너희들
이 그리 말하고 가르치고 있지 않은가?
133 이것이 오늘의 너희들의 삶의 형국이
라는 것을 알라.
134 성경에 기록하여 내가 행동에 의해 너
희가 구원을 받지 못하며 행함을 기록
하여 너희들이 어찌하여 어찌 가는 것
인가를 다 기록하여 전했으며, 행동은
어찌하며 행하는 것이 무엇인가를 내
가 전하여 너희들에게 역사하고자 했
으나,
135 너희들이 그를 행하지 아니하고 그를
취하지 아니하고 구원을 받을 수 있다
그리 가르치느니라.
136 그러니 그 어렵고 힘든 일을 역사하지
말며, 그리 행하지 말며, 너희들이 구
원을 받을 것을 어찌하여 그 어렵고
힘든 길을 가며 구원을 받으려는 것이
냐 그리 말하는 것이니,
137 그와 같이 말하는 자가 사탄이 아니고
누구더냐?
138 내 뜻을 따르는 것이 사탄이더냐, 내
뜻을 거역하는 것이 사탄이더냐?
139 그러니 여기서 너희들은 깨우치고 가
야 함을 알아야 될 것이니라.
140 내가 명한 것을 너희가 지키지 못한다
면, 지키려고 하지 아니하면, 지키려
고 노력을 하지 아니한다면, 결국 너
희들은 나와 관계없는 백성이 되지 않
느냐?
141 그러니 모든 종교 집단이요, 지도자가
내가 내린 것을, 내가 명한 것을 지키
려고 노력하는 자를 보고, 너희들이
지키지 못할 것을 지키는 자라 말하
니, 바로 그들은 벌을 받을 것이며,
142 그리고 너희들이 그 지키지 못할 구약
의 가르침을 뭐 하러 부득불 지키고
가겠다 그리 말하느냐,
143 그러니 너희들이 지킬 수 없는 것을
부득불 지키고 가겠다 말하는 것이 나
여호와를 기만하는 것이요, 나의 앞에
서 거짓 하는 자요, 나를 우롱하는 것
이라, 너희들이 그 백성들에게 그리
가르치지 않느냐?
144 그들은 오로지 너희들이 저주하는 것,
그리고 지옥으로 가는 것, 그와 같은
일을 행하고 역사하는 것이요,
145 그리하여 그 모두를 지키고자 행하는
자는 나를 기만하는 역사를 하는 자
요, 그리하여 너희들이 지옥 불로 가

는 길만을 달려가는 백성이라 그리 말하느니라.
146 그러니 너희들이 바르게 살고자, 곱게 살고자 노력하는 백성은 지옥의 지름길로 가는 자요, 그리고 내가 명한 것을 지키지 않는 자는 구원을 받는다 너희들이 그리 말함이니,
147 과연 오늘의 너희들이 가르치는 이것이 진리요, 나 여호와의 뜻이라 말할 수 있겠느냐?
148 내가 너희들이 지키지 아니하면 다음과 같이 벌을 받는다 하여 나의 아들을 통하여 하나도 빠짐없이 기록하여 전했음이니,
149 그대로 지키고 역사하겠다며 목표를 세워 달려가는 그 노력하는 백성은 천벌을 받는 자요, 지옥 불로 가는 백성들이라 너희들이 그리 말하니,
150 이를 보고 과연 내가 어찌 너희들을 나의 백성이라며 받아들이고 너희들을 내가 안다 하겠느냐?
151 너희들의 인간 세상에서 내가 물어보고자 하느니라.
152 어린 학생이 인간의 목표를 세우고 큰 뜻을 세워, 그 책상머리에 제가 그 뜻을 큰 글씨로 써 놓고 그를 위해 노력하고 열심히 공부하는 그 학생에게,
153 '너는 그와 같은 재능이 없으며 그와 같은 길을 갈 수 있는 재목이 못 됨이니, 너는 아무리 노력해도 안 되는 것이니, 안 되는 것을 노력하는 것은 네가 하늘의 역사를 거역하는 것이요, 죄를 짓는 것이니, 너는 더 이상 노력하지도 말라,
154 네가 이루지 못할 것을 이루겠다며 노력하여 네 부모를 속이며 선생을 속이며 많은 사람을 속이지 말라.' 그리 가르치는 부모요, 선생과 무엇이 다르단 말이더냐?
155 목표를 정해 놓고 그 목표를 위하여 열심히 노력하는 행위, 그것이 무엇이 잘못되었단 말이더냐?
156 오늘의 지금의 종교 집단이요, 지도자 너희들이 그러한 지도자요, 그러한 자들이 되었음이니라.
157 나는 결코 내 뜻을 지키며, 내가 너희들에게 명한 것을 쓰러질 때까지 노력하고 또 노력하여 달려오는 그 백성, 그와 같은 백성만이 나의 생명의 책에 이름이 기록됨을 너희들은 알라.
158 너희들은 말로써만 모두를 역사하며,
159 지키지 못할 것을 지킨다 하며 지키지 못할 것을 지키고자 노력하는 그 백성들, 그들이 나를 속이는 자요, 나를 기만하는 자요, 나를 고통스럽게 하는 자이니, 그들은 지옥 가는 것이라 하며,
160 너희들은 못 지킬 것을 지키려 하지 말며, 구약의 역사함은 다 집어던져 버리고 나의 아들 예수의 보혈로써 구원을 받는다는 그 길만을 가라 너희들이 그리 가르치고 있음이니,
161 과연 너희들이 제대로 가르치는 것이며, 제대로 노력하는 것이란 말이더냐?
162 성경에 지키라 한 것을 너희들이 지키지 못하며 지키지 아니하는 것이라 그리 말하는 자, 그것이 너희들이 나의 뜻에 의해 역사하는 백성들이더냐, 그리고 바르게 가르치는 백성들이더냐?

163 그를 지키고 행하려 노력하는 자는
사탄이요, 마귀의 자식이라 말하니,
164 그가 바로 사탄이요, 나에게 용서받지
못할 자들이라는 것을 명심하고 또
명심하도록 해야 될 것이니 그리 알라.

9,707 번째 하나님 말씀

2004년 2월 23일 12시 16분

1 사랑하는 나의 아들아!
2 "네, 아버님! 말씀하옵소서."
3 지금의 종교 집단과 지도자들이 저희
가 제왕적인 자리를 누리고 지키기 위
하여 저희들이 나의 사랑하는 백성들
을 어찌 우롱하며 어찌 끌고 가며 어
찌 가르치고 가는지 알겠느냐?
4 그들은 나 여호와의 뜻을 거역하는 자
요, 나와 반대 길을 가는 데 모두를 다
바치는 자요,
5 참진리요, 나의 뜻이 세상에 내려오는
것을 막고 차단하는 데 모두를 바치고
살아가는 사악한 자들이 이 세상을 지
배함이니,
6 이것이 오늘의 종교 집단이요, 지도자
요, 구원을 받았다는 울부짖는 그 어
리석은 백성들의 처사임을 너희들은
알라.
7 그러니 가르치는 자가 사탄이니 그곳
에서 배우는 자가 사탄밖에 더 되겠는
가?
8 너희들은 그와 같은 역사의 흐름을 알
아야 될 것이니라.
9 정답을 가르치지 못하고 오답만 가르
치는 그 선생 앞에 배우는 학생이 정
답을 알겠느냐?
10 오답을 정답이라 하여 세상사에 나와
억지를 쓰고 삶이니, 그가 과연 정답
앞에 부딪쳐 얼마나 제가 살아나갈 힘
이 있다더냐?
11 그들은 결국 부서지고 무너지게 됨이
니, 그리고 후회할 때가 있음이니 그
리 알라.
12 나 여호와가 내린 나의 율법이요, 십
계명을 지키고 살고자 하는 백성은 저
주를 받고자 자처하는 백성이라 그리
가르치고 있는 것이 오늘의 종교 집단
이니,
13 이 가르침의 소리를 듣는 나 여호와가
얼마나 가슴이 아프고 저려 오는지 알
겠느냐?
14 너희들은 자기 행위를 잘하고 나의
율법을 잘 지키며 나의 성경을 지키며
반듯하게 살아가는 것, 반듯한 생각을
가지고 밝은 삶을 살아가고자 노력하
는 것, 그와 같이 사는 것이 구원의 길
이요, 하늘에 오르는 길이라 말하는
그 백성들은 다 부질없는 자요,
15 나 여호와를 기만하는 자들이기 때문
에 저주받은 자들이요, 지옥 불을 향
하여 달려가는 백성들이 그리 말함이
니,
16 오늘 나의 아들을 통하여 나의 법전이
요, 새로 내리는 성경을 읽지 아니하
고 깨닫지 않는 자들, 그들이 바로 지
옥행으로 달려가는 자들이라 내가 그
리 명하거늘,
17 저희들이 도리어 그와 같이 지키고 내
뜻에 의하여 역사하는 백성, 바르고
곱게 살며 반듯하게 삶을 살아가고자
하는 자, 율법을 지키며 성경을 지키

며 십계명을 지키며 나의 율법대로 지
키고 살아가려 하는 그와 같은 백성
들이 어리석은 자요, 용서할 수 없는
자요, 용서받지 못할 자들이니,
18 저주받은 자들이요, 지옥으로 가는 백
성들이라 그리 가르치는 것이 오늘의
종교 집단이요, 지도자이니,
19 모든 백성들이 그리 가르칠 때도 그
것이 잘못된 것이요, 바로잡고 바로
깨우쳐 줄 자들이 악의 구렁으로 이
끌어 가며, 오답을 정답이라 그저 힘
으로 밀고 가니, 이를 어찌한단 말이
더냐?
20 나의 율법의 그 모두가 집산된 것이
무엇이더냐?
21 나의 율법의 뼈대가 바로 십계명이며
그 골격이 십계명이 아니더냐?
22 이를 너희가 그리 매도하고 욕하는 그
죄를 너희들이 알겠는가?
23 그 죄 자체도 모르는 자들이 지금 그
리 설치고 있는 것을 너희들은 알아야
될 것이니,
24 너희들이 통곡할 날이 머지않았으며,
지옥문 앞에 매달려 울고불고하며, 나
여호와의 뜻에 의하여 모두를 따랐고
그대로 산 저를 어찌하여 지옥으로 보
내느냐며 울고불고할 것이나,
25 그 소리를 나는 듣지도 아니하며 나는
그를 보지도 아니함을 너희들은 알아
야 될 것이니,
26 너희들을 구원할 자, 너희들을 안내할
자, 너희들을 도와줄 자가 없음을 알
라.
27 나 여호와가 내린 나의 율법을 지키는
것은 불가능하다 너희들은 그리 말하
느니라.
28 그리고 나의 친필로 썼던 나의 뜻을
거역하며 살아가는 너희들이 아니더
냐?
29 내가 내려 준 것을 인간은 육체를 갖
고 있기에, 인간은 나약하고 허약한
자들이기 때문에 도저히 지키고 살 수
없으며 불가능한 것이라 그리 말하지
않느냐?
30 너희들은 잘 알고 있음이니라, 능력
있는 것을.
31 너희들이 가지고 있는 그 능력이 얼마
나 위대한 것인가를 너희들은 어찌하
여 모르는가?
32 나 여호와가 불가능한 것을 내렸으며,
너희들에게 능력을 주지 아니하고 내
가 그와 같은 역사를 내렸겠는가?
33 너희들이 얼마나 사악한 자인 줄 알겠
느냐?
34 내가 너희들에게 물어보겠노라.
35 사자에게 쫓겨 도망가는 그 백성이
얼마나 잘 도망가겠느냐?
36 그는 세계의 신기록을 세울 만큼 잘
뛰고 잘 도망갈 것이니라.
37 그리고 장애물 또한 그는 뛰어넘을 것
이니, 초능력을 발휘할 것이니라.
38 너희들은 듣지 않았느냐?
39 사자 우리의 그 철망에 자기 아들이
끼어 그 사자가 아들을 공격하려는
그 순간,
40 어머니는 누구도 구부릴 수 없는 그
쇠를 구부려 자식을 구원했다는 그
위대한 힘이요, 그 기적 같은 역사는
과연 너희들의 능력이 아니고 무엇이
란 말이더냐?

41 너희들은 명검을 가지고 정신통일하
여 바위를 쪼개는 그 위대한 능력이
요, 그 힘이요, 초능력이요, 그와 같은
방대한 힘이 너희들에게 있는 것이며,
내가 너희들에게 준 것이거늘,
42 어찌하여 너희들은 그리 나약한 자라
말하느냐?
43 너희들은 육을 가진 자요, 나약하고
허약하기에 내가 내린 그 계명을 지
키지 못하고 사는 백성들이라 그리 말
함이니라.
44 너희들은 날짐승처럼 많은 사람들을
태우고 나르는 기계의 그 위대한 역사
를 만들어 내지 아니하였던가?
45 너희들이 타고 즐기는 그 방대한 유람
선이요, 거기에 많은 사람들이 타고
즐기는 그와 같은 것을 너희들이 어찌
하여 물 위에 띄우고 만들 수 있겠는
가?
46 감히 너희들이 처음부터 그 모두를 생
각하고 계획할 수 있었더냐?
47 너희들이 노력과 노력 끝에 그 모두를
만들어 낸 것이 아니더냐?
48 수천수만 리 떨어져 있는 자와 너희들
이 이웃같이 대화할 수 있으며 네 의
사를 소통할 수 있는 그 능력의 위대
함은 너희들의 노력에 의해서 역사한
것이 아니더냐?
49 그러니 너희들이 나의 계명을 지킬 수
없으며 나의 뜻대로 지킬 수 없는 것
이요, 내 명대로 지키고 살아가는 자
는 저주받은 자요, 지옥 불로 가는 자
라 하지 말라.
50 그리하여 노력하고 노력하는 그 백성
들은 저주받은 자요, 나를 기만하는
자라 가르치는 것이 오늘의 종교 집
단이요, 믿음의 길을 가는 백성들이니,
51 그러면서 너희들이 나의 십계명만 내
걸면 인간은 나약하며 허약하기 때문
에 지킬 수 없다 말하느니라.
52 모든 것을 다 너희들에게 부족하면
너희들이 이룰 수 있는 능력을 가지고
자신을 가지고 대드는 자들이, 어찌하
여 십계명만은 지키고 살 수 없는 나
약한 백성이라 말하는가?
53 이것은 사탄의 자식이기 때문에 나에
게 오르는 백성들을 지옥으로 이끌어
가기 때문이니,
54 그들의 사탄의 장난에 너희들이 놀아
나지 말며 더 이상 우롱당하지 말라.
55 이제 나의 법전을 가슴에 안고 정독하
여, 이를 높이 들어 모든 백성들에게
'나를 따르라.' 외치는 그와 같은 거듭
나는 백성의 은혜를 입도록 그리하라.
56 그것만이 너희들에게 나에게 오를 수
있는 가장 큰 영광이요, 축복임을 알
라.

9,708 번째 하나님 말씀

2004년 2월 23일 12시 19분

1 사랑하는 나의 아들아!
2 "네, 아버님! 말씀하옵소서."
3 구약 시대는 출발의 시대라 내가 나의
법전에 기록하여 전했음이니,
4 율법의 그 시대는 너희들이 죄의 두려
움을 알며 죄가 무엇인가를 깨닫도록
하는 그와 같은 역사를 이룸이니라.
5 그러니 그것은 앞에 있는 자요, 그다
음에 신약 시대는 중간의 주자로서 어

떠한 시대라 하였느냐?
6 그를 행하고 오는 시대요, 행하여 역
사하는 시대라 그리 말하였음이니라.
7 그리고 제3의 시대는 그 결과요, 그를
심판하는 시대요, 너희들이 마지막 주
자로서 모두 결정을 짓는 그 시대라
하였거늘,
8 어찌하여 그 신약 시대에 사는 백성들
이 다음 시대가 열리고 다음 시대가
역사하는 것을 인정하지 않으려 하느
냐?
9 너희들은 여기서 깨우쳐야 될 것이니
라.
10 신약은 너희들이 그 구약을 떼어 버리
며, 다시 오는 시대를 받아들이지 않
는 그와 같은 어리석은 믿음의 시대가
아님을 알라.
11 너희들은 율법의 시대에 죄의 두려움
을 알고 사는 백성이요, 그리하여 그
를 행하며 지키는 그와 같은 시대가
됨이니,
12 그와 같이 행하고 지켜 가는 자, 심판
을 받는 그와 같은 시대로 이리 이루
어져 있음이니,
13 구약이요, 신약이요, 나의 법전은 하
나로서, 끊임없이 흐르는 물과 같음을
너희들은 알아야 될 것이며, 모두를
지키고 행하고 살아가야 되는 것이니
라.
14 너희들이 머리를 잘라 내고, 가운데
토막만 취하며, 꼬리도 버리는 그와
같은 것이 나 여호와가 역사하는 믿음
이요, 내가 역사하고자 하는 가르침이
아니니라.
15 너희들이 내가 앞에 보낸 것을 잘라
버리며, 중간의 것도 잘라 버리며, 끝
의 것만을 취하는 그와 같은 것이 아
니며,
16 앞과 중간과 끝의 모두가 하나 되어
그 뜻이 이루어지거늘,
17 오늘의 구약 시대를 지나 신약 시대에
오는 백성 너희들은 어찌하여 앞의 것
을 저버리며, 뒤에 오는 것을 인정을
하지 아니하며, 가운데 있는 것만 하
늘에 오르는 길이요, 그 모두를 역사
한다 하는 것인가?
18 너희들이 입으로 먹지 아니하고 그 몸
통이 살 수 있으며, 너희들이 모두를
저버리고 방향을 잡지 아니하고 꼬리
가 없이 어찌 지탱하고 살아간단 말이
더냐?
19 이와 같은 순리요, 이치를 거역하는
것이 오늘의 종교 집단이요, 지도자
요, 거기에 구원을 받았다 울고불고
광신의 짓을 하는 그 불쌍한 백성들,
20 그들이 모르니 그들에게 너희들이 깨
우쳐 주도록 그리하라.
21 그 불쌍한 백성들에게 깨우쳐 주는 것
은 너희들이 나의 법전을 만들어 그
손에 전해 주며, 그들이 보고 읽고 깨
우쳐 변화되는 그 길밖에 없음이니라,
사랑하는 나의 아들딸들아!

9,709 번째 하나님 말씀

2004년 2월 23일 12시 26분

1 사랑하는 나의 아들아!
2 "네, 아버님! 말씀하옵소서."
3 너희들이 나의 율법이요, 나의 십계명
이요, 나의 뜻대로 존재하며 살아갈

수 없다 하는 그 뜻,
4 너희들이 그리하여 지키지 못할 것을
지킨다 말하는 것이 죄악이요, 지옥으
로 가는 길이라 말함이니,
5 그러면서 너희들은 그와 같이 단상에
서서 나의 피조물 만백성에게 말하느
니라.
6 너희들이 구약이요, 행함으로써 구원
을 받는다는 자는 거짓된 자라 하는
그 이유가, 너희들은 1분, 1초라도 죄
를 짓지 아니하고 사는 백성들이 있는
가?
7 그리고 너희들은 한 시간이라도, 하루
라도 죄를 짓지 아니하고 사는 백성들
이 있느냐?
8 그러니 너희들이 죄 속에 사는 백성이
니, 너희들이 어찌하여 인간의 행함으
로써 구원을 받을 수 있다 말하느냐?
9 그러니 인간의 행함으로써 구원을 받
고자 하는 것은 너희들이 지옥을 가고
자 하는 길이요, 그 길을 달려가는 자
요, 저주받는 자라 너희들이 그리 말
하지 않느냐?
10 그러나 너희들은 알아야 될 것이니라.
11 너희들은 단 1초요, 1분이라도 죄를
짓지 아니하며 죄를 짓는 생각을 하지
아니하고 산다 하더라도,
12 너희들은 그것이 일분일초도 죄를 짓
지 아니하며 죄를 짓는 생각을 하지
아니하고 살 수 없는 것이 너희 백성
이라 그리 가르치며,
13 거기서 벗어날 자가 없음이니 너희들
은 행위로써 구원을 받는다 하지 말라,
14 그는 창조주 나 여호와요, 아버지를
속이는 가장 큰 죄라 그리 말하느니라.
15 그러나 너희들은 여기서 깨달으라.
16 너희들이 1초 동안 죄를 짓지 아니하
고 생각하지 않는 자가 없으며, 1시간
이요, 하루요, 그 죄의 생각을 하지 않
는 자가 없다면,
17 너희들이 그 생각이요, 살아가는 방법
을 바꿔 보도록 그리하라.
18 너희들이 1초 동안 죄를 짓는 생각을
하지 아니하며 죄를 짓지 않는 삶을
산다는 것은,
19 너희들이 반대의 급부로써 보면, 1초
동안 선한 생각이요, 한 시간 동안 아
름다운 생각이요, 하루 동안 아름다운
생각을 하고 살 수 있는 것이니,
20 생각하는 것이 악한 것이냐 선한 것이
냐, 행하는 것이 악한 행동이냐 선한
행동이냐에 달렸음이니,
21 악한 행동을 할 수 있는 자는 선한 행
동을 할 수 있다는 것을 너희들은 어
찌하여 모른단 말이더냐?
22 지옥을 가는 백성이 천국에 올 수 있
으며, 천국에 오는 백성이 지옥에 갈
수 있는 그와 같은 이치와 마찬가지니,
23 너희들이 1초, 1분이라도 악한 짓을
하지 아니하면 살 수 없으며, 하루에
도 수십 번씩 악한 짓을 하고 삶이니,
24 너희들이 생각을 바꿔 역사한다면 하
루에 몇 초라도 너희들이 선한 생각을
할 수 없으며, 악한 것을 지워 버릴 수
있으며,
25 너희들이 수백 가지 살아가면서 선하
고 아름다운 생각을 하고 살아갈 수
있으며 행동할 수 있다는 그 마음 하
나 바꾸며 뜻을 바꾸면 모두가 다 반
대급부에 이르는 것을,

26 너희들이 그 이치를 몰라서 그리하더
냐?
27 너희들이 악은 꿀과 같으며, 선한 것
은 고통이요, 시련이기 때문에,
28 나의 피조물 만백성에게 너희들이 꿀
을 준다 하면 그들이 너희를 따라 모
일 것이며, 단 것을 빨기 위해 따라 모
이는 백성이요,
29 어렵고 쓴 약을 주며 제 병을 치료하
는 것을 주면 모이지 아니함이니,
30 그들을 모아 놓아야 너희들이 거짓된
행위를 하며 재산을 긁어모으며 너희
들이 그들의 재물을 갈취할 수 있기
때문에, 너희들은 그저 꿀을 주는 방
법으로써 나의 피조물 만백성을 이끌
어 가고 있는 자들이니라.
31 그러면 창조주인 나 여호와가 너희들
을 얼마나 위대한 백성으로 만든지 알
겠느냐?
32 너희들이 생각 하나 바꾸면 하늘에 오
르는 길이요, 지옥을 갈 수도 있는 것
이 너희들의 그 마음이니,
33 그러니 내가 너희들을 위대하게 만든
백성이요, 소중한 백성이요, 하나도
부족함이 없이 만든 나의 아들딸임을
너희들은 알아야 될 것이니라.
34 모든 백성 너희들은 알라.
35 나의 법전을 보고 읽고 깨우쳐 너희들
이 듣고 역사하는 그와 같은 삶을 살
라.
36 그러면 단 1초요, 한 시간이요, 하루
라도 나쁜 짓을 하지 아니하며 살 수
없으며 나쁜 생각을 하지 아니하고 살
수 없는 너희들이 아름다운 생각이요,
선한 행동이요, 천사와 같은 행동을
할 수 있는 길로 바뀔 것이니,
37 나의 법전의 위대함이요, 그리하여 나
의 이 법전은 한 곳을 통하여, 나의 아
들만을 통하여, 그 제자들을 통하여
이 성전에서 모두가 역사해지는 것임
을 알라 그리 전하라.

9,710 번째 하나님 말씀

2004년 2월 23일 12시 30분

1 사랑하는 나의 아들아!
2 "네, 아버님! 말씀하옵소서."
3 이 험악하고 험난한 세상이요, 사탄이
지배하고 사탄이 들끓는 세상에 참진
리요, 믿음의 길을 가는 백성, 진정한
나 여호와의 선택된 백성이요, 또한
그 지도자요, 나로부터 명받은 전사,
너희들은 어느 시대나 어느 때를 막론
하고 그들로부터 핍박이요, 고통이요,
말할 수 없는 그 시련을 받게 되어 있
는 것이니라.
4 그 주제가 다르며 내용이 다르며 방법
이 다르며 그 수단이 다른 것은 어쩔
수 없으나,
5 그 모두가 다르다 할지라도, 다양한
방법으로써 나 여호와의 뜻을 펴지 못
하도록 하는 자들이요,
6 참진리가 세상에 전해지니 저희들의
그 잘못된 것이 드러나며 저희들의 추
한 모습이 드러나게 됨이니,
7 그를 감추기 위하여 그들은 수단과 방
법을 가리지 아니하고 위협과 협박과
도전으로써 너희들에게 위기를 맞도
록 하며 너희들을 쓰러트리도록 하며
견디지 못하도록 하는 것이니라.

8 그리고 쓰러트리고자, 무너트리고자
온갖 힘을 다 기울여 방해하는 자들이
그들이니라.
9 그러니 그 수 또한 헤아릴 수 없으며,
그 집단의 힘 또한 감당키 어렵도록
그와 같이 역사하느니라.
10 시대는 변화되었어도, 시대가 변화되
는 그 방법에 따라 너희들을 핍박하고
너희들에게 도전하며 너희들을 위협
하며 너희들을 무너트리고자 하는 그
방법이 또한 다르니,
11 온갖 방법을 동원하여 온갖 방법과 수
단을 가리지 아니하고 나의 법전이요,
나의 성령이요, 새로운 뜻이 세상에
내려오지 못하도록 그리 너희들을 공
격할 것이니,
12 이를 견디고 이겨야 되는 것이 너희들
의 운명임을 잊지 말라.
13 나로부터 선택된 백성 너희들은 이겨
야 되며 그 길을 가야 되며 그리하지
아니하면 만백성을 구할 수 없음이니,
14 한 고비를 넘었을 때 너희들은 모두를
역사할 수 있을 것이니, 그 고비를 넘
기도록 그리하라.
15 달리고 달리는 그 선수도 달리다 보면
어렵고 힘든 고비를 참고 인내했을
때, 편안한 마음으로 또 달려갈 수 있
는 그 역사함과 같이 너희들의 육신도
그러하거늘,
16 정신세계요, 성령을 받아 역사하는 것
은 더하니라.
17 너희들이 어렵고 힘든 그 고비요, 160
권의 법전을 세상에 전하는 그때부터
너희들은 하늘에 오르는 길에 반대로
편안한 길을 오게 될 것이니, 그때까
지 너희들이 참고 인내하라.
18 그러면 너희들은 그때부터 모두를 역
사하는 것이니, 누구도 방해하지 못하
며 욕하지 못할 것이니라.
19 160권이 나오기 전까지 사탄이요, 마
귀요, 그 모두가 나의 아들을 공격하
며 그를 훼방하며 방해하나, 160권이
나오면 세상에 나올 것이 나왔으니 그
들이 스스로 포기할 것이니라.
20 너희들이 전쟁터에서 버티고 버티며
적에게 갖은 악랄한 방법으로 다 공격
하나, 제가 힘이 부족하며 더 이상 견
딜 수 없을 때, 그들은 무엇이냐, 백기
를 들고 항복하지 않느냐?
21 그러니 160권의 법전이 세상에 나왔
을 때, 사탄이요, 마귀요, 모든 종교
집단이요, 지도자 그들이 백기를 들고
모두를 포기할 것이니,
22 그때부터 너희들이 평탄하고 편안한
길을 향하여 노래 부르며 나에게 올
수 있음이니,
23 내가 너희들을 반기는 은혜를 받을 것
이니라, 사랑하는 나의 아들딸들아!

9,711 번째 하나님 말씀

2004년 2월 24일 06시 01분

1 사랑하는 나의 아들아!
2 "네, 아버님! 말씀하옵소서."
3 인간 너희들은 각자 가야 할 길이며,
역사할 길이 있으며, 그가 또 인내하
고 해 나가야 될 그와 같은 길이 있음
을 알아야 될 것이니라.
4 내가 너희들에게 무어라 전하였던가?
5 기적을 이루는 것이요, 이적을 이루는

것, 그 모두는 너희들을 다스리기 위
한 나 여호와의 고통이니,
6 내가 너희들에게 내리는 상이요, 은혜
가 아니라 하였음이니라.
7 그러니 나로부터 선택된 백성, 또한
나로부터 명받아 나의 성령이요, 나의
법전을 보고 깨우치고 공부하는 백성,
너희들은 그것으로써 나로부터 선택
된 그 은혜와 영광이 더 이상 바랄 수
가 없는 것임을 알라 그리하였음이니
라.
8 내가 나의 성령을 세상에 전하되 나의
아들을 통하여, 나의 한 성전을 통하
여 내가 전함이니, 이는 이 세상에 한
곳밖에 없다 하였음이니,
9 이를 듣고 깨우치는 그 은혜를 받은
백성, 그것으로써 너희들은 더 이상
바랄 것이 없으며 더 이상 받을 은혜
가 없다 내가 그리 말하지 아니하였던
가?
10 그러니 그것으로써 나에게 축복과 은
혜요, 감사하는 그와 같은 마음을 가
지고 살아가는 백성,
11 너희들이 그 자신이 변화될 수 있으며
또한 역사할 수 있다는 것을 알라 내
가 너희들에게 수없이 그리 말하여 전
했느니라.
12 그러나 모든 믿음의 길을 가는 백성들
은 기적이요, 이적을 바라는 것이며,
13 너희 스스로 역사하는 것이 아니라,
너희들이 창조주 나 여호와의 힘이요,
나의 능력을 빌어 무엇인가를 이루고
자 하는 그와 같은 마음을 갖고 이 세
상을 살아간다 하면,
14 너희들은 나의 법전이요, 나의 성령을
들을 수 있는 그 축복이요, 영광 외에
너희들이 재물이요, 부귀와 영화요,
그 모두를 다 얻고자 한다면,
15 이것이 다 너희들의 부질없는 욕심이
요, 너희들의 마음이 잘못된 것임을
알아야 될 것이니라.
16 모두는 다 내가 너희들에게 나의 성령
이요, 나의 법전이요, 나의 아들을 통
하여 내리니,
17 너희들이 그와 더불어 갈 수 있는 그
기회를 역사하며 그 삶의 한 현장에
같이 존재하는 것, 그것으로써 너희들
은 더 이상 얻고 바랄 것이 없는 것이
라 그리 내가 말하였음이니라.
18 그러니 너희들은 그다음에 역사하는
것은 너희들의 노력이요, 너희들의 생
각에 의하여 모두가 이루어짐이니, 그
모두는 마음을 비워야 됨이니라.
19 너희들이 행동에 있어서 마음을 비우
며, 너희들 속에 있는 마음이 정녕 비
워져 있는 그와 같은 자세가 아니고는
아무것도 이루어질 수 없다는 것을 내
가 너희들에게 수없이 가르치고 깨우
쳐 전했느니라.
20 너희들이 그러니 나의 법전을 접하며
나의 아들을 따르는 그와 같은 것으로
써, 그 선택된 백성으로서 그 감사함
도 너희들의 몸과 마음을 다 바쳐 역
사한다 해도 그를 깨달을 수 없으며,
21 그에 대한 은혜를 보답할 길이 없는
것이 선택된 나의 백성 너희들이라 한
그 뜻을 깊이 깨우쳐 헤아려야 될 것
이니라.
22 그리고 그 외에 너희들이 이루고 못
이루는 것은 모두가 다 너희 손에 달

렸다는 것을 알아야 될 것이니라.
23 너희들은 아무리 험준한 산이요, 아무
리 넓은 바다라 해도 너희들의 지혜와
노력으로써 결코 정복되지 아니하는
것이 없으며,
24 그를 능가하지 못할 것이 없도록 내가
너희들에게 그와 같은 능력을 주었음
이니,
25 너희들은 이와 같은 이치와 뜻을 깨달
아 행해야 될 것이니 그리 알라.
26 정녕 내가 너희들에게 말함이니라.
27 너희들의 마음이요, 너희들의 생각하
는 것이 어디에 와 있으며 어떠한 마
음 자세인가 그것부터 너희들이 알아
야 될 것이니라.
28 정녕 하얀 마음이요, 모두를 비운 마
음이요, 나를 진심으로 경배하며, 나
의 법전을 너희 가슴에 안고 정독함에
있어서 잠시도 게으름이 없이, 잠시도
다른 생각을 하지 아니하고 살아갈 수
있는 백성,
29 너희들의 마음이 열릴 것이며, 너희들
이 세상사의 이치를 스스로 깨달을 수
있을 것이라는 것을 알아야 될 것이니
라.
30 모두는 너희들의 생각이요, 너희들의
마음 자세가 어떠하냐는 것, 그것이
가장 너희들에게 중요한 것임을 알라.
31 인간은 어떠한 환경이요, 어떠한 여건
에도 좌절하지 아니하며 용기를 잃지
아니하며, 너희들이 이룰 수 있다 하
여 노력하는 자는 반드시 이루어지며,
그 성과의 답이 있음을 알라.
32 다만, 그러나 일반 백성들이 살아가는
마음은 육신으로써 노력하고 연구하
는 것이나,
33 너희들은 육으로써 연구하고 생각하
는 것도 소중하나, 나 여호와를 먼저
생각하며, 나 여호와의 뜻이 무엇인가
를 생각하며, 나 여호와의 기쁨이 무
엇인가를 먼저 생각하는 그 마음 자
세가 되지 아니하면 절대 아니 됨이
니라.
34 자기 자신이 있으며 자기 형제가 있
으며 자기 주변이 있어서는 아니 되
며,
35 너희들이 그 모든 인간관계에 생각하
는 마음 자세가 어디에 있느냐가 가
장 중요함이라 내가 그리하였느니라.
36 너희들이 나에게 무엇을 얻고자 소원
하고 기도하며, 너희가 무엇인가를 취
하고자 바라는 마음이 애절할 때, 그
것이 다른 신이요, 너희들이 우상을
섬기는 것이라 내가 그리 말했듯이,
37 너희들이 나 여호와 외에 너희 인간관
계를 먼저 생각하는 것, 인간관계의
소중함을 먼저 생각하는 것,
38 그것이 바로 너희들은 나를 경배하며
나의 뜻에 살아간다 하나, 너희 마음
속에 다른 신을 두고 있으며 우상을
섬기는 자라는 것을 알아야 될 것이
니, 그리 전하라.

9,712 번째 하나님 말씀

2004년 2월 24일 06시 07분

1 사랑하는 나의 아들아!
2 "네, 아버님! 말씀하옵소서."
3 나의 백성 너희들은 나에게 쓰임을 받
고자 하며, 너희들을 불러 써 주기를

바라는 그 마음이요,
4 그 기도하는 내용이 또한 그와 같은
말을 하는 것 외에는 아무것도 너희들
이 기대하고 더 원하는 것이 있을 수
없다 하였음이니라.
5 너희는 나로부터 받는 그 은혜요, 영
광이요, 그 모두에 대해 보답하는 그
와 같은 삶을 사는 백성으로서,
6 나에게 기도하고 원하고 바라는 것은,
너희들에게 무엇을 이루어 달라, 소원
을 이루어 달라는 그와 같은 것을 할
수 있는 것이 아니요,
7 오로지 창조주 나 여호와가 너희를 선
택하여 불러 쓸 수 있는 부름을 받기
를 원하는 그와 같은 기도요, 그와 같
은 것을 바라는 것이 너희들이 가질
마음이라 내가 하였음이니라.
8 너희가 마음대로 사용할 수 있는 것은
과연 무엇이라 생각하느냐?
9 너희들이 이 세상에서 모두 역사할 수
있는 것, 너희 마음대로 행동하며 마
음대로 생각하며 마음대로 사용할 수
있는 것이 무엇이라 너는 생각하느냐,
나의 아들아!
10 "네, 아버님!
11 저희들이 이 세상에서 마음대로 쓰고
활용할 것은 아무것도 없다 그리 생각
되옵나이다.
12 다만, 저희들이 할 수 있으며 저희들
이 마음대로 쓸 수 있는 것은, 아버님
께서 명하시는 사랑을 실천하는 것,
그리고 선함을 베풀고 선한 행동을 하
는 것,
13 그와 같은 것만이 저희들이 마음대로
쓸 수 있으며 마음대로 생각할 수 있
으며 저희들에게 마음대로 활용할 수
있는 권한이 있는 것이라 그리 생각되
옵나이다."
14 사랑하는 나의 아들아, 그러하니라.
15 너희들이 사랑하는 것, 그리고 베푸는
것, 선행을 베풀어 아름답게 살아가는
것, 그와 같은 것은 너희들이 마음대
로 쓰고 마음대로 활용할 수 있으나,
16 너희들이 네 형제도 더욱이 네 이웃에
대해서도 판단하고 그들을 시시비비
할 그와 같은 자격과 권한도 없다는
것을 알아야 될 것이니라.
17 그렇다면 너희들이 마음대로 쓰고 사
용할 수 없다는 것은 무엇이더냐?
18 그 모두는 주인이 있으니, 나의 허락
을 받으며 나의 뜻에 의하여 너희들이
모두를 행할 수 있는 자격이 있는 것
이요,
19 그러기에 너희들이 무엇을 달라, 이루
어 달라는 그와 같은 소원의 기도도
할 수 없으며,
20 더욱이 너희들이 노력하지 아니하고
연구하지 아니하며 무엇인가를 거두
고 역사한다는 것은, 너희들은 상상을
해서도 아니 된다는 걸 알라.
21 이제 너희들이 나에게 바라고 원하는
것은, 너희들이 나 여호와로부터 쓰임
을 바라며, 너희들이 쓰일 수 있는 사
람이 되게 해 달라는 그와 같은 애절
한 기도와,
22 또한 너희들이 마음대로 나의 것을
활용하고 쓸 수 있는 그 권한은 사랑
을 베푸는 것, 선행의 행함을 하며 살
아가는 것, 그것만 너희 마음대로 쓰
고 활동할 수 있으며, 너희 마음대로

활용할 수 있으며,
23 너희들이 또한 나에게 기도할 수 있는
것은 바로 너희들이 나의 뜻에 의해
쓰일 수 있는 사람이요, 쓰이는 백성
이 되게 해 달라는 것, 그 외에는 아무
런 기도도 할 수 없는 것이 너희들이
라 함을 잘 알라 내가 너희들에게 명
함이니라.
24 너희들이 살아가는 그 삶의 모두에서
나 여호와가 우선이요, 내 뜻을 너희
들이 따라서 행하는 것, 그리고 나 여
호와의 뜻을 이해하며 나의 기쁨이 무
엇인가를 진심으로 깨달아 행하는 것,
25 그것이 너희들이 모두를 다 얻을 수
있는 길이요, 모두를 볼 수 있는 길이
라는 것을 알아야 될 것이니라.

9,713 번째 하나님 말씀

2004년 2월 24일 06시 21분

1 사랑하는 나의 아들아!
2 "네, 아버님! 말씀하옵소서."
3 지금의 종교 집단 너희들이 게으름과
사치와 향락, 그 모두에 취해 빠져 있
으며, 너희들이 타락할 대로 타락한
백성이요, 더 이상 타락의 길을 갈 수
없는 그와 같은 자가 되었음을 알겠는
가?
4 모든 몇천 년 동안에 지금 흘러오는
너희들의 신앙이요, 믿음의 그 기본도
다 무너져 버렸으며, 다 퇴색될 대로
퇴색되어 그 빛을 바라볼 수 없으며
그 형체를 찾아볼 수 없는 그와 같은
형국으로 다 되었음을 너희들은 알겠
는가?
5 교회라는 곳, 그것은 바로 무엇이더냐?
6 나의 피조물 만백성을 깨우치며, 참진
리를 전하며, 나 여호와의 뜻이요, 나
의 복음을 전하여, 만백성이 하늘에
오르는 길을 올 수 있도록 너희들이
이끌어야 하거늘,
7 그 모두가 다 더욱이 범죄의 온상이
되어 버렸으니,
8 이방인이 사는 세속보다도 더 무섭게
타락하고 무너져 있는 곳이 나의 성
경이요, 나의 뜻을 가지고 나의 성령
을 가르친다는 곳이니,
9 이와 같은 역사를 이루도록 한 것이
오늘의 종교 집단 너희들이라는 것을
알아야 될 것이니라.
10 모두가 범죄의 온상이 되어 버린 곳이
그곳이니라.
11 너희들이 형식적인 요식행위에만 매
달리고 있으며, 그 길을 위해 달려가
며 그와 같은 역사를 이루기 위하여
모두를 다 바치는 그와 같은 형국이
되었음이니라.
12 종교 집단이요, 지도자라는 자, 그리
고 만백성을 이끌어 가는 자들, 그들
은 삯꾼들로서 말장난으로 역사하며
그 말품을 파는 자들이요,
13 그러니 그 말품을 파는 자가 너희들의
그 박수요, 환호의 소리를 듣고자 하
여 장난치는 그곳에 나의 피조물 만백
성이 현혹되어 넘어가고 있는 실정이
되었음이니,
14 너희들이 이 세상을 더 이상 추스를
힘과 능력이 상실된 집단으로 되어 버
렸음이니라.
15 너희들이 말하는 빛과 소금이 되어,

빛과 소금의 역할을 하겠다는 종교 집단이요, 지도자들이요, 그리고 구원을 받았다는 백성, 너희들이 정녕 빛과 소금의 역할을 제대로 역사하고 이루었다면, 너희들이 그를 지키고 행하였다면,

16 지금 같이 썩은 냄새가 진동하는 집단으로 너희들이 타락되지는 아니하였을 것이니라.

17 이를 너희들은 다시 한 번 깨우쳐야 될 것이며, 너희들 자신을 들여다봐야 될 것이며,

18 상처투성이가 되어 썩어져 가는 그와 같은 너희들 자신의 냄새나는 형국을 볼 줄 알아야 될 것이며 그 냄새를 맡을 줄 알아야 될 것이니라.

19 지상을 다 진동시키며 하늘까지 오염시키는 그와 같은 냄새를 너희 자신들만이 모르고 있다는 것을 알라.

20 교회가 역사하고자 하는 것, 너희들이 그 모두를 이루고자 하는 것, 그곳이 죄의 온상이 되어 버렸음이니,

21 이제는 그 누구도 내가 말하는 것이요, 너희들이 썩어져 있는 그 형태를 너희들 스스로 더 이상 부인할 수 없으며,

22 너희들의 속마음에는 나 여호와가 나의 아들을 통하여 나의 법전에 내려 너희들이 썩어 냄새가 나는 것이요, 죄의 온상이라 하는 것을, 더욱이 집단의 우두머리요, 지도자는 더욱이 깊이 잘 알고 있을 것이니라.

23 그리고 믿음의 세월을 얼마만큼 너희들이 더 역사하고 바쳤느냐에 따라서 그 백성들이 또한 더 잘 알고 있을 것이니,

24 그러니 너희들의 그 20퍼센트도 안 되는 열성분자를 제외하고 그 모두는 허상과 공포요, 너희들이 지금 어찌할 수 없어 그저 너희들이 지은 교회요, 성전이요, 성막이요, 그곳에 나가 매달리고 생각하는 것이니,

25 바로 '밑져 봐야 본전'이라는 그와 같은 마음에서 믿음의 길을 가고 있는 것이 너희들의 마음 자세라는 것을 알아야 될 것이니라.

26 그것이 바로 그들 자신이 너희들을 믿지 못하며 불안하게 생각함이며,

27 정녕 너희들이 하는 행위요, 너희들이 하는 행동이 그들의 마음에 와 닿지 아니함이니,

28 그러니 너희들이 썩은 자들이라 내가 함이니 그리 알라.

9,714 번째 하나님 말씀

2004년 2월 25일 06시 13분

1 사랑하는 나의 아들아!

2 **"네, 아버님! 말씀하옵소서."**

3 나의 피조물 만백성 너희들이 살아가는 그 마음 자세가 무엇이더냐?

4 하나를 얻었음이니 둘을 얻고자 하며, 둘을 얻었음이니 셋을 얻고자 하는 것이 인간 세속에 너희들이 가지고 있는 마음 자세며 너희들이 살아가는 그 모습이니라.

5 그러니 믿음의 길을 가는 백성이든 믿지 않는 백성이든 누구나 다 너희들이 하나를 얻으니 둘을 생각하며, 둘을 얻으니 셋을 생각한다면,

6 이것은 인간의 욕심이요, 인간의 그
자세를 버리지 못함이며, 사랑을 모르
고 사는 백성이니라.
7 나의 아들을 따르는 제자들이요, 나의
법전을 읽고 깨우친 백성 너희들은 나
로부터 하나를 얻음이니, 둘을 세상에
베푸는 것을 먼저 생각하며,
8 그와 같은 마음 자세로 세상을 살아가
지 아니하면, 나로부터 선택된 백성이
요, 나의 아들딸로서 살아가는 그 자
세가 아님을 알아야 될 것이니라.
9 이것이 너희들이 가는 길이요, 너희들
이 역사하는 길이니라.
10 오로지 그와 같은 마음 자세로써 생각
하고 연구하고 살아가는 것이 너희들
이 나로부터 선택된 백성들이니라.
11 내가 너희들에게 무어라 말하였느냐?
12 이 세상이요, 이 지상의 모든 백성들
을 다스리매, 나 여호와의 뜻은 한 곳
을 통하여 내리며, 그곳을 통하여 모
두를 역사한다 하지 아니하였더냐?
13 그러니 나의 아들을 통하여 내가 내리
는 나의 강론이요, 나의 법전을 읽고
깨우친 백성, 너희들은 모든 백성들이
하나를 얻으면 둘을 얻고자 더 노력하
고 생각하는 그 마음의 반대이니라.
14 나로부터 하나를 얻었음이니, 너희들
이 둘을 베푸는 그와 같은 생각을 하
며, 그와 같이 배로 던지는 마음 자세
로 살아가야 하는 것이며,
15 그 길을 생각하고 연구하며 살아가는
것이 나의 백성이 가야 할 길임을 너
희들은 알아야 될 것이며, 그것이 정
녕 나 여호와에게 선택된 백성들임을
알아야 될 것이니라.
16 모두는 하나를 얻고 둘을 얻고자 더
생각하고 노력하는 그 백성들 속에서,
너희들은 하나를 얻으면 둘을 베풀 수
있는 것을 연구하고 생각하며,
17 그와 같은 역사를 이루고자 하는 마음
자세로 생각하고 그리 또 행하는 백성
이 되어야 함이니, 그것이 그들과의
차별화인 것이니라.
18 그러니 그것이 나의 백성이요, 나로부
터 선택된 백성이 가야 할 길이거늘,
그를 행하지 아니하며 그와 같은 역사
를 하지 아니한다면 결국 너희들은
무엇이더냐?
19 내가 내린 은혜를 감사할 줄 모르며,
내가 내린 것을 받을 자격이 없으며,
내가 내린 것을 가지고 너희들이 모두
를 역사할 자격이 없는 백성들이니라.
20 그러니 너희들이 마음을 비웠으며, 나
를 경배하며 나를 따른다 해도, 바로
너희들이 그와 같은 마음 자세가 아니
고는 아무것도 이룰 수 없으며 역사
할 수 없는 것이며,
21 그것이 또한 나의 아들딸이요, 차별화
된 백성이라는 것을 알아야 될 것이니
라.
22 이와 같이 역사하는 마음으로 살아가
는 것, 그리하여 너희들이 그것이 하
늘에 오르는 백성이요, 나에게 오를
수 있는 백성이라는 걸 잊어서는 아니
됨이니라.
23 내가 다시 한 번 나의 아들을 통하여
법전에 기록하여 전하느니라.
24 인간이 하늘에 오르는 길은 너희들이
낙타라는 큰 동물이 바늘구멍을 통과
하는 그 역사와 똑같다 하지 아니하였

더냐?
25 그러니 그것이 바로 너희들이 반대로 보며 내가 반대로 가는 삶을 살라 한 것이니라.
26 그러니 내가 법전의 처음에 너희들에게 가르치기를, 지금의 너희들이 나에게 오르고자, 그리고 나의 뜻을 알며 너희들이 내 뜻에 따라 역사하는 백성이요, 순종하는 백성이 되고자 한다면,
27 너희들은 바로 '오른쪽으로 도는 팽이를 왼쪽으로 돌리는 너희들의 그 삶이 아니면 절대 너희들은 이룰 수 없다.' 한 그 뜻을 깊이 깨우쳐야 될 것이니라.
28 모든 비유의 뜻으로써 전하는 그와 같은 뜻을 너희들이 받아들여 이해하고 깨우치는 것은 너희들의 마음이 열리지 아니하면 아니 됨을 알아야 될 것이니라.

9,715 번째 하나님 말씀

2004년 2월 25일 06시 22분

1 사랑하는 나의 아들아!
2 "네, 아버님! 말씀하옵소서."
3 지금 내가 너에게 명하여 '대전'이라는 곳에 성전을 차렸으며, 나의 법전을 전할 수 있는 그와 같은 거점을 만들어 역사하였음이니라.
4 그러니 내가 그 부부에게 그곳을 내렸으며, 그들에게 준 뜻이 있음이니라.
5 그가 나의 성전에 와 법전을 이해하며 내가 내리는 나의 뜻을 기록하여 나의 법전을 세상에 만드는 데 온갖 정성을 다하니,
6 그 노력이 가상하여 내가 그에게 그와 같은 영광을 주었으며, 그가 그곳에서 모두를 다 역사할 수 있는 기틀을 만들어 주었음이니라.
7 그러니 내가 저에게 그와 같은 역사를 주었음이니, 그는 바로 어찌해야 하는가?
8 그가 나의 법전을 만들어 기록하는 시간을 하루에 열 시간을 던졌다 하면, 내가 저에게 그와 같은 성전의 그 역사를 주었음이니,
9 그는 스무 시간을 나의 법전을 기록하여 만드는 데 열과 성의를 다해야 될 것이며, 세 배 네 배의 정성을 다해야 될 것이니라.
10 그가 연필을 꺾고 나의 법전을 만들어 역사하는 것을 중단한다면, 과연 내가 그에게 어떠한 상을 내리며 어떠한 영광을 내리며, 그가 원하는 길을 내가 들어줄 수 있으며 그 뜻을 들어줄 수 있다 말할 수 있겠는가?
11 어찌하여 내가 저에게 모든 영광과 은혜를 내리는 것이며, 무엇 때문에 그 역사에 제가 선택되었는가를, 그를 바라보고 깨우치도록 그리 먼저 전하라.
12 그러니 내가 그에게 준 상은 그것이니라.
13 나의 법전을 기록하여 나의 법전이 세상에 나오는 데 제가 온갖 정성을 다했음이니, 내가 그 짧은 기간에 저를 기억했으며,
14 제가 지금까지 믿어 온 길은, 그 믿음은 내가 그를 기억하지 아니하는 믿음이요, 내가 알지 못하는 믿음이요, 내가 바라지 않는 믿음이라 내가 말하지

아니하였더냐?
15 그리하여 그가 나의 법전을 기록하여
만백성에게 전하는 그 역사를 하기 시
작할 때, 그 부부의 이름을 내가 기억
한다 하였음이니라.
16 제가 믿음의 길이요, 복음을 전하는
길이라 하여 사랑하는 자식이 죽어 있
는 그 순간에도 제가 믿는 종파에서,
제가 믿는 그 믿음에서 그 복음을 전
하기 위하여 나가 만백성에게 나를 믿
으라 그리 외쳤으나,
17 그것은 내가 원하는 길이 아니요, 내
가 역사하는 그 종교 집단의 길이 아
니기에, 내가 그를 기억하지 아니한다
하였음이니라.
18 그가 나의 법전을 기록하여 전하고자
제가 밤을 새어 노력할 때, 내가 그 부
부의 이름을 기억한다 하였으니,
19 내가 그 부부의 이름을 기억하는 그
순간에 내가 저에게 그와 같은 성전을
주었으며,
20 그를 역사하여 제가 영원히 살 수 있
는 그곳으로 이전할 수 있도록 내가
첫 단계의 단추를 끼워 주었거늘, 그
가 그렇다면 어찌해야 하는가?
21 그 노력으로 하여 내가 저를 기억했으
며, 내가 저에게 그 영광을 주었다면,
그는 열배 백배 더한 정성으로써 해야
되나, 그는 연필을 놓았으며 연필을
꺾었음이니라.
22 그리고 나의 법전을 기록하여 전하는
그 역사를 중단했으니, 그 후부터 그
는 더 고통이요, 더 시련의 길을 자초
하는 것이 아니던가?
23 내가 왜 저에게 영광의 은혜를 주었으
며 저의 이름을 기억한다 하였는가 그
를 알아야 될 것이니라.
24 그러니 오만이요, 그것이 잘못된 것이
니라.
25 그러니 지금 그가 하고 있는 그 사업
이 나 여호와의 뜻이요, 내 뜻에 의해
역사하는 것이 아니라, 그는 나의 역
사하는 것을 저버렸음이니라.
26 제가 나의 법전을 기록하고 또 기록하
여 그를 만들어 세상에 전하는 데 더
욱 열과 성의를 다해야 하는 것이 제
가 내 뜻을 따르는 것이요, 순종하는
것이요, 내가 역사하는 일을 도움이
니, 그리하면 그 모두는 다 스스로 일
어날 것이거늘,
27 내가 저에게 준 상이요, 근본의 이치
를 모르고 그가 그 연필을 꺾었으며
그 연필을 놓았음이니,
28 그가 그러고도 내 뜻에 의하여 역사한
다 하나, 제가 성전을 짓고 안 짓는 거
기에 사람을 모으는 것만이 나의 뜻을
역사하는 것이 아니며 그와 같은 이치
가 아니라는 것을 알라 그리 전하라.
29 그가 변하는 마음이요, 깨달음이 있어
내가 그 모두를 전해 주었으면, 제가
그 깨달음이요, 제가 가던 길을 변하
지 아니하고 더 노력과 열과 성의를
다하여 그 길을 지키고 그 일을 역사
해야 되거늘,
30 어찌하여 그를 중단하며 제가 무엇인
가를 이루고자 그리하는가?
31 제 몸의 고통이요, 제 마음의 시련이
요, 내가 두 번째 그를 깨우쳐 주기 위
해서는 제가 나로부터 견딜 수 없는
시련을 겪게 됨이니,

32 그리하여 내가 그들에게 지혜를 주고
깨우쳐 줌이니, 그를 전하여 그가 나
의 법전을 기록하여 역사하는 것을 두
배 세 배로 더 열심히 했을 때, 내가
저에게 그 사랑의 기쁨이요, 내 마음
의 기쁨을 제가 역사해 주는 것이니,
33 그리고 내가 저를 사랑하여 그 역사의
길을 열어 주었듯이, 그에게 내가 더
큰 은혜와 상을 내릴 것이니, 그 깨우
침을 전해 주도록 그리하라.
34 몰라서 하지 못하며 몰라서 알지 못함
이니, 가르치는 것이 네가 해야 할 일
이며, 지도하는 것에 네가 해야 할 일
인 것이니,
35 단 한 번의 기회로써 그를 가르쳐 주
라.
36 그리해도 제가 그 뜻을 역사하지 아니
할 때, 그때 나는 또한 그를 모른다 할
것이니 그리 알라.
37 이것이 모든 너의 제자들이 가야 할
길이며 역사할 길이니라.
38 나의 법전을 만드는 그 제자들이요,
저희들이 그 은혜를 알며 감사함을 알
면 모두를 다 바쳐서 해야 하나,
39 내가 저희들에게 떡을 주고 은혜를 줌
으로 인하여 저희들이 그것이 당연히
받을 것이요, 당연히 역사하는 것이라
생각하여, 거기에서 다른 것을 하나를
더 얻고자 하며 다른 생각을 더하며
나태해진다면,
40 그들은 내가 줌으로 인하여 내 뜻이
요, 나의 기쁨을 저버리는 자요, 내가
원하는 길에서 등을 돌리는 어리석은
백성들이 됨이니, 그를 잃게 되는 것
이라 하여 내가 그들에게 체벌을 내림
이니 그리 알라.

9,716 번째 하나님 말씀

2004년 2월 25일 06시 26분

1 사랑하는 나의 아들아!
2 "네, 아버님! 말씀하옵소서."
3 곱고 아름다운 그 여승을 보며, 네가
그 머리를 곱게 삭발한 그 여승의 마
음이요, 그의 믿음이요, 그의 종교에
따라가는 그 모습을 보며 너는 무엇을
생각했는가?
4 "네, 아버님! 그리 생각하였사옵나이
다.
5 곱고 아름다운 그 여인의 삭발한 머리
와 자태를 보면서, 삭발한 그 머리가
보기에도 아름답게 고운 자태로써 오
늘 바랑을 메고 걸어가는 모습을 보
면서,
6 과연 저 여승은 무엇을 생각하고 있을
것인가, 그리고 저 여승은 과연 나보
다 더 아름다운 생각을 하고 있지는
아니할까, 그와 같이 무섭고 두려운
마음을 느꼈사옵나이다.
7 곱고 아름다운 그 젊은 여승의 삭발
한 머리요, 그리고 짊어지고 가는 배
낭이요, 그 걸어가는 모습이요, 그가
가는 길이 무엇이며, 과연 그는 어떠
한 것을 생각하고 살아가는 여인일까?
8 그리하여 그 여승이 머리를 삭발한
그 고운 자태처럼, 그는 어떠한 마음
을 가지고 살아가는 것인가, 그리고
그 마음은 얼마나 곱고 아름다울 것인
가 그를 생각할 때, 저 자신이 두렵고
무서웠사옵나이다.

9 저는 그와 같은 모습으로 변할 수도
없으며, 그와 같이 무엇인가 모든 인
간 세속의 삶을 버려 가면서도 깨달음
이요, 그 진리의 길을 갈 수 있는 그와
같은 사람이 되지 못함이 아닌가 생각
하였사옵나이다.
10 단 한 가지, 거기서 제가 결심하고 얻
은 것은, 그 여승이 얼마나 아름답고
고운 생각을 하든, 제가 그에게 한 점
의 부끄럼이 없으며, 그보다 더 곱고
아름다운 마음 자세로써 살아가는 길
만이 제가 갈 길이라는 것을 생각하였
사옵나이다.
11 모든 종교 집단들이 아름답고 곱게 살
아간다 해도 그들보다도 더 아름다운
자세로써, 그리고 더 깨끗한 모습으로
변화되는 것, 그리 살아가는 것이 제
가 해야 할 길이라는 것을 생각하였으
며, 제 마음을 다지고 또 다지는 그와
같은 삶의 생각을 하고 있사옵나이다.
12 모든 백성들이요, 모든 지도자보다 아
름다운 모습으로써 제가 성장하지 아
니하며 변화되지 아니하면, 아버님의
뜻을 역사할 수 없으며, 아버님의 아
들이라 말할 수 없으며, 아버님의 명
을 받아 역사하는 사람이라 할 수 없
사오니,
13 지난날의 잘못된 죄요, 제가 살아온
모든 그 죄의 대가를 받기 전에, 이 세
상의 그 누구보다도 아름다운 마음이
요, 곱고 고운 마음이요, 진실된 마음
으로 변하는 그것만이 제가 할 수 있
는 길이라 그리 마음을 굳게 다지고
또 다져,
14 오늘의 모든 백성들 앞에 그들보다 고
운 마음 자세로 바로 서겠다는 생각을
굳건히 하였으며, 저의 제자들 또한
그리 살아가라 전할 것이옵나이다, 아
버님!"
15 사랑하는 나의 아들아!
16 정녕 나의 백성이요, 선택된 나의 아
들딸들이라면, 그 누구보다도 너희들
이 곱고 아름다운 마음 자세로써 살아
가는 모습이 되지 아니하면 절대 아니
됨이니, 그를 행하고 따라가며 실천하
도록 그리 전하라.
17 그것만이 너희들이 나로부터 받을 수
있는 은혜요, 내가 너희들의 모두를
다 들어줄 수 있는 길이며,
18 너희들이 나를 보는 순간에 모두를 얻
을 수 있으며 역사할 수 있음을 알게
될 것이니라.

9,717 번째 하나님 말씀

2004년 2월 25일 06시 35분

1 사랑하는 나의 아들아!
2 "네, 아버님! 말씀하옵소서."
3 나 여호와가 나의 법전에 기록하여 너
희들에게 전했느니라.
4 너를 탓하며 너의 제자들을 탓하는 모
든 백성들로부터 너희들이 핍박을 받
음이니, 너희들이 자신 있게 당당히
말할 수 있는 사람이 되라 하였음이니
라.
5 '네가 나를 핍박하며 나를 벌함이니,
나의 아버지로부터 너는 반드시 그 대
가를 치르게 될 것이라' 그렇게 너희
들이 자신 있게 말할 수 있는 백성이
요, 그를 믿고 살아갈 수 있는 당당한

모습으로써 거듭나지 아니하면 아니
된다 내가 너희들에게 명한 그 뜻을
알겠느냐?
6 나 여호와가 지금 모든 종파요, 종교
지도자요, 그리고 구원을 받았다 광신
하는 그 신도들, 그들이 잘못됐으며,
그들이 잘못 가고 있으며, 그들이 나
의 뜻에 따라 역사하는 백성들이 아니
라 내가 그들을 탓하고자 함이니,
7 내가 그들을 체벌로써 다스리겠다는
나의 법전에 기록된 그 내용이 과연
그 뜻대로 이루고 역사하는 것이 무엇
인 줄 알아야 되지 않겠느냐?
8 지금 나의 아들 너와 너를 따르는 그
제자들이요, 나의 법전을 읽고 깨우친
백성, 그들이 차별화되게 변하지 못하
면 아니 됨이니라.
9 너희들이 차별화되는 변화를 이룰 때,
너희들이 그들과 다른 점이 있을 때,
그들과 너희들과 완벽한 거리가 있는
그 차별화가 되었을 때,
10 내가 그들을 벌하며 그들을 다스릴 수
있다는 말이 정녕 나 여호와의 뜻이라
너희들이 전하게 되며 알게 되는 것이
며, 그 능력을 발휘한다는 그 무서운
사실을 너희들은 알아야 될 것이니라.
11 모든 종파나 그 집단의 지도자, 그 자
신들에게 내가 그들을 얼마나 나무라
며 그들이 짐승만도 못한 자들이며 사
악한 자들이라 내가 그들에게 그리 가
르치며 그를 전했는가?
12 그러니 거듭나지 아니하면 아니 된다
내가 그리 말하였거늘,
13 나를 따르는 나의 아들이요, 나의 뜻
을 받아 역사하는 그 제자, 너희들이
그들보다 앞에 가는 깨달음이요, 변화
되는 삶을 살지 아니한다면,
14 그들과 차별화가 되지 아니하며 너희
들도 그 속에서 더불어 사는 그와 같
은 삶을 살아가는 자들이라면,
15 내가 그들에게 꾸짖으며 그들에게 체
벌로써 다스리겠다는 그 모두가 넋두
리가 되는 것이며, 다 쓸데없는 가르
침이요, 다 쓸데없이 허공에 대고 말
하는 것밖에 되지 아니함이니라.
16 내가 지금의 종교 집단이요, 지도자들
이 잘못 깨우치며 짐승만도 못하다 말
한 나의 그 뜻을 그대로 너희들이 지
켜 주고 역사할 수 있으며, 그들이 잘
못 가고 있다는 것을 보일 수 있으며,
내가 앞으로도 그와 같이 그들을 말할
수 있는 것은,
17 바로 나의 아들 너와 나를 따르는 그
제자들이요, 나의 법전을 읽고 깨우친
만백성 너희들이 하늘을 향하여 한 점
의 부끄럽이 없는 삶을 살아갔을 때
그 모두는 그와 같이 역사하는 것이니
라.
18 내가 직접 내려보낸 나의 아들이요,
내가 직접 선택한 너희들이요, 그리고
내가 내리는 나의 성령이요, 하늘의
뜻을 직접 듣고 행하는 너희들이 그들
과 차별화되지 못한다면,
19 내가 과연 그와 같은 백성들 앞에 지
금까지 온 종교 집단이요, 지도자를
나무랄 수 있으며 체벌할 수 있겠는가?
20 내가 그들을 벌로써 다스리며 그 대가
를 치르도록 하며, 내가 그러기에 바
로 서고 바로 깨우침을 얻으라 말할
수 있는 것은,

21 바로 내 뜻이요, 나의 성령을 받아 듣
고 역사하는 너희들이 차별화되는 그
와 같은 삶을 사는 모습이요, 변화되
지 아니하면 절대 내가 그들에게 그
말을 할 수 없으며,
22 그 모두는 다 진정한 나 여호와의 뜻
이요, 가르침이 아니라는 것을 너희들
은 알아야 될 것이니라.
23 나의 법전을 입증하는 것이며 증거하
는 것이며, 이게 모든 백성들을 심판
하는 마지막 시대에 내가 내리는 그
모두의 나 여호와의 성령의 뜻이라 하
는 것을 증명하며 그 효력이 있으며
그와 같이 모두가 역사하는 것은,
24 너희들이 차별화되는 백성이요, 천사
와 같은 모습으로써 변화되는 그 모습
의 삶을 너희들이 역사하고 보여 줄
때,
25 그 모두가 증거하는 것이며, 나의 법
전이 빛을 볼 것이며, 나의 법전에 기
록된 그 역사의 뜻이 그대로 진행되고
이루어질 것이니라.
26 그러나 너희들이 변하지 아니하며, 너
희들이 그와 같은 마음 자세로 거듭나
지 못할 때, 이 모두는 아무것도 이루
어질 수 없으며 아무것도 성사될 수
없다 함을 알라.
27 그러니 나의 아들 너와 너를 따르는
제자들이요, 나의 법전을 읽고 깨우친
만백성 너희들이 얼마나 소중하고 귀
한 자들이며, 너희들이 변화되는 것이
얼마나 위대한 것인가?
28 너희들이 천 가지 만 가지 속에서 인
간의 세상처럼 하나 얻으면 둘을 원하
며, 너희들이 더 얻고자 하는 그와 같
은 마음이요, 더 편하고자 하는 마음
을 갖고 산다 하면,
29 너희들은 아무것도 아니며, 나의 법전
또한 아무것도 아니며, 내가 다 쓸데
없는 넋두리를 인간이 한 것과 같은
그와 같은 것밖에 안 되는 것이 나의
법전이니,
30 너희들이 이를 명심하고 명심해야 됨
을 알아야 될 것이니라.
31 이것이 너희들이 넘어야 할 길이며,
너희들이 가야 할 길이며, 너희들이
행할 길이라는 것을 절대 잊지 말도록
그리하라.
32 나 여호와가 그들의 잘못됨을 체벌하
며 다스릴 수 있는 그 모두, 또한 그리
고 나의 법전대로 모두가 역사하는 것,
33 그것은 너희들이 지금의 모든 백성들
과 차별화된 모습이요, 차별화된 삶으
로써 살아가는 그것만이 너희들이 모
두를 이룰 수 있으며 이루어진다는 것
을,
34 나의 아들 너는 모든 너를 따르는 제
자들이요, 그들에게 깨우치고 전해야
될 것이니, 명심하고 또 명심하도록
하며,
35 너의 삶이 그리해야 되며, 너를 따르
는 제자들의 삶이 그리해야 된다 함을
가르치도록 그리 전하라.
36 너 자신이 그들과 차별화되지 아니하
며 너희들이 그와 같은 차별화되는 변
화가 없다 하면, 너희들은 아무것도
없음을 알아야 될 것이니라.
37 아무것도 이룰 수 없으며 아무것도 역
사할 수 없음을 너희들은 명심하고 또
명심하도록 그리하라.

38 그러니 그 길에 들어서는 것, 그와 같
은 삶을 사는 것, 그것이 너희들의 마
음이니, 아직도 너희들이 마음을 비우
지 못한 점이며,
39 내가 보는 너희들의 마음이 아직도 비
우지 못했으며 씻지 못했으며 정화되
지 못했음을 너희들은 알아야 될 것이
니라.
40 너희들이 보는 그 손이 아무리 깨끗하
다 해도, 너희들이 그를 세척하는 것
으로써 물에 씻고 또 씻을 때 거기에
서 구정물이 나오듯이,
41 너희들의 마음이 그리 닦아지지 아니
하고 씻어지지 아니한 것임을 알라 그
리 전하라.
42 씻고 또 씻어야 됨이니라.

9,718 번째 하나님 말씀

2004년 2월 25일 06시 40분

1 사랑하는 나의 아들아!
2 "네, 아버님! 말씀하옵소서."
3 나 여호와는 몇천 년 동안에 그 역사
의 흐르는 속에서 내가 언약을 했으
며, 또한 그 언약을 지키는 그와 같은
역사로써 지금까지 흘러왔으나,
4 나의 피조물 만백성 너희들이 바로 서
지 못했으며 너희들이 지금과 같이 종
말의 시대요, 마지막 심판의 시대라
말할 수 있는 이와 같은 형국이 이루
어졌음이니라.
5 나는 너희들이 말하는 그 구약 시대에
모세를 통하여 그 기적의 역사를 한
것으로써 나의 뜻을 이루고자 하였으
며, 또한 그 모두가 다 언약을 지키기
위하여 그 역사가 이루어졌음을 너희
들은 알아야 될 것이니라.
6 그 모두는 다 나의 언약이요, 내가 미
리 약속한 것을 행하고 실천한 것임을
너희들은 알아야 될 것이니라.
7 나의 아들 예수가 세상에 태어나 나의
뜻을 전함이니, 그것이 바로 또한 신
약 시대라 너희들이 그리 말하느니라.
8 또 신약 시대에 나의 아들 예수를 통
하여 역사했던 그 모두는 다 그를 통
하여 너희들을 구원하고자 하였음이
니,
9 그것도 또한 미리 한 그 언약을 내가
지키고자 하여 그 역사가 이루어졌음
을 너희들은 알아야 될 것이니라.
10 이제 너희들이 그러면 제3의 시대에
역사하는 것이 무엇이더냐?
11 내가 성서에 기록하여 제3의 시대가
역사하는 것을 너희들에게 미리 전하
였음이니,
12 이 또한 지금 나의 아들을 통하여 내
가 너희들에게 언약한 것을 지금 지키
고 있다는 것을 너희들은 알아야 될
것이니라.
13 지금 내가 나의 성령을 나의 아들을
통하여 너희들이 증거할 수 있는 책으
로 만들어 이를 법전이라 하며 새로운
성경이라 하여 세상에 전함이니,
14 이게 바로 다 언약에 의한 역사요, 내
가 미리 계획된 것을 지키며 역사함을
너희들은 알아야 될 것이니라.
15 그러니 이것이 또한 내가 나의 아들을
통하여 너희들에게 전했듯이, 마지막
시대의 마지막 역사며, 이후 두 번 다
시 이와 같은 기회가 너희들에게 없다

하였음이니,
16 그것 또한 나의 언약이 그대로 지켜짐
이니, 이는 바로 무엇이더냐?
17 너희들이 나의 법전을 읽고 깨우쳐 변
화되는 역사요, 내가 원하는 그 길을
가는 백성이 아니 되었을 때, 그는 무
엇이더냐?
18 곧 재앙이요, 내가 너희들을 버리게
됨이니, 모두가 다 암흑의 세상으로
덮일 것이니라.
19 그러니 내가 나의 언약을 지키고 역사
하나, 그를 따르지 아니하고 행하지
아니한다면, 결국 나는 어찌하더냐?
20 이제 마지막 시대이니, 마지막의 그
언약 즉, 나는 너희들을 모른다 할 것
이며, 내가 모두의 손을 거둬들이는
그와 같은 세상이니, 그게 너희들이
상상할 수 없는 무서운 그 변화의 대
가를 치르게 된다는 것을 알라.
21 지금 나의 마지막이라는 그 언약의 다
음에 이루어지는 것이 얼마나 두렵고
무서운지 너희들이 생각해야 될 것이
며,
22 그를 안다면 너희들이 오늘에 어떠한
삶을 살아가야 될 것인가를 알아야 될
것이니라.
23 내가 너희들에게 은혜를 베풀며 역사
를 이루는 것은 내가 다 너희들에게
지킨 언약이니라.
24 그러니 나는 언약을 지켰거늘, 너희들
이 그와 같은 행함을 하지 아니할 때,
일방적으로 너희들이 파기하고 무너
트릴 때 그것은 무효화되지 아니하던
가?
25 그러니 그때 거둬들이고 행해짐은 너
희들이 어떤 결과가 일어나던가?
26 아무것도 너희들이 취할 수 없으며 얻
을 수 없는 것이 너희들이 언약의 파
기라는 것을 알라, 사랑하는 나의 아
들딸들아!

9,719 번째 하나님 말씀

2004년 2월 25일 06시 47분

1 사랑하는 나의 아들아!
2 "네, 아버님! 말씀하옵소서."
3 내가 모세를 통하여 그 백성들을 끌어
냈음이니, 그들의 그 광야의 삶이 무
엇이더냐?
4 내가 그들에게 깨우치고 변할 수 있는
그 유예기간을 40여 년이라는 세월을
주었다 하지 아니하였더냐?
5 그러니 그들이 내가 그곳에서 내가 원
하는 길로 변하지 못하여 그들은 그
광야의 고통스러운 삶에서 그리 원하
고 원하던 가나안 땅에 가지 못했으
며, 선택된 땅에 가지 못하였음이니라.
6 저희들이 선택된 땅에 간 자, 그들이
하늘에 오를 수 있는 길이요, 구원의
길에 역사를 얻을 수 있는 그 반석 위
에 섬이요,
7 그때부터 저희들이 어찌 살아가느냐
하는 것이 가장 소중한 삶이었거늘,
그들은 그를 견디고 넘지 못하였음이
니라.
8 이제 너를 따르는 그 제자 너희들도
알아야 될 것이니라.
9 너희들이 광야의 40년 동안 그 유예
의 시간을 주었으며, 신약 시대의 2천
년이라는 그 세월의 유예 시간을 주고

기다린 나 여호와의 뜻과 같이,
10 지금 나의 아들을 따르는 제자 너희들
이 오늘의 고통이요, 오늘의 그 시련
이 광야에서 가나안 땅으로 가기 위하
여 너희 모두를 씻어 내며 토하는 그
고통보다 과연 더 어렵고 힘든 것인가?
11 모든 나의 아들을 따르는 제자, 너희
들은 짊어지고 있는 그 짐을 벗어야
될 것이며,
12 그 짐에 너희들이 힘들고 지쳐 주저앉
을 때 너희들은 가나안 땅으로 가지
못한 그 구약 시대의 백성들처럼, 그
리고 2천 년 동안에 유예의 시간을 주
었으나 저희들이 깨우치지 못하며, 바
른길을 가지 못하며, 하늘에 오르는
길을 선택하지 못하며, 그 길을 가지
못한 신약 시대의 백성들처럼,
13 모세를 따랐던 백성들처럼 신약의 2
천 년의 역사 속에서 살아가는 백성들
처럼, 너희들이 또한 오늘의 시련이
요, 오늘의 고통이요, 그 모두는 너희
들을 가나안 땅에 들어가게 하고자 하
여 내가 너희들에게 기회를 준 것이니,
14 너희들이 가나안 땅에 들어가고 못 들
어가는 것은 너희들에게 달렸음이니,
15 나는 하늘의 뜻이요, 내 뜻을 너희들
에게 전하고 깨우쳐 주는 그 길밖에
없음이니라.
16 너희들이 바로 서고자 할 때, 내가 너
희들에게 지혜를 준다 하였음이니,
17 곧 너희들의 오늘의 시련이요, 고통이
요, 모든 삶이 다 그러하니라.
18 이제 나의 아들을 따르는 모든 제자들
이요, 내가 사랑하는 선택된 백성, 너
희들은 그 누구도 넘을 수 없는 그와
같은 시련의 고비를 한 번씩은 다 넘
어야 될 것이니라.
19 그걸 넘었을 때 너희들이 가나안 땅에
오는 백성이요,
20 너희들이 그를 넘지 못하고 쓰러질
때, 사막에서 들짐승에게 너희 자신의
살점이 뜯기며 앙상한 뼈까지도 부서
지는 그것이 너희들의 형국이 되는 것
이니,
21 너희들은 어떠한 형국이든 그 어렵고
힘든 고통이요, 그를 넘어야 될 것이
니,
22 40년 동안 광야에서 살아간 그 백성
들의 그 훈련이요, 고된 그 역사보다
너희들이 과연 더 어렵고 힘든 삶을
살아가는가?
23 너희들은 다 각자가 그 길을 한 번씩
은 넘어야 될 것이니라.
24 모두의 훈련이니라.
25 내가 다시 성전을 만들어 한 백성씩,
한 가정씩 내보내니, 그들은 반드시
그 훈련의 역사를 넘어야 될 것이며,
거기에는 길이 있느니라.
26 그 길을 보는 것은 마음을 비움이니라.
27 제가 마음을 비우지 못하여 그 길을
가지 못하며, 믿음이 흔들려 그 길을
가지 못한다면,
28 너희들은 내가 무엇을 내렸든지 너희
들이 어렵고 힘들 때 나를 원망하며
나의 아들을 단 한번을 원망했을 때,
그 길고 긴 세월의 고통이요, 훈련은
더 강함을 알라.
29 내가 하늘의 하루는 너희들의 지상의
천 년이라 하였음이니,
30 너희들이 나를 원망하는 시간의 1초

를 생각한다 해도, 그것은 하늘의 뜻
에 너희들이 거역하는 것이니,
31 그것이 얼마나 길고 긴 인간 세상의
세월을 너희들이 넘겨야 되는 것인가
를 알아야 될 것이니라.
32 너희들이 나 여호와를 원망하며 불평
하는 마음은 인간 세상을 상대로 하는
것이 아니요, 창조주 나 여호와에게
너희들이 불평함이니,
33 너희들이 불평하는 그 시간이, 과연
하늘의 하루는 지상의 천 년이라 하였
음이니, 얼마나 길고 긴 그 고통의 세
월을 너희들이 자초하는 것이며 그 길
을 원하는 것인가?
34 나의 아들을 보고 욕하는 자, 나의 법
전을 보고 던지고 욕하는 자, 그리고
이 믿음에서 흔들리는 시간이 너희들
이 한 시간이라 할 때,
35 과연 그 한 시간은 너희들이 얼마나
길고 긴 세월의 너희들의 고통을 자초
하는 것이며, 고통의 세월을 원하는
것인가를 그 의미를 알라 그리 전하라.
36 평생 믿음의 길을 가는 너희들이 돈
으로 산 장로요, 집사요, 권사라 하는
각종 이름을 가진 자, 너희들이 평생
을 믿어 오다 단 하루라도 나 여호와
를 욕하며 '하나님이 계시기는 어디
계시며 창조주가 있기는 어디 있느
냐?' 하고 말할 때,
37 나의 하늘에 대하여 욕하며 나를 보
고 욕함이니, 천 년 동안 저는 그 죄를
면치 못하며, 천 년 동안 제가 그를 벗
어날 수 없는 짓을 하고 있음을 너희
들은 알라.
38 인간과 인간의 싸움이요, 인간과 인간
의 불평을 말하는 것은 인간 속에서
너희들이 10분이면 10분이요, 한 시
간이면 한 시간으로써 끝나나,
39 너희들이 나 여호와를 욕하며 나에게
불평하며 하늘을 욕하는 것은 너희들
이 하늘의 시간이요, 하늘의 날짜에
적용됨을 알라.
40 너희들이 평생을 믿어 온 자가 '하나
님이 계시기는 어디 계시냐?' 하며 나
를 원망하는 시간을 하루를 가졌다면,
너희들은 천 년 동안 회개하고 반성해
도 그 역사의 변함을 얻을 수 없다는
것을 이제 너의 제자들과 만백성에게
전해 깨우쳐 주라.
41 이것이 무서운 하늘의 법도임을 알라
그리 전하라.

9,720 번째 하나님 말씀

2004년 2월 25일 06시 50분

1 사랑하는 나의 아들아!
2 "네, 아버님! 말씀하옵소서."
3 너의 제자들이 이것부터 깨우쳐야 되
며 이를 알아야 될 것이니라.
4 네가 바로 가고자 몸부림치며, 또한
변하고자 노력하는 너의 제자들이 있
기에, 내가 하늘의 법도를 적용함을
전했음이니라.
5 너희들이 나의 법전을 집어던지는 자,
그리고 나의 법전을 밟고 서 있는 자,
그리고 나의 법전을 들고 욕하는 자,
그리고 나를 능멸하는 자,
6 이것은 하늘의 시간이요, 하늘의 법도
에 적용된다는 것을 너의 제자들은 알
아야 될 것이며, 그것은 인간과의 적

용되는 것이 아니니라.
7 너희들이 나의 법전을 밟고 집어 던지
는 자, 그리고 능멸하며 이를 갖다 태
우고 찢어 버리는 자,
8 그리고 너희들이 나의 법전을 들고 이
것은 사탄이요, 사악한 자요, 나 여호
와의 뜻이 아니라는 한 마디를 너의
제자들이 말하는 것,
9 그것은 너희들이 나와의 약속이며 나
에 대한 대화이며 하늘에 대해서 이루
어지는 것이니,
10 그것은 너희들이 하늘의 법도에 적용
된다는 것을 명심하고 명심하도록 하
라.
11 이것이 내가 너희들에게 내리는 상이
니라.
12 너희들이 나의 법전을 발로 한 시간을
밟고 섰을 때, 너희들은 과연 어찌하
는가?
13 하늘의 하루는 천 년이라 했으니, 그
한 시간은 하늘의 시간임이니라.
14 그러니 너희들이 거기에서 벗어날 수
있으며 헤어날 수 있다 생각하느냐?
15 영원히 헤어나지 못하며 벗어나지 못
하는 자가 있음이니,
16 내가 너희들에게 이 진리를 깨우쳐 주
는 것은, 너희들이 나의 법전을 한 시
간 동안 밟고 섰다면, 너희들이 그를
계산하라.
17 몇 년 동안 나의 법전을 듣고 너희들
이 이는 진정한 아버님의 뜻이라 전하
며, 네가 잘못한 것을 빌고 빌어야 그
리될 것인가?
18 너희들이 평생 동안 빌어도 안 되는
그 죄를 범하는 것이니, 이 무서움과
두려움을 전하도록 그리하라.
19 모두는 너희들이 나를 원망하며 나를
욕하는 것은 하늘의 법도에 적용되는
것이며 하늘의 뜻에 적용된다는 것을,
20 이 이치를 모르고 깨닫지 못하는 백
성, 너희들이 평생을 울고불고하여도
너희들이 단 하나의 뜻을 이루지 못하
는 것이 여기에 있음을 알라.
21 이를 깨우쳐 주는 것이 내가 너희들에
게 내리는 상이니, 곧 무엇이더냐?
22 상은 재물로써 주는 것이 아니요, 내
가 지혜로써 깨달음으로써 너희들에
게 준다 하였음이니,
23 과연 너희들이 재물을 가지고 아무리
연구하고 따르는 것을 깨우친다 해도,
너희들이 나를 원망하는 시간이 단 한
시간 동안 욕을 했으며 하루 종일 나
를 원망했을 때,
24 너희들은 천 년이라는 세월을 용서를
빌고 빌어도, 천 년을 기다려도 너희
들이 헤어날 수 없다 하였음이니,
25 과연 너희들이 천 년을 지상에서 살아
서 나에게 용서를 받을 수 있단 말이
더냐?
26 너희들이 나에게 천 년이라는 죄를 지
었을 때, 너희들은 천 년의 열 배를 살
아야 나에게 죄를 용서받을 수 있는
것이 하늘의 법도이니,
27 지금 그 제자들이요, 나의 아들을 따
르는 너희들의 마음 자세요, 행함이
그러한 것이라는 것을 내가 너희들에
게 특별히 깨우쳐 줌이니 그리 알라.

9,721 번째 하나님 말씀

2004년 2월 25일 06시 55분

1 사랑하는 나의 아들아!
2 "네, 아버님! 말씀하옵소서."
3 이제는 너희들이 정녕 나의 십계명이
무엇인 줄 알겠느냐?
4 내가 직접 써 내린 친필인 그 십계명
이 가장 소중하며, 구약의 모든 뼈대
요, 그 모두의 근본이라 내가 말한 뜻
을 알겠는가?
5 너희들이 나의 십계명대로 살아가지
아니하며, 나의 십계명을 거역했을
때, 과연 너희들이 어떠한 것으로써
지켜야 되며, 어떠한 대가를 치러야
되는가를 이제 알았느냐?
6 그러니 십계명이 얼마나 소중한가를
알겠는가?
7 너희들이 하나의 계명을 어기는 것은,
내가 직접 친필로 쓴 것이니, 나 여호
와 뜻에 대해 너희들이 역사함이니,
그 모두는 하늘의 법도에 적용됨을 알
아야 될 것이니라.
8 그러니 너희들이 그 하나를 어겼을
때, 너희들이 평생 동안 그를 바로 세
우고 그 죄의 대가를 치르고자 해도
치를 수 없는 것이 너희들의 운명이라
는 것을 알았느냐?
9 그러니 너희들이 십계명대로 사는 것
이 얼마나 소중하며, 그를 거역하는
것이 얼마나 무서운 것인가를 알겠느
냐?
10 그러니 내가 십계명을 지키지 않는
자, 너희들이 나에게 오를 수 없다 한
뜻을 알아야 될 것이니라.
11 이제 나의 법전에 기록하여 전한 그
뜻을 너희들이 하나를 거역하며 하나
를 지키지 아니할 때, 너희들이 하늘
의 법도에 적용됨이니,
12 너희들이 그 죄를 면하고자 하면 어떠
한 삶을 살아야 하겠느냐?
13 이제 계명을 하나하나 너희들이 암송
해 보며 그 뜻을 알면, 십계명이 얼마
나 무섭고 두려운 것인가를 알며,
14 그 계명 하나를 지키지 아니하였을
때, 그 시간이 너희들이 짧고 짧다 해
도 하늘의 법도에서 기록할 때에는 너
희들이 평생을 다 바쳐서 용서를 빌고
바로 서려 해도 너희들에게 시간이 없
으며, 시간이 주어지지 않으며, 시간
을 얻지 못하는 것이 너희들의 운명이
며 인간의 삶이라는 걸 알았느냐?
15 그러니 나의 법전대로 살라 함이 여기
있음이요, 내가 너희들에게 하나도 유
예를 주지 아니하며, 하나도 융통성이
있어서는 아니 되며, 하나도 지키지
아니해서는 아니 된다는 그 뜻이 여기
있음을 알라.
16 이것이 너희들이 가야 할 길이며 이것
이 역사해야 할 길이니라.
17 그러니 너희들은 인간이기 때문에 이
를 지킬 수 없다 말하는 것, 그리고 이
를 행할 수 없다는 말하는 것, 그것은
너희들이 나를 능멸하는 것이라는 것
을 알라.
18 나는 너희들에게 모두를 행할 수 있는
능력과 재능을 주었음이니, 그리 알라.
19 주지 아니하고 지키라 함이 아니니,
더욱이 너희들이 나의 법전을 지킬 수
없다 말하는 자, 나의 십계명대로 지

킬 수 없다 말하는 자, 그게 하늘의 법
도요, 하늘에 모두 적용된다는 것을
알라.
20 그러니 그들이 정녕 영원히 지옥의 세
상에서, 영원히 사는 세상에서 나오지
못하며, 거기에서 존재한다는 의미를
너희들은 알았을 것이니 그리 알라.

9,722 번째 하나님 말씀

2004년 2월 25일 06시 59분

1 사랑하는 나의 아들아!
2 "네, 아버님! 말씀하옵소서."
3 너희들이 인간 세상에 살면서 나와 관
계된 것을 깨우치고 나와 관계되는 것
으로 이루어질 때, 그 모두는 지상의
법도가 아니요, 하늘의 법도로 행해진
다 하였음이니,
4 너희들이 이제 나의 법전을 그와 같은
마음으로 뚜껑을 열고 읽어 갈 때, 너
희들은 우선 두려움과 무서움을 알 수
있을 것이니라.
5 너희가 이를 지키지 못했을 때, 너희
가 지키지 아니하고 있음이 얼마나 무
섭고 두려운 것이며,
6 그를 너희가 원상 복구시키며 원위치
로 돌아오기 위해서 평생을 살아도 돌
아갈 수 없으며 되돌릴 수 없다는 것
을 알 것이니,
7 너희들이 하늘의 법도가 무서움을 알
것이며, 나의 법전의 무서움을 알 것
이며, 십계명이 내려진 그 뜻이 얼마
나 무섭고 두려운 것인가를 너희들이
알게 될 것이니,
8 이 대목을 읽고 나의 법전을 읽는 백
성, 너희들이 깨우침이 다를 것이며
생각이 다를 것이니라.
9 너희들이 나 여호와가 존재함을 믿는
그 자체는 두려움이요, 무서움이라 그
리 말하였느니라.
10 나의 법전을 읽으며 나의 뜻에 따라
살아가는 백성들이 두렵고 무서움을
모르는 너희들은 변화되는 자가 아니
요, 변화되는 삶을 살지 못하는 백성
이라 내가 그리 말하였음이니,
11 이제 너를 따르는 제자들이 이와 같은
뜻을 하늘의 법도에 적용되는 것을 알
고 너희들이 나의 법전을 읽을 때, 나
의 법전이 정녕 두렵고 무서운 것을
알 것이니,
12 내가 이것을 너희들에게 깨우쳐 주기
위하여 하늘의 법도를 내리니, 지혜를
내리며 은혜를 내리며 상을 내림이라
는 것을 알도록 그리하라.
13 그러니 그와 같은 것으로써 너희들이
모두를 적용하고 살도록 그리하라.
14 '하늘을 향하여 한 점의 부끄러움이
없이 살라, 나의 아들딸들아!' 했으니
그리 너희들이 사는 길이 무엇인 줄
알겠느냐?
15 한 점의 부끄럼이 있을 때, 하늘의 법
도에 따라서 그 시간으로 따짐이니,
너희들이 죄를 짓는 시간이 얼마나 길
고 긴 것인가를 알겠느냐?
16 너희들이 나의 법전을 발로 참이니,
그 차는 시간은 너희들이 초로 다퉈서
아무것도 아닐 것이니라.
17 그러나 그것이 하늘의 시간이요, 하늘
의 법도에 따라서 너희들이 정해진다
면, 단 1초의 그 시간을 너희들이 나

에게 얼마나 많은 욕을 하며 죄를 지
으며 나의 법전을 고통스럽게 너희들
이 발로 짓이기고 있는 것인가를 한번
계산해 보도록 그리하라.
18 그러면 너희들이 하늘의 이치요, 나의
뜻의 두려움을 알 것이며, 나의 법전
에 기록된 것의 두려움과 무서움을 알
것이며, 십계명의 무서움과 두려움을
알 것이니라.
19 종교 지도자가 단상에 서서 법전이요,
나의 십계명을 지킬 수 없다 말하는
것, 제가 몇 번을 얘기했을 때 그것이
하늘의 나에게 치받으며 나를 욕되게
하며 나를 능멸하며 욕하는 시간이 몇
시간인가?
20 제가 하루 종일 욕하는 시간보다 더
길 것이며, 제가 평생을 욕하는 시간
보다 더 길 수 있는 시간이 됨이니, 그
와 같은 짓을 너희들이 수없이 하고
있음이니,
21 나를 치받으며 나를 욕되게 하며 나를
능멸하는 짓만을 하고 사는 것이 너희
들이라 하는 그 의미를 이제 너희들은
알 것이니, 이 지혜를 깨우쳐 줌이 내
가 너희들에게 내리는 은혜요, 상임을
알라.

9,723 번째 하나님 말씀

2004년 2월 25일 07시 03분

1 사랑하는 나의 아들아!
2 **"네, 아버님! 말씀하옵소서."**
3 세상에 단 한 곳이요, 그곳을 통하여
나의 뜻은 전해지며 나의 뜻이 모두
역사하며, 그 제자들이라 하여 너희들
이 깨우치고 변했다 함이니라.
4 그러니 너희들이 깨우치고 변하는 것
이 무엇이더냐?
5 하나서부터 만 가지가 다 변하고 변하
는 것이 너희들의 자세니라.
6 그와 같이 역사하지 아니하는 것은 변
하지 아니함이니라.
7 내가 너희들에게 묻노라.
8 너희들은 나 여호와의 뜻에 의하여 역
사했으며, 모두를 비웠으며, 아버님의
뜻대로 살아간다 그리 말하였으니,
9 너희들이 지금 이 나이를 먹도록 걸어
온 걸음 자세마저도 바로잡고 그를 고
친 자가 있나 물어보도록 그리하라.
10 너희들이 대충 그저 걸어가는 것, 생
각대로 걸어가며, 발자국 떼는 대로
걸어가는 그 모습을,
11 나의 아들딸로서 받은 축복이요, 은혜
를 받았으며, 단 한 곳, 한 사람을 통
하여 내리는 선지자요, 그 나의 아들
옆에 너희들이 같이 살아가는 자, 같
이 호흡하는 자, 그와 더불어 가는 자,
12 그리고 그를 통하여 내리는 나의 성령
이요, 나의 뜻을 직접 듣고 배우는 너
희들이 나에게 그와 같은 선택된 자
요, 은혜를 입은 자이니,
13 너희가 걸음에 있어서 반듯이 걸으며
흐트러짐이 없으며, 네 자세를 고치고
걸어가는 것 하나라도 고친 자가 있는
가 물어보라.
14 너의 제자들이 걷는 모습부터 고쳤으
며, 옷을 입는 모습부터 고쳤으며, 말
을 하는 것에서부터 과연 고쳤는가?
15 너희들이 그대로 걸으며 그대로 그저
습관대로 걷고 살아간다면, 너희들은

하나도 고친 것이 없으니,
16 내가 어찌하여 너희들에게 상을 내리
며 은혜를 내릴 수 있단 말이더냐?
17 그러니 그것이 너희들이니, 아직도 진
흙탕 속에서 죄 속에서 벗어나지 못한
너희들이거늘, 내가 무엇을 역사하며
무슨 은혜를 내릴 수 있단 말이더냐?
18 내가 내릴 때, 그를 받아 감내할 수 있
고 감당할 수 있는 너의 제자가 되어
야 내가 모두를 내림이니,
19 내가 너희들에게 묻노라.
20 너희들이 과연 지금까지 수많은 강론
을 들었으며, 나의 법전을 읽고 깨우
쳤으며, 바르고 곱게 살라 하였으며,
선택된 것이 위대한 것이며 소중한 백
성이라 하였으니,
21 너희들이 지상에서 걷는 그 모습도 바
르게 걷고 곱게 걷는다는 자세로써 걸
음걸이 하나 고친 백성이 있는가 한번
물어보라.
22 아무것도 너희들이 고친 것이 없으며
변화된 것이 없음이니라.
23 만 가지, 수억 가지가 다 변해야 되거
늘, 너희들이 다스려 간 것이 있는가?
24 너희들이 행동을 다스렸는가?
25 너희들이 마음 자세를 다스렸는가?
26 걸어가는 모습 하나도 바로 걷고 바로
살아가야 되겠다 하여 다스린 자 없으
니, 아무것도 변한 자들이 없음이니,
27 너희들이 나로부터 무엇을 얻고 은혜
를 받으며 나의 능력으로써 무엇을 이
루고자 하는 생각을 하지 말라.
28 오늘 돌아가거든 너희들이 걷는 자세
부터 하나씩 고쳐야 한다는 것을 느낀
다면, 너희들이 천 가지 만 가지를 고
치지 못했으며, 나의 뜻에 따라 행하
지 못했으며 나를 기쁘게 한 것이 하
나도 없다는 것을 너희들은 알게 될
것이니,
29 너희들이 깨우치며 회개하고 반성하
는 눈물을 흘리도록 그리하지 아니하
면 아니 될 것이니 거듭나도록 그리하
라.

9,724 번째 하나님 말씀

2004년 2월 25일 11시 55분

1 사랑하는 나의 아들아!
2 "네, 아버님! 말씀하옵소서."
3 너의 제자들과 나의 법전을 읽고 깨우
쳐 가는 그 백성들, 그리고 믿음이라
는 것을 가지고 구원을 받았다 말하는
그 백성들, 또한 너희들이 믿음을 모
르며 각종 신이라 하여 우상을 섬기는
그와 같은 삶을 사는 자, 너희들 스스
로 선택하여 가는 그 모든 백성 너희
들에게 내가 물어보고자 함이니라.
4 너희들이 인간의 삶의 도리가 무엇이
며, 너희들의 구원의 길이요, 너희들
이 추구하는 그 구원의 목적이 무엇이
더냐?
5 선하고 아름답게 살라 하는 것이 너희
들의 근본이 아니던가?
6 그러나 나의 피조물 만백성 너희들이
살아가면서 어찌 살아가는가?
7 작은 인간이 만든 질서요, 인간이 지
켜야 될 것, 인간이 지키며 서로 편리
하며 유용하게 쓸 수 있는 그와 같은
모든 것도 너희들이 지키지 않는 백성
이 되지 아니하였던가?

8 그러면서도 너희들은 당당한 모습으
로써 그것이 너희들이 잘못된 것이요,
범죄요, 죄를 짓는 행위를 하는 것이
라는 것을 모르고 살아가는 것이니라.
9 작은 너희들의 일상생활에서 이루어
지는 그 규범이 있으며 규정이 있지
않던가?
10 그러니 그 인간이 만든 법이요, 규정
이라는 것은 너희들이 유익하기 위하
여 너희들이 살아가는 데 질서를 지키
고 살라 함이니라.
11 그러니 그 또한 무엇이더냐?
12 인간이 만든 너희들 질서의 아름다운
삶은 나 여호와의 뜻에 의하여, 나의
역사에 의해 모두가 이루어지는 것이
아니던가?
13 이 세상의 모두는 내가 관여하지 아니
하며, 내가 창조하지 아니하며, 내가
주관하지 아니하는 것이 없다 그리 말
하였으며, 내 뜻에서 너희들이 벗어날
수 없다 하였음이니라.
14 그는 바로 무엇이더냐?
15 나 여호와가 세상을 창조했음이니, 내
가 창조한 그 속에서 너희들에게 그
모두가 역사하고 이루어짐이니,
16 그를 벗어나는 자는 나의 뜻이 아니
요, 너희들 임의대로 할 수 있으나,
17 그 속에서 벗어나지 않는 백성 너희들
은 곧 나의 뜻에 의하여 나의 주관하
에 모두가 스스로 이루어지고 역사하
는 삶을 살고 있느니라.
18 그러니 너희들이 작은 질서요, 작은
규범도 지키지 않는 자, 너희들이 당
당히 행동하며 당당히 그것은 그러려
니 하고 살아가는 자, 그러면서 너희
들이 어찌 질서가 있으며 이 세상이
아름다운 지상의 천국으로 이루어질
수 있다 생각하는가?
19 작은 것을 너희들이 그저 지나가는 것
처럼 지키지 아니하면서도 지키지 아
니함을 모르며, 너희들이 부끄러움을
모르고 살아가는 백성들이 아니더냐?
20 그리하여 너희들이 지금의 이와 같이
험악한 세상이 되지 아니하였는가?
21 지금 믿음의 길을 가는 모든 백성이
요, 그리고 믿지 않는 백성, 나의 아들
을 따라 깨우쳐 가는 백성, 너희들에
게 내가 묻나니, 과연 너희들이 얼마
나 지키고 살아가는가?
22 그러니 너희 스스로 한번 너희 자신을
진단해 보라.
23 이는 다시 다스려지며 새로운 역사가
이루어지지 아니하면 아니 되는 그와
같은 형국에 왔다는 것을 너희들이 진
단을 내릴 것이니라.
24 이대로는 갈 수 없으며 이대로는 너희
들이 역사할 수 없다는 것을.
25 구약 시대의 몇천 년이 흐르며 신약
시대의 몇천 년이 흘러온 그 결과가
무엇이더냐?
26 나 여호와는 너희들을 깨우쳐 주기 위
하여 미리 예언했으며, 너희들에게 언
약을 지켰으며, 모두를 행하도록 내가
그리해 왔음이니라.
27 그러나 그것을 행하고 지켜야 할 너희
들은 과연 어찌 왔는가?
28 너희들은 나에게 등을 돌리며 나로부
터 멀어지는 행위만 했음이니라.
29 내가 구약 시대의 모세에게 내려 역사
한 것이 무엇이더냐?

30 내가 밀림 속에 있는 동물들이요, 땅
속에 있는 미물들이요, 바닷속에 있는
그 미물들이 살아가는 걸 위해서 내가
그를 가르쳤고 그를 규정했는가?
31 날짐승들을 위해서 내가 모두를 내리
고 규정함의 역사를 했던가?
32 모세를 통하여 역사한 것, 그 기적을
이룬 것도 다만, 오로지 사랑하는 나
의 아들딸 백성 너희들을 위하여 그
모든 역사의 기적이 이루어지지 아니
하였더냐?
33 그러니 그걸 듣고 배운 나의 백성들이
어찌하여 그대로 변화되며 그와 같은
삶을 살지 아니하고 너희들이 오늘에
이르렀는가?
34 너희들이 신약 시대는 또한 무엇이었
는가?
35 내가 동물이요, 미물이요, 날짐승들을
위해서 그 역사를 했던가?
36 나의 아들 예수가 이룬 기적이요, 그
가르침의 그 모두도 밀림의 동물이요,
날짐승이요, 물고기요, 바닷속에 사는
그 모두와 아무런 관계도 없음이니라.
37 오로지 나의 사랑하는 아들딸, 인간인
너희들을 위하여 그 모두를 역사했고,
너희들을 바로잡기 위하여 그 모두가
존재하지 아니하였더냐?
38 그러니 나는 모두를 다 주었으며 언약
을 지키고 역사했거늘, 너희들이 오늘
에 판단하는 것은 무엇이냐?
39 이 세상을 종말이요, 마지막 시대요,
도둑이 들끓는 세상이요, 인간이 인간
을 두려워하는 세상으로 만들었음이
니,
40 이는 바로 너희들이 자초한 것이며 너
희들이 다 만든 것이요, 나를 등지는
삶을 살아온 것이 너희들이라는 것을
알겠는가?
41 그러니 이를 바로잡아야 되며, 이리
새로운 역사를 이루는 것은 당연한 길
이 아니더냐?
42 그러니 너희들을 바로잡고 바로 세우
기 위해서 내가 너희들에게 처음에 심
어 주었던 인간의 아름다운 인성이요,
그 본성을 바로 찾지 아니하면 아니
되기에,
43 내가 나의 법전에 그 모두를 행하는
것을 풀어 상세히 너희들에게 세상에
내려보냄이니,
44 이는 필연적이며 너희들이 요구했던
것이며 너희들이 원한 것이 아니더냐?
45 그리하여 내가 나의 아들을 통하여 대
장정의 160권의 교본을 만들어 세상
에 내려보내니,
46 이게 새로운 성경이요, 심판의 기본이
요, 근본이라 그리 무섭게 내가 너희
들에게 가르쳐 주었거늘,
47 너희들이 이를 보고 깨우쳐 바로 사는
삶이 아니요, 이를 던져 버리고 찢어
버리는 그와 같은 자들이 있으며, 이
를 사탄이요, 이단이라며 광란하는 그
백성들이 있음이니,
48 저희들이 받지 못하며 저희들이 역사
하지 못하며 저를 통하여 역사하지 아
니하기에, 아무것도 받아들이지 아니
하는 그 어리석은 백성들,
49 누구를 통하여 누구를 역사하여 이를
이루든지 나 여호와의 뜻이요,
50 너희들이 이와 같은 역사가 이루지 아
니하면 아니 되며, 이와 같은 변화가

이루어지지 아니하면 아니 되며, 새로
운 성경이요, 나 여호와의 가르침이
세상에 내려오지 아니하면 아니 된다
는 것을 누구나 다 진단할 것이며, 누
구나 다 알 수 있는 그와 같은 간단한
병명이거늘,
51 어찌하여 너희들이 그를 고치려 하지
아니하며 그를 다스리려 하지 아니한
단 말이더냐?
52 그러니 이것이 오늘의 너희들이 저희
자신이 구원의 길을 보지 못하며, 저
희들을 따르는 신도들을 지옥으로 이
끌어 가는 자들이 모든 백성들을 지옥
의 타락의 길로 인도하고자, 저와 동
행하는 사람을 만들고자 지금 갖은 악
이요, 갖은 흉계요, 갖은 흉악한 짓을
다 하고 있음이니,
53 나의 법전을 읽고 깨우친 나의 아들을
따르는 제자들이요, 그 백성 너희들은
너희 스스로 평가해 너희들이 스스로
깨달아, 어느 길을 선택하며 어찌 가
는 것이 나에게 오르는 길이요, 거듭
나는 길이요, 영광의 길인가를 스스로
평가하고 깨우쳐 가도록 그리하라.

9,725 번째 하나님 말씀

2004년 2월 25일 12시 02분

1 사랑하는 나의 아들아!
2 **"네, 아버님! 말씀하옵소서."**
3 예수를 통하여 역사하고자 한 것이 바
로 무엇이더냐?
4 나의 뜻이요, 나의 사랑을 실천하고자
했던 것이 아니더냐?
5 그러니 사랑의 실천함은 무엇이더냐?
6 이제 나의 아들을 따르는 제자들이요,
나의 법전을 읽고 깨우친 만백성 너희
들은 들으라.
7 사랑의 실천이란 무엇이냐?
8 네가 손해 보는 것, 네가 남들보다 뒤
지는 것, 그리하여 네가 부족한 자처
럼, 네가 좀 더 남들보다 어리석은 백
성처럼 그와 같은 모습으로 살아가야
될 것이며, 그와 같은 마음을 가지고
살아가야 될 것이니라.
9 손해를 보는 듯할 때 그를 원망하지
아니하며, 손해를 보는 듯해도 주저하
지 아니하며,
10 너희들이 그러한 마음으로 살아가는
것이요, 그 자세야말로 그것이 사랑을
실천하는 삶이 아니더냐?
11 그와 같은 어리석고 부족한 듯한 사람
이요, 양보하며 양보하면서도 손해를
못 느끼며, 손해를 보면서도 손해 보
는 것을 깨닫지 아니하는, 그리고 원
망하지 아니하며 후회하지 않는 그와
같은 마음을 가지고 살아가는 사람이
곧 사랑을 실천할 수 있으며 사랑을
실천하는 백성임을 알라.
12 너희가 그렇게 살아가기를 바라는 것
이 나 여호와요, 내가 바라는 마음이
라는 것을 나의 법전에 기록하여 만백
성에게 전하도록 그리하라, 사랑하는
나의 아들딸들아!
13 모든 삶에 모범이 되어야 할 것이며,
모든 삶에 있어서 너희들이 어리석고
바보같이 보이는 그와 같은 삶을 사는
자,
14 그 속에 사랑이라는 싹이 트기 시작하
며, 그것이 사랑을 실천할 수 있는 마

음 자세이니라.
15 그러나 지금의 수천 년 동안 나의 피
조물 만백성을 이끌어 오며 사랑을 실
천한다는 교회요, 성당이요, 회당이
요, 법당이요, 그리고 모든 종교 집단
이요, 지도자요, 거기에 속해 있는 신
도 너희들이 과연 어리석고 미련한 것
같은 손해 보는 마음으로 살아가더냐?
16 너희들이 그와 같은 마음으로 살아가
고, 그와 같은 마음으로 살아가는 대
표적인 삶을 살았다면, 오늘의 너희들
이 인간이 인간을 두려워하는 그와 같
은 세상은 되지 아니하였을 것이니라.
17 그러니 세상 사람들이 살아가는 방법
보다도 더 사악하고 더 잘못된 삶을
사는 것이 종교 집단에 속해 있는 백
성들의 오늘의 삶이라면 너희들이 무
어라 말하겠느냐?
18 이는 사탄이요, 이단이 말할 수 있는
것이라 그리 말할 것이니라.
19 그러나 너희들은 인간이 인간을 두려
워하며 너희들 스스로 말세의 도둑이
들끓는 세상이라 말함이니,
20 이것이 바로 너희들이 잘못 살아온 결
과이며 너희들이 그리 살아왔다는 증
표임을 알라.
21 믿음의 길을 가지 않는 백성들보다도,
세상에 살아가는 순박한 나의 백성보
다도 더 약삭빠르게 살아가는 것이 믿
음을 배우는 자들이니,
22 그곳에서 약삭빠르게 살아가며 야박
하게 살아가는 그와 같은 이기주의자
로 변했으며, 그 교육만을 수천 년 동
안 너희들이 받아 온 자들이라 함을
알겠느냐?
23 그리고 너희들의 똑똑함을 나타내고
남에게 양보하지 아니하며, 너희들이
남들보다 똑똑하다는 그와 같은 자세
로써 살아가는 것이니라.
24 너희들은 아니라 말할 것이니라.
25 그러나 내가 너희들에게 묻고 자 함이
니라.
26 나의 모든 사랑하는 백성들이 종교 집
단이요, 지도자요, 신앙생활을 하는
그 백성들을 더 존경하고 믿고 따른
다 생각하느냐?
27 그들은 말없이 너희들을 지탄하고 있
으며, 너희들을 인간 이하로 생각하고
있으니,
28 참진리요, 아름다움을 베풀고 살아가
는 자들에게 지탄의 원성이 높아진다
면, 과연 너희들은 나를 경배하는 백
성이요, 내가 원하는 길을 가는 백성
이라 말할 수 있겠느냐?
29 지금 모든 종교 집단이요, 신도들을
모든 백성들이 지탄하며 그들을 경멸
하고 있는 것이 아니더냐?
30 이와 같은 것이 오늘의 실정임을 너
희들은 알라.
31 종교 지도자요, 집단들이 벌이는 사업
이요, 그들이 역사하는 곳에 일반 백
성들이 그 사업에 투자하지 아니하며,
거기에 관여하지 아니하며, 그들과 같
이하지 아니하며, 그들이 도와주기를
바라도 도망가는 그와 같은 형국이요,
32 이해관계가 있다 해도 종교 집단과는
거래하지 아니하려는 그와 같은 마음
으로 백성들이 살아간다면,
33 바로 너희들이 약삭빠른 자요, 사악한
자요, 이기적인 자요,

34 그리고 가장 똑똑하다 하여 그 두뇌를
쓰는 자요, 양보하지 아니하는 자들이
기 때문에,
35 일반 사업가요, 일반 역사하는 자들도
종교 지도자가 하는 그 사업에 참여하
지 아니하며, 일반 백성은 관여하지
아니하려 하며, 등을 돌리는 그와 같
은 형국이 되었다면, 너희들은 바로
잘못된 자들이라는 것을 알라.
36 그러니 나 여호와가 보는 너희들이 그
러하니, 나의 법전에 기록하여 전하는
뜻이 과연 너희들이 거짓이며 아니라
말할 수 있으며 나를 사탄이요, 이단
이라 말할 수 있으며,
37 나의 법전이 잘못된 것이며, 새로운
성경이 아니며, 나의 아들이 선택된
나의 아들이 아니라 너희들이 욕하고
저주할 수 있는가?
38 모든 나의 법전의 진리를 파괴하고 살
아가는 자가 너희들이며, 나의 계명까
지도 파괴하고 살아가는 자가 너희들
이라는 것을 알아야 될 것이니라.
39 그 죄에 대한 대가를 너희들이 받게
될 것이며,
40 너희는 꿀을 따라 꿀맛을 따라 쫓아다
니며 너희들이 어렵고 힘든 베푸는 사
랑을 모르는 자이니라.
41 부족한 듯, 어리석은 듯, 그저 손해 보
는 듯하면서도 손해 보는 것을 원망하
지 아니하며 그를 생각하지 아니하며
그저 살아가는 백성,
42 그가 사랑을 실천하는 자요, 사랑의
마음이 있는 자요, 나의 아들 예수를
통하여 역사하고자 하는 그 사랑의 실
천함을 베푸는 자요,
43 나 여호와의 뜻에 의해 살아가는 백성
들이니,
44 믿고 안 믿는 것을 탓하지 말라.

9,726 번째 하나님 말씀

2004년 2월 25일 12시 07분

1 사랑하는 나의 아들아!
2 "네, 아버님! 말씀하옵소서."
3 믿음을 전하며 복음을 전파하는 그 사
업은 너희들이 건물을 짓고 그와 같
이 호화찬란한 속에서 그 믿음의 길을
전하고 가는 것이 아니니라.
4 너희들이 복음을 전하는 것은, 믿음의
길을 가는 그 백성들이 역사할 수 있
는 것은, 이 세상에 모두 진행되고 역
사하는 것이 창조주 나 여호와의 뜻에
의하여 이루어지며, 나의 뜻에서 어긋
나는 것이 없으며, 벗어나서 이루어지
는 것이 없음이니,
5 그 모두 다 역사하는 것이 나의 뜻에
의하여 내 주관에 의해 이루어진다는
것, 이것 하나만을 너희들이 심어 주
며 이것 하나만 전한다면, 그것으로써
너희들의 복음의 전파는 모두가 다
끝남이니라.
6 그와 같은 것을 너희들이 전하여 그리
심어 주었을 때 그 백성은 살아감이
다르며 생각하는 것이 다르며 그 행함
이 달라지게 되어 있음이니,
7 이 세상의 창조주가 나 여호와며 그
모두를 주관하며 관장하며, 네 머리카
락 수까지도 모두를 세고 바라보는
것이 창조주 나 여호와라는 그와 같
은 깨우침이요, 전함을 너희들이 보여

주면 되는 것이니라.
8 그리고 너희들이 살아가는 모습이 얼
마나 아름답고 모범된 것인가 그것으
로써 너희들은 복음의 역사요, 나의
뜻을 전하는 것으로써, 전파하는 것으
로 끝이 남이거늘,
9 너희들이 어찌하여 건물을 지으며 너
희들이 집단적으로 깨우치며 평생 나
의 피조물 만백성을 끌고 다니며 우롱
하는가?
10 그러나 너희가 그리 가르치지 아니하
며 그 또한 너희들이 그리 행하지 못
하기에, 오늘의 이와 같은 험악한 세
상이 되었음이니라.
11 그러니 그 복음의 전파하는 역사요,
내 뜻을 전하는 것이 무엇인가, 그리
고 모든 백성들에게 심어 주어야 될
것이 무엇인가를 모르는 종교 지도자
요, 집단이기 때문에, 거기서 배우는
백성, 또한 그러하니라.
12 그러니 모든 종교 집단이요, 지도자
그들이 내 뜻을 모르며 그 신도들이
내 뜻을 모르니,
13 세상 통례의 상식과 법도에 인간의 생
각과 지혜를 너희들이 이루고자, 거기
에 또한 모두를 역사하고자 맞춰 가
는 자들이요,
14 진정한 믿음이요, 깨달음의 길이요,
참진리를 위하여 나에게 오르는 백성
들이 아님을 알라.
15 그러기에 너희들이 이 세상이 이렇게
무너졌으며, 험악한 세상이 되었으며,
인간이 인간을 신뢰할 수 없는 이와
같은 험악한 세상이 되었음이니라.
16 이 세상에 참진리요, 모든 가르침의
깨달음은 내가 들짐승들을 위해서 내
린 것이 아니요, 나의 사랑하는 백성
너희들을 위하여 내가 전하고 내렸다
하는 것을,
17 그 소중한 것을 받고 간직하고 깨우쳐
가야 할 백성들이 이 세상을 이렇게
무너지게 만들었으며, 이 세상을 혼란
케 만들었으며,
18 이 세상에 너희들이 가장 소중히 신뢰
하고 믿어야 할 인간과 인간의 관계가
모두가 무너지고 파괴되는 그와 같은
세상의 삶으로 되었음이니,
19 그것이 인간 세상의 통념과 법도의 상
식에 의해서 살아가려고 하는 종교 집
단이요, 지도자들이요, 그를 위하여
너희들이 얻고 이루는 역사를 이루고
자 한 것이니라.
20 기적을 이루었을 때 너희들이 따르는
믿음이요, 역사했을 때 따르는 믿음이
니,
21 그것이 바로 너희들이 잘못 가르친 자
요, 잘못된 자들이요, 그리고 너희들
이 외형의 행사에 모두가 치우치는 자
요, 나 여호와의 뜻과는 관계없는 자
들이니라.
22 이제 나의 아들을 믿고 따르는 제자들
이요, 나의 법전을 읽고 깨우친 만백
성 너희들은 들으라.
23 이 세상에 존재하는 모두는 나 여호와
의 뜻이요, 나 여호와의 뜻에 의하여
주관되어 심어지고 이루어지고 가꿔
지는 것이 그 하나도 벗어날 수 없음
을, 그 모두는 내 품 안에서 이루어짐
을 그리 전하라.
24 그러면 그것으로 깨닫는 것으로써 그

백성들의 마음이요, 삶이요, 행동이
바뀌기 시작할 것이니, 그때부터 그는
나를 찾게 될 것이니,
25 너희들이 건축물을 지으며 성전을 지
으며 호화로운 궁궐을 지어 나의 피조
물 만백성을 모아 놓고 강론하고 설교
하는 것으로 깨우침이 아니요,
26 각종 행사로써 너희들이 울고불고하
는 그와 같은 것, 그리고 재물을 거둬
들여 장삿속으로 장터에서 진리의 깨
달음은 이룰 수 없으며, 거기에는 내
가 존재하지 아니한다는 사실을 전하
라.

9,727 번째 하나님 말씀

2004년 2월 25일 12시 14분

1 사랑하는 나의 아들아!
2 "네, 아버님! 말씀하옵소서."
3 나에게 오르고자 하는 백성이요, 너희
들이 거듭나는 그 백성들의 삶이란 사
랑을 베풀며 그 사랑을 실천하며 살라
하였음이니라.
4 그리고 믿음의 길을 가는 백성은 이를
행하고 실천하며 남에게 본보기가 되
는 삶을 살며, 남으로부터 신뢰를 얻
을 수 있는 그와 같은 삶 속에서 사는
백성은 어리석게 보이는 자요, 손해
봄을 손해 보는 것이라 생각하지 아니
하며, 자신을 버리고 어렵고 힘든 길
을 가는 것이 너희들이 나에게 오르는
길을 갈 수 있다 내가 그리하지 아니
하였더냐?
5 모두를 양보하는 자요, 손해 보면서도
손해 보지 않는 그와 같은 마음으로
하는 것, 분배함에 있어서 너희들이
적은 분배를 받음에 불평하지 않는 그
와 같은 마음을 가지고 살아가는 것이
나에게 오르는 길이라 하였음이니라.
6 그러니 수천 년 동안 나에게 오르는
길이라 하여 나의 피조물 만백성을 타
락의 길이요, 지옥의 길로 인도한 종
교 집단이요, 지도자 그들을 내가 들
여다보매,
7 그들은 나의 이름을 팔며 나의 아들
예수의 이름을 팔아 그 뒤에서 저희들
이 어떠한 짓을 하고 살아가는지 알겠
느냐?
8 일반 백성들이요, 저희들이 말하는 이
방인이라는 그 백성들보다도 더 사악
한 것을 행하고 사악한 짓을 하는 자
들이 그들이니라.
9 그들이 살아가는 것은 정녕 제가 살기
위함이라면, 제가 살아남기 위해서라
면, 상대방을 죽임으로써 모두를 얻을
수 있으며 제가 구원받을 수 있다면,
남을 죽음으로 모는 데 주저하지 않는
자들이니라.
10 내가 너희들에게 무어라 하였느냐?
11 너희들이 마지막 단계에서 네 자식과
남의 자식 중에 한 명을 구원할 때, 네
자식의 손을 놓고 남의 자식을 구원하
는 것, 그것도 그 이해관계가 없을 때
내가 기억할 수 있는 것이라 하였거늘,
12 과연 지금의 살아가는 종교 집단이요,
지도자요, 너희들이 어찌 사는가?
13 너희들은 제가 살아갈 수 있다 하면,
상대방을 죽음으로 모는 데 주저하지
아니하는 자들이니라.
14 제가 부를 누리기 위하여, 제가 무엇

을 얻고자 하여 남의 것을 빼앗는다
해도 주저하지 아니하고 하는 것이 너
희들의 행동이며 너희들이 행함이니
라.
15 이것이 지금 너희들의 삶의 모습이요,
신앙이며, 너희들이 믿음에 앞장서서
이를 역사하고 가르치는 자들의 행함
이 그러하니라.
16 너희들은 앞에서는 나의 이름을 팔며
나의 아들 예수를 부르짖고 하면서도,
너희들이 뒷면에서 하는 행동은 그리
옮겨지고 있으며 그리 행하여지고 있
음을 내가 보고 있음이니,
17 이를 어찌하여 그 속에서 너희들이 나
에게 오르는 길을 볼 수 있단 말이더
냐?
18 나 여호와의 뜻을 너희들은 알아야 될
것이니라.
19 '나'를 버리고 '나' 자신을 죽이지 아니
하면, 나의 뜻을 볼 수 없으며 내 뜻을
들을 수 없으며 내가 역사하는 것을
알 수 없다 그리하지 않았는가?
20 이것이 하늘의 법도라 내가 수없이 기
록한 그 뜻을 알라.
21 너희들은 정녕 나를 믿는 자들이라 말
할 수 있는가?
22 오늘의 모든 종교 집단이요, 지도자
너희들이 이 험악한 세상을 만든 그것
하나만으로도 너희들은 나의 뜻에 의
해 살아가는 백성이라 말할 수 없음이
니,
23 너희들이 가던 발길 멈추고 지금 뒤돌
아봐 나의 법전이요, '하늘에 오르는
길'이요, '하나님! 말씀하옵소서.'라는
이 높고도 귀한 나의 법전이요, 나의
성령을 듣고 읽고 깨우쳐 거듭나는 영
광을 얻지 않는 자,
24 너희들이 나에게 올 수 없으며 영원히
돌이킬 수 없는 죽음의 무덤 속에 묻
혀진다는 것을 알라, 사랑하는 나의
아들딸들아!
25 내가 너희들을 사랑하며 너희들을 내
가 귀히 여기며,
26 내가 수천 년 동안 모세를 통하여 역
사했던 그 기적이요, 이적이요, 그 모
두가 다,
27 그리고 예수를 통하여 이루어졌던 그
모두요, 나의 성서가 세상에 전해지며
이를 보고 너희들이 깨우쳐 하늘에 오
르고자 했던 그 모두가 다 너희들을
구원하기 위함이요, 너희들을 거듭나
게 하기 위함이요, 나에게 오르게 하
고자 하는 그 역사이니라.
28 그러나 너희들이 나를 멀리하며 나를
등지며 나를 능멸하는 일만을 역사했
으니,
29 내가 너희들에게 마지막 한 번의 기회
를 더 주어, 내가 나의 아들을 세상에
내려보내,
30 그를 통하여 너희들이 누구나 읽고 깨
우칠 수 있는 간단한 하늘의 뜻을 기
록하여 예를 들어 가며 상세히 너희들
이 깨우칠 수 있도록 손에 쥐여 주는
가르침으로 가고 있음이니,
31 여기에서 너희들이 거듭나는 은혜를
얻도록 하라.
32 이를 사탄이요, 이단이라 그리 말하는
자, 악마요, 마귀의 것이라 말하는 자,
이를 보지 못하게 하며 이를 접하지
못하게 하는 어리석은 백성들, 그와

같은 자들이 종교 지도자들이니,
33 이제 그들을 단죄하는 것이 너희들이
요, 그들을 단죄하지 아니하고 너희들
이 거듭나지 아니하면 결코 나에게 오
를 수 없다는 것을 알도록 그리 전하
라.

9,728 번째 하나님 말씀

2004년 2월 25일 12시 18분

1 사랑하는 나의 아들아!
2 "네, 아버님! 말씀하옵소서."
3 종교 집단이요, 믿음의 길을 가는 백
성이요, 나의 피조물 만백성, 그리고
너를 따르는 제자들이요, 나의 법전을
읽고 깨우친 만백성, 너희들이 살아감
에,
4 차원 높은 하늘의 뜻에 역사하며 하늘
의 뜻에 의하여 살아가는 그와 같은
삶을 살기 위하여 너희들이 노력하는
것이 아니요,
5 너희들이 밟고 살아갈 수 있는 육의
세상에서만, 육의 세상의 계산법이요,
육의 생에 살아가는 모습만을 연구하
며 거기에 치우쳐 살아가는 그와 같은
삶을 살아왔음이니라.
6 그러니 너희들이 그것을 벗어나지 못
하며, 미래를 보지 못하며, 한 계단 높
이 세상사의 넓은 곳을 보지 못하는
그와 같은 믿음이요, 신앙의 생활을
해 왔음이니,
7 그 자체로부터 너희들이 지금 타락의
길을 가게 되어 있는 원인이 되었으
며, 너희들이 변하지 못하는 원인이
거기에 있음이니라.
8 너희들은 나 여호와가 나의 아들을 통
하여 내려보낸 그 깨우침이요, 그 진
리요, 그를 너희들이 보고 깨우쳐 그
대로 행하고자 하는 삶을 살 때, 너희
들은 눈을 뜨게 되며 네 마음이 열림
이니,
9 다음의 세상이요, 차원 높은 세상이
존재하며 나 여호와 창조주가 원하는
그 뜻을 알 수 있건만,
10 너희들은 그를 보려 하지 아니하며 육
의 세상의 삶에만 매달려 거기에 모두
를 역사하고자 치닫는 그와 같은 삶을
살다 보니,
11 너희들이 육의 세상을 벗어나서 아름
답게 살아가는 삶의 그 자체요, 나 여
호와가 말하는 인간 근본의 본성인 아
름다운 마음 자체도 알지 못하고 살아
가는 것이니라.
12 너희들이 지금의 삶이 육의 욕구를 위
한 것, 육의 욕구를 이루고 그를 성취
하기 위하여 살아가는 것, 그것 외에
는 아무것도 생각하지 아니하며 바라
지 아니함이니라.
13 너희들이 육에서 얻어지는 것과 미래
의 보이지 않는 다음 세상에 얻어지는
걸 놓고 어떤 것을 선택하느냐 할 때,
14 보이는 육의 세상의 그 모두를 취하고
거둬들이는 것이 오늘의 나의 피조물
백성 너희들이니라.
15 그러니 너희들이 거기서 육의 세상의
삶의 한계 내에서 한 발짝도 벗어나지
못한 종교 집단이요, 지도자요, 그 밑
에서 배우는 나의 백성들이라 함을 알
라.
16 너희들은 육의 세상에서 이루어지는

것, 성취되는 것으로써 모든 믿음이
요, 너희들의 신앙생활의 강도가 거기
서 달라짐이니,
17 그리하여 나 여호와가 존재하고 믿고
안 믿는 것도 너희들이 원하는 것이
이루어졌을 때, 너희들이 성취하고자
하는 것이 달성되었을 때,
18 그때 나를 믿는다 하며, 내가 하늘에
존재한다는 걸 알며, 그와 같은 마음
으로 가는 것이 너희들이니,
19 그 마음을 가지고 가는 백성이요, 보
이는 것만을 바라보는 너희들이니, 참
진리요, 나의 뜻을 알 수 없는 백성이
니라.
20 그러니 너희들은 육의 보이는 세상이
아니요, 보이지 않는 세상의 그 위대
함을 위하여 노력하고 헌신하고 봉사
하고 너희 자신을 희생하는 삶으로 살
아가도록 그리하라.
21 그리하지 아니하면 너희들이 아무것
도 얻을 수 없음이니라.
22 지금의 모든 종교 집단이요, 지도자는
육에서 보이는, 노력해서 얻는 것, 그
것만을 위해 살아가는 삶이 되었음이
니 그리 알라.

9,729 번째 하나님 말씀

2004년 2월 25일 16시 31분

1 사랑하는 나의 아들아!
2 "네, 아버님! 말씀하옵소서."
3 나 여호와가 이 세상의 그 모두를 창
조하였음이니,
4 내가 모세를 통하여 너희들을 깨우치
고자 했던 그 역사요, 또한 내가 나의
아들 예수를 통하여 너희들에게 구원
의 길을 역사하고자 했던 그 모두는
다 내가 창조한 동물들이요, 식물들을
위해서 내가 역사한 것이 아니요,
5 사랑하는 나의 아들딸 너희들을 바로
깨우치고 바로 역사하고자 하여 내가
그리했다 하지 아니했더냐?
6 그러니 모든 동식물이요, 미물 중에
나로부터 가장 많은 사랑이요, 가장
으뜸의 은혜를 받은 백성이 너희들이
아니더냐?
7 그러나 너희들이 그 은혜 속에 받은
백성이 과연 나 여호와의 뜻이요, 창
조주의 뜻에 의해 살아가는 백성이 얼
마나 있단 말이더냐?
8 그러니 너희들이 이 아름다운 강산에
살면서 너희들이 지나가는 사람이요,
사람을 보기를 두려워하며, 사람을 의
심하며, 이 세상 것을 모두가 바르게
볼 수 없으며 사랑으로 볼 수 없는 이
와 같은 세상이 되었음이니,
9 이게 과연 나 여호와가 창조한 그 의
미요, 그 땅이요, 내가 사랑하는 피조
물 만백성 너희들에게 내려 준 이 지
상의 낙원이 과연 그와 같은 형국이라
생각하느냐?
10 너희들이 너희 인간을 보기를 두려워
하며, 너희들이 사람을 보기에 의심하
며 의혹하며,
11 너희 마음속에 있는 것을 말할 수 없
으며, 너희가 가지고 있는 비밀을 털
어놓을 수 없으니,
12 나는 모세의 시대요, 예수 시대의 그
모두를 오로지 너희들만을 위하여 기
적의 역사를 보였으며, 성령의 가르침

을 세상에 내가 내려보내어, 아름답게
곱게 살라 하여 나의 피조물 만백성
너희들을 위하여 내가 그 모두를 다
바쳤거늘,
13 너희들이 나의 뜻에 의하여 창조한 한
형제라는 백성이 서로 속에 있는 말
을 하지 못하며, 믿고 살지를 못하며,
14 너희들이 언제 그가 적이 될 것인가,
그리고 너희들을 언제 쓰러트릴 것인
가 두려워하며,
15 정녕 너희가 가지고 있는 소중한 것
을 그가 탐내지는 아니하는가, 그것을
도둑질하지는 아니할 것인가, 그리고
빼기지는 아니할 것인가 하여 이와
같이 공포의 분위기 속에 살아가는 것
이니,
16 너희들이 짐승보다도 사람을 더 무서
워하는 형국이 되어 있음이니,
17 과연 오늘과 같은 그 역사를 이룬 것
이 누구며, 오늘의 이 세상을 만든 자
가 누구더냐?
18 이것이 바로 너희들이 위선된 삶이요,
진정한 하늘에 오르는 길이요, 나 여
호와의 뜻에 의해 살아간다 하여, 나
의 아들과 나의 이름을 부르짖고,
19 그 뒤에서는 너희들이 형용할 수 없
는 추악한 삶을 살아온 너희들의 모
습이며 실체가 이제 드러나기 시작하
는 것을 너희들은 알아야 될 것이니라.
20 너희들이 나의 아들 예수를 세상에 보
낸 2천 년이라는 그 세월 속에 손으로
하늘을 가리듯이 이리 감추고 저리 감
추고 이리 속이고 저리 속여 나의 피
조물 만백성을 우롱하며 끌고 왔으나,
21 이제는 너희들이 더 피할 길이 없으며
더 갈 길이 없음이니라.
22 인간 세상에 너희들이 막다른 골목에
서 더 이상 오갈 수 없게 되듯이, 그와
같은 형국이 되었음이 너희들이니라.
23 나약한 짐승도 막다른 골목에 놓고 공
격하면 그가 대들며 그 모든 힘을 다
발휘하는 것이니,
24 그것이 그 생명력이요, 제 목숨을 지
키고 보호하고자 하는 것이 아니더냐?
25 고양이라는 그 짐승 앞에 가장 나약한
쥐도 막다른 골목에서는 대들 수 있다
하지 않았더냐?
26 그러니 지금 너희들이 2천 년 동안 나
를 속이며 하늘을 속이며 이리 저리
나의 피조물 만백성을 지옥으로 이끌
어 오다, 너희들에게 너희들이 가는
것이 잘못되었다며 거기에 철퇴를 내
리고자 함이니,
27 너희들이 지금 악을 쓰며 발악을 하
며, 그리고 나의 법전을 사탄이요, 이
단의 것이라 너희들이 그리 공격하고
그와 같은 행위를 하게 될 것이니,
28 너희들이 공격하는 대상이 또한 힘
있고 능력 있는 자가 아니요, 다만 그
는 나의 성령이요, 나의 뜻을 가지고
전하는 것뿐이니,
29 너희들이 그를 보기를 우습게 생각하
며, 그들을 조롱거리로 생각하며, 그
들이 하는 짓을 너희들이 다 불장난
이라 그리 생각하며,
30 그들이 좀 더 역사하고 좀 더 퍼져 나
갔을 때 너희들이 수거하고 거둬들여
이를 짓밟을 것을 계산하고 연구하나,
31 너희들의 인간 세상의 것으로써 창조
주 나 여호와의 뜻을 무너트리고 막을

수 없다는 엄연한 사실을 모르고 있
음이니라.
32 너희들이 생각하고 계산하여 역사하
는 것은 인간의 생각이요, 인간의 지
혜로써 하나,
33 내가 나의 아들을 통하여 그 제자들을
통하여 역사하는 것은 인간 세상의 인
간의 생각이 아니라, 창조주 나 여호
와의 뜻이요, 나의 계획에 의하여 하
며 흘러감을 너희들은 알아야 될 것이
니라.
34 그러니 또한 내가 제3의 시대를 여는
것도 무엇이더냐?
35 내가 사랑하는 너희들을 위하여 제3
의 시대의 그 모두를 역사하며, 그를
내가 전하고 깨우쳐 주고자 하는 것이
지금 내가 나의 법전을 내려 세상에
역사함이니,
36 이것이 또한 내가 너희들을 사랑함이
니라.
37 내가 나의 아들을 통하여 160권의 법
전을 만들어 세상에 전하는 것이 나의
성령을 태워 내려보내는 것이라 했음
이니,
38 나 여호와가 나의 가슴을 태워 모두
를 재가 되는 마음으로 세상에 내려보
내는 것이 내가 밀림의 동물을 위해
서 그 역사를 하더냐, 미물을 위해서
하더냐?
39 오로지 사랑하는 나의 백성들이요, 인
간인 너희들을 위해 내가 마지막 너희
들에게 또 이 사랑을 베풀며 그 모두
를 다 던지고 있음이니,
40 이것 또한 너희들만이 받을 수 있는
은혜요, 너희들을 위해서 내리는 사랑
이요, 축복이라는 것을 어찌 모르고
너희들이 사탄이요, 이단이라 그리 말
할 수 있단 말이더냐?
41 너희들이 이 세상의 모두가 존재하고
역사하는 것은 나 여호와의 뜻이라며
한 입으로 말하면서,
42 너희들 마음에 들지 않는 것, 너희들
과 색깔이 같지 않은 것, 너희들과 뜻
이 같지 않은 것, 같은 길을 가지 않는
것, 동행하지 않는 사람은 너희들이
이단이요, 사탄이요, 나 여호와가 창
조하지 아니하였다 그리 말함이니,
43 이와 같은 생각으로 살아가는 것이 오
늘의 믿음을 가진 백성들이요,
44 그리하여 파벌을 만들었으며, 헤어짐
을 만들었으며, 원수를 만들었으며,
적을 만들었음을 너희들은 알아야 될
것이니라.
45 이제는 너희들은 알라, 너희들이 검은
피부색을 가진 사람들 속에 흰 피부
색을 가진 자가 들어가면 그가 잘못된
자요, 잘못된 사람이라 그리 말하지
않겠는가?
46 흰 피부색을 가지고 있는 사람 속에
검은 피부색을 가진 사람이 온다면
또 그가 잘못된 것이며 그가 맞지 않
다 하며 이와 같이 너희들이 이루어지
고 있는 형국의 역사가 아니더냐?
47 그러니 너희들은 어떠한 것이 정답이
던가?
48 검은 피부색을 가진 사람이 많이 있
을 때, 흰 피부색을 가진 사람이 가면
저희들의 세상이 맞으며 흰 사람이
잘못되었다 하며,
49 흰 사람 속에 검은 사람이 들어가면

또 흰색을 가지고 있는 사람들이 그
것이 잘못됐다고 시시비비를 한다면,
50 너희들은 거기에서 정답이 무엇이며
너희들이 어찌 결정을 내려야겠는가?
51 너희들의 인간의 머리에서 인간의 생
각으로써는 결정할 수 없으며 판단할
수 없을 것이니라.
52 그러니 바로 이것을 판단하고 이것을
결정짓는 것은 나 여호와만이 알 수
있는 것이며 그 누구도 알 수 없음이
니라.
53 그러니 너희들이 어떠한 숫자가 많고
적으냐에 따라서 너희들이 그를 가지
고 어떤 것이 정답이라 아니라 말하
지 말라.
54 그와 같이 판단할 수 없는 것이 너희
들의 한계요,
55 오로지 창조주 나 여호와만이 너희들
이 백인 속에 흑인이 들어가 있어도
어떤 자가 내가 더 사랑하는 백성이
요, 내가 원하는 백성이요, 누가 내가
너희들을 위하여 먼저 창조한 백성이
요, 누구를 위하여 내가 역사하는 것
인지를 아니, 너희들은 알 수 없을 것
이니라.
56 그러니 그와 같은 반대의 현상에서 똑
같은 것이 너희들이니, 판단할 수 없
으며 결정할 수 없을 것이니라.
57 그러나 오로지 창조주 나 여호와만이
결정할 수 있으며 나만이 답을 내릴
수 있음이니,
58 너희들이 지금 나의 아들이 가는 그
길을 사탄이요, 이단이라 시시비비하
지 말며, 이를 탓하지 말며 이를 욕하
지 말라.
59 그리고 너희들이 쓰러트리려 공격하
지 말라.
60 너희들이 아무리 모두를 동원하여 어
려운 여건 속에서 가는 나의 아들이
요, 그 제자들을 핍박하고 공격한다
해도,
61 나 여호와가 존재하기에 너희들이 감
히 핍박하고 쓰러트릴 수 없는 것이니,
62 이는 나 여호와만이 알 수 있는 것이
니, 너희들이 모르기 때문에,
63 지금 그리 나의 피조물 만백성이 힘을
하나로 하여 나의 아들이요, 나의 제
자들의 그 백성의 가는 길을 방해하고,
64 그리고 나의 아들을 따라가는 그 제자
들이요, 나의 법전을 읽고 깨우친 그
만백성을 이단이요, 사탄이요, 사악한
자라 말하나,
65 너희들이 바로 그를 결정할 자격이 없
으며, 결정할 능력도 없다는 것을 알
라.
66 오로지 나만이 알 수 있으며 나만이
결정을 내릴 것이니,
67 내가 손들어 주는 자에게 내가 역사하
는 것이 바로 나의 뜻이며, 내가 선택
한 백성이라는 것을 알아야 될 것이니
라.

9,730 번째 하나님 말씀

2004년 2월 25일 16시 37분

1 사랑하는 나의 아들아!
2 "네, 아버님! 말씀하옵소서."
3 내가 나 여호와의 실체를 무엇이라
너희들에게 말하여 전했더냐?
4 나 여호와의 본체요, 나의 실체는 곧

사랑이라 하지 아니하였더냐?
5 그 사랑의 실천하는 것, 사랑을 행하
는 것, 그것이 나 여호와라 그리 말하
지 아니하였던가?
6 내가 이 세상의 창조주요, 그 모두는
다 나의 지극한 사랑 속에서 이루어
진 것이며, 사랑으로써 탄생된 것이며,
7 내가 너희들을 그 사랑으로써 모든
열매를 얻고자, 결실을 얻고자 이 세
상에 뿌렸음이니, 그 뿌린 모두는 다
나의 사랑으로써 이루어졌음이니라.
8 내가 지극히 너희들을 사랑하는 그
사랑하는 마음으로써 너희들이 이루
어졌으며, 이 세상이 존재하고 있음을
너희들은 알아야 될 것이니라.
9 그러니 이 세상이 사랑의 천지요, 내
가 사랑으로써 만물을 창조하였음이
니, 너희들이 사랑으로써 살라 하는
것은 바로 무엇이더냐?
10 나 여호와가 사랑하는 마음으로써 사
랑으로써 너희들을 창조하여 만들었
으니,
11 그 사랑 속에서 사랑의 결실로 태어난
것이 모든 동식물이요, 사랑하는 나의
백성, 나의 아들딸 너희들이라는 것을
어찌 모른단 말이더냐?
12 너희들은 나의 사랑하는 뜻에 의하여,
나의 뜻에 의하여 이 세상에 존재한
다는 것을 알아야 될 것이니,
13 그러니 내가 너희들에게 사랑을 행하
며 실천하고 나에게 돌아오라 하는 것
은 무엇이더냐?
14 너희들이 원모습의 그 길로 돌아오라
내가 가르치고 원하는 것이 아니더냐?
15 나 여호와의 본체가 사랑이요, 그 사
랑으로써 창조된 것이 나의 백성 너
희들이니, 원래의 형태요, 너희들의
그 제자리로 돌아오도록 애걸하는 것
이 나 여호와의 뜻이니라.
16 그러나 너희들이 그와 같은 이치를 모
르며 그 뜻을 모름이니,
17 오늘의 모든 종교 집단이요, 지도자
요, 그리고 구원을 받았다 하는 백성,
너희들이 살아가는 그 형태가 무엇인
줄 알겠느냐?
18 나 여호와의 참진리를 모르며,
19 내가 역사하고자 하는 것이 무엇이며,
내가 어떠한 형태에서 세상에 너희들
을 창조했으며, 그리고 어떠한 마음으
로써 창조했으며, 너희들이 어떠한 길
을 가기를 원하는가를 그것을 모르고
너희들이 그리 살아가니,
20 바로 무엇인 줄 알겠느냐?
21 고삐가 풀려서 마음대로 뛰는 망아지
의 그와 같은 형국으로써 너희들이 지
금 죄를 짓고 있으며 죄악 속으로 뛰
어드는 그와 같은 삶을 살아가는 것이
니라.
22 그러니 그를 내가 보기에 어떠하겠는
가?
23 그리하여 너희들을 바로잡고자 내가
마지막의 모두를 태워 나의 새로운 성
경을 세상에 내려보냄이니, 너희들은
나의 이 애절한 마음의 뜻을 알아야
될 것이니라.
24 너희들이 결코 이를 몰라서는 아니 됨
이니라.
25 오늘의 나의 아들을 따르는 제자들이
요, 그리고 나의 법전을 읽고 깨우친
만백성 너희들은 기억해야 될 것이니

라.
26 나 여호와가 사랑의 본체요, 그 사랑
의 본체인 내가 소중한 나의 아들딸
너희들을 만들었음이니,
27 그는 지극히 사랑하는 것으로써, 사랑
하는 마음으로써, 사랑으로써 너희들
을 만들었기 때문에, 너희들 자체가
사랑으로써 존재하며 사랑으로써 살
아갈 수 있는 자들이니라.
28 그러니 너희들이 그를 버리고 떠나 버
렸으며 그를 지키지 아니하여, 내가
너희들에게 원래의 그 뜻이요, 그 모
습으로 돌아오라 하는 것이 나의 신
약이요, 구약의 시대를 다 역사한 그
뜻이며,
29 내가 제3의 시대를 열어 나의 아들을
통하여 역사하고자 하는 것도 너희들
의 본연의 자세로 돌아오라 하는 것이
거늘,
30 너희들이 그 길로 돌아오는 길에 너희
들의 율법이 있으며 십계명이 있으며
성서가 있으며 내가 나의 아들을 통하
여 내리는 새로운 성경이 있음이니라.
31 그러니 그 모두는 너희들이 본체로 돌
아올 수 있는 그와 같은 길잡이요, 그
를 바로잡기 위한 것이거늘,
32 너희들이 그를 가지고 살 수 없다 행
할 수 없다 그리 말하지 말라.
33 내 사랑 속에서 너희들이 소중한 나의
아들딸이요,
34 사랑 속에서 사랑의 손으로써 너희들
을 만들었으며, 사랑의 마음으로 만들
었으며, 지극히 사랑하는 마음으로 너
희들이 사랑 속에서 모두가 탄생한 나
의 피조물 만백성이니, 너희들이 원상
태로 돌아오라 함이니,
35 거기에는 너희들이 돌아왔을 때 돌아
오지 못하도록 막을 것이 아무것도 없
으며, 제지할 것이 없으며, 너희들이
돌아오지 못할 이유가 없음이니라.
36 그러니 너희들의 그 길을 위하여 내가
십계명이요, 나의 율법이요, 나의 성
경이요, 나의 법전을 내리거늘,
37 너희들이 어찌하여 그 일부분에 지나
지 않는 것을 지키지 못하며 역사할
수 없다 하여, 사랑의 손으로써, 지극
한 사랑으로써 내가 만든 너희들의 본
연의 자세로 돌아올 수 없다 말한단
말이더냐?
38 그를 보는 나 여호와의 마음이 아프고
저려 옴이니라.
39 그러니 나의 아들을 따르는 제자들이
요, 나의 법전을 읽고 깨우친 너희들
은 내가 지극한 사랑으로써 사랑 속에
서, 사랑의 그 품 안에서, 사랑의 손으
로써 하나하나 창조한 백성들이니,
40 너희들은 어떠한 난관이요, 어떠한 것
도 넘지 못할 것이 없으며, 너희들이
뛰어넘어 나에게 오지 못할 장애물이
이 세상에는 없다는 것을 알도록 그리
가르치라.
41 그러니 너의 제자들은 용기와 희망을
가지고 자신을 가지고 한 계단 한 계
단 변해 오는 데 주저하지 말라.
42 때로는 너희들이 주저앉고 싶을 것이
며, 때로는 등 돌리고 떠나고 싶을 것
이며, 때로는 포기하고 싶은 마음이
있으나,
43 너희들의 모두는 사랑하는 나 여호와
의 지극한 애정이요, 사랑으로써 빚어

진 모든 나의 창조물이니라.
44 그러니 너희들이 그리 올 수 있으며
원상태로 돌아올 수 있는 것이니,
45 너희들을 막을 수 있는 장애물은 아무
것도 없으니, 극복하고 넘으면 바로
너희들이 이룰 수 있는 나의 백성들임
이니 그리 알라, 사랑하는 나의 아들
딸들아!

9,731 번째 하나님 말씀

2004년 2월 25일 16시 42분

1 사랑하는 나의 아들아
2 "네, 아버님! 말씀하옵소서."
3 내가 너에게 무어라 지금 전했더냐?
4 하나의 밀알이 땅에 떨어짐이니, 그
한 알의 씨앗이 어찌 되어야만 새 생
명이요, 그 열매요, 거듭나는 역사를
얻을 수 있으며, 그 열매를 거두어 그
또한 번창하는 그와 같은 역사를 이룰
수 있다 하였더냐?
5 "네, 아버님! 저에게 말씀을 주시기를
그리 주셨사옵나이다.
6 그 하나의 밀알이 썩고 또 썩어 흔적
이 없어졌을 때, 그는 성장하며 아버
님께서 원하시는 그 열매를 맺을 것
이며 그 결과가 이루어질 것이라 그리
말씀을 주셨사옵나이다."
7 사랑하는 나의 아들아, 그러하니라.
8 그러니 지금 내가 이 세상에 내려보내
는 나의 법전이 과연 무엇이라 생각하
느냐?
9 "네, 아버님! 저는 그리 생각하옵나이
다.
10 타락되고 타락된 이 세상에서 아버님
께서 160권의 법전을 세상에 내려보
내어 만백성을 깨우치고자 하심이니,
11 그것이 하나의 밀알을 심는 것이요,
아버님께서 새로이 뿌리는 씨앗이라
그리 생각되옵나이다."
12 그렇다면 너를 따르는 제자들이요, 나
의 법전을 만드는 그 사랑하는 나의
아들딸들은 무엇이라 너는 생각하느
냐?
13 "네, 아버님께서 내려보내시는 160권
의 법전은 성령이요, 성령의 밀알이
요, 씨앗이며, 그리고 아버님의 뜻의
밀알이라 그리 생각되옵나이다.
14 그리고 저를 따라 같이 가는 제자들이
요, 선택된 그 백성들은 인간 세상에
서 인간의 밀알로서 세상에 전해지며
그 소임을 다하는 것이 저희들이 가야
할 길이고 역사할 길이라 그리 생각되
옵나이다."
15 사랑하는 나의 아들아, 그러니라.
16 너를 따르는 제자들이요, 나의 법전을
읽고 깨우친 그 사랑하는 나의 아들딸
너희들은, 인간의 씨앗이 되어 인간으
로서 썩어서 새로 태어나는 그와 같은
역사를 보일 수 있는 너희들의 그 밀
알이 나의 사랑하는 아들딸이요, 선택
된 너희들이니라.
17 너희들이 죽지 아니하며 썩어지지 아
니하면 결코 이룰 수 없음이니, 이는
바로 무엇이더냐?
18 너희 자신이 존재한다는 생각을 버리
며, 너희는 없으며 오로지 모든 백성
들만이 존재하는 그와 같은 마음으로
너희들이 살아가야 된다는 것을 알아
야 될 것이며, 그리 행해야 됨을 결코

잊어서는 아니 될 것이니라.
19 나의 백성이요, 선택된 너희들이야말
로 인간의 한 알의 씨앗을 말함이니,
너희 자신이 없어야 됨이니라, 그리고
너희 자신의 흔적이 없어야 됨이니라.
20 네가 존재하며 네 흔적이요, 네 형상
이 존재하다 보면, 너희들은 썩어져
가는 그 밀알의 역사를 할 수 없는 것
이니라, 사랑하는 나의 아들딸들아!
21 나의 법전이 온 세상을 덮을 때, 나의
그 추수하고자, 걷고자, 역사하고자
하는 열매는 이루어질 것이며, 그리고
내가 거두고자 하는 그 씨앗이 이 세
상을 덮게 될 것이니 그리 알라.
22 너희들이 인간 세상에 살아가면서 땀
흘려 일한 그 농부가 추수의 계절에
추수를 시작함이니,
23 그가 넓은 들판의 곡식을 거둬들이는
그 마음이 얼마나 기쁘고 행복하더냐?
24 그러니 바로 너희들이 인간의 씨앗이
되어, 너희가 없고 너희 자신을 버려
너희들이 새로운 씨앗으로 태어나는
그 역사를 이룰 때,
25 이 세상은 나의 거둬들일 열매로 그득
히 찰 것이며, 추수하는 농부의 마음
보다도 천배 만배 더 기쁨을 얻을 수
있는 것이 나 여호와요,
26 나는 너희들을 통하여 그와 같은 기쁨
의 날을 기다리고 있음이니, 나를 저
버리지 말며 내 뜻에 등지지 말라, 사
랑하는 나의 아들딸들아!

9,732 번째 하나님 말씀

2004년 2월 25일 16시 50분

1 사랑하는 나의 아들아!
2 "네, 아버님! 말씀하옵소서."
3 새로 태어나는 그 열매를 위하여 밀알
이 과연 어찌 되었다 하였느냐?
4 그 밀알이 썩어져 그 자신이 없을 때,
너희들은 그것이 새로운 생명이요, 결
실을 얻는다 하였음이니, 그것이 과연
무엇을 의미하느냐?
5 사랑하는 나의 아들아, 구원이요, 믿
음의 길을 간다는 그 백성들, 너희들
이 너희 자신을 희생을 해야 될 것이
며,
6 희생이 아니면 결과가 없으며, 그 믿
음 또한 그 결과는 희생이라는 것이
니라.
7 너희 자신을 버리는 것이요, 너희 희
생으로써만이 너희들의 믿음의 결과
를 얻을 수 있다는 그 가르침임을 너
의 제자들은 깨달아야 될 것이니라.
8 희생이 없는 사랑이 없으며, 희생이
없는 것은 진정한 사랑이 아님이니라.
9 그러니 너희들이 사랑이 없으면 다시
태어나는 위대함을 얻을 수 없으며,
그 길에서 너희들이 선택될 수 없음을
알아야 될 것이니라.
10 모든 밀알이 자신이 희생하고 자신을
버리고 자신을 썩도록 하여 자신의 뿌
리로써 그 잎이 나오며 그 줄기가 자
라 열매를 거두듯이, 너희 자신이 아
니고 너희들이 거듭날 수 없다 함을
알라.
11 한 알의 씨앗이 땅에 떨어짐이니, 그

가 저 자신을 썩혀 잎이 피며 줄기가
나 그가 열매를 거둠이니,
12 너희들이 믿음이요, 구원의 길을 가는
것은 모두 각자 너희 자신이 아니고
서는 아무도 이룰 수 없으며 거둘 수
없다는 것을 네가 너의 제자에게 말했
듯이, 그게 정답임을 알아야 될 것이
니라.
13 누가 무어라 해도 너희 자신이 새로운
열매요, 결실을 얻기 위해서는 너희
자신이 죽어지며 너희 자신이 썩어지
는 그 희생이 없이는 거듭날 수 없으
며,
14 네 줄기로써, 네 뿌리로써, 네 밀알로
써 결국 열매를 거둘 수 없다는 것을
만백성에게 전하도록 그리하라.
15 너희들은 나의 아들 예수가 그 고통
속에 피 흘려 죽어 간 것이 무엇인 줄
알겠느냐?
16 그 자신의 희생이요, 자신을 썩게 하
여 자신의 새로운 생명이요, 역사함을
너희들에게 보여 주었던 것이 나의 아
들 예수의 죽음이니라.
17 스스로 너희들이 희생하며 스스로 썩
어져 가 너희들이 다시 태어나는 그
역사를 이룰 수 있는 것을 본보기로
너희에게 보여 준 것이지,
18 나의 아들 예수의 죽음으로써 보혈로
너희들을 구원한다는 것이 아님을 너
희들은 알아야 될 것이니라.
19 그 모든 과정을 너희는 거울삼아 너희
자신이 피 흘려 죽어 가는 희생이 요
구되며,
20 피 흘려 죽어 가는 그와 같은 고통이
요, 시련이요, 그 아픔 속에서 너희들
이 거듭나는 그와 같은 삶이 아니면
정녕 너희들은 거듭날 수 없으며,
21 나 여호와의 뜻을 역사하여 너희들이
따를 수가 없으며, 내 뜻을 이루는 백
성으로서 너희들이 존재할 수 없으며,
부름을 받을 수 없으며, 쓰임을 받지
못한다는 것을 알아야 될 것이니라.
22 너희들은 나의 아들이 자신의 희생을,
그리고 그 피 흘림의 그 희생만이 거
듭남을 보여 주기 위하여 그 역사를
이루었다는 것, 그것 외에는 아무것도
없음을 알라.
23 그를 보고 행하여 그와 같은 고난의
길을 올 수 있는 자, 그리고 너희 자신
을 썩히고 너희 자신을 버리는 자만이
너희 자신의 그 뿌리의 결과를 얻을
수 있다는 것을 절대 잊지 말라 그리
전하라.
24 그리고 너희들은 그리 따라야 될 것이
며, 그리 행하는 것이 너희들이 나에
게 오를 수 있는 것이라는 것을 다시
한 번 내가 강조함이니 그리 알라.
25 고귀한 것은 썩음이요, 그 밀알이 실
제로 썩어져 실천하는 것을 직접 보였
건만,
26 나의 아들을 통하여 예수로 하여금 그
모두를 너희들에게 보여 주고 깨우쳤
건만,
27 너희들은 어찌하여 이 모두를 악용하
는 그와 같은 삶을 살아가느냐?
28 너희들은 무어라 말하느냐?
29 그와 같이 저 자신을 썩혀, 저 자신이
고통의 길을 걸어 스스로 열매를 맺는
그와 같은 가르침이 아니요,
30 그저 나의 아들 예수가 대신 썩어 피

흘려 죽었으니, 너희들의 죄를 모두
다 씻었으며 천대 만대 너희들의 자
손까지 모든 죄를 다 그가 대속하여
갔다 함이니, 너희들은 알라.
31 너희 자신이 열매를 얻기 위해서는 너
희 자신이 썩어져 가야 됨이니,
32 나의 아들 예수가 피 흘려 그와 같은
고통의 길을 간 것은 나의 아들 예수
의 그 자신의 뿌리를 세상에 내리고
전하고자 하였음이니, 그는 그의 몫이
라는 것을 너희들은 알라.
33 예수가 역사한 것은 예수의 밀알이요,
그는 예수 자신의 씨앗을 뿌렸으며 그
를 본보기로 너희에게 던졌음을 알라.
34 이제는 너희들은 알라.
35 너희 자신이 너희 씨앗을 뿌려서 썩히
지 아니하고는 거듭날 수 없음이니라.
36 어찌하여 너희들은 남의 씨앗이 썩음
으로써 너희 자신의 뿌리가 새 이파리
가 되고 줄기가 되어 열매를 거두는
결과가 맺어진다 그리 말하느냐?
37 그것이 오늘의 믿음을 가진 백성들이
구원의 길이라며 달려가는 어리석은
길임을 알라.
38 어리석은 백성들아! 너희들의 믿음에
서 깨어나라.
39 그렇지 아니하면 너희들은 결코 하늘
에 오르는 길을 볼 수가 없음이니라.
40 네 것은, 너희 열매가 완전한 그 결실
을 거두기 위해서는 네가 죽어져야 하
며,
41 네가 피 흘리는 고통보다도 더 어렵고
힘든, 썩어져 네 흔적이 없는, 밑거름
이 되는 그것만이 너희들이 거듭난다
는 것을 절대 잊지 말라.
42 너희 자신이 밀알이 되어 네가 썩지
아니하면 너희들은 열매를 거둘 수 없
듯이,
43 너희 자신이 변화되지 아니하며 너희
자신이 역사하지 아니하며, 천사와 같
은 삶을 위하여 네가 모두를 다 던지
지 아니하고는 결코 누구도 너를 대신
해 줄 수 없으며,
44 구원의 길이요, 나에게 올 수 없다는
엄연한 사실을 내가 내려보내니,
45 인간 세상에 너희들의 법도를 아는 자
만이 이 이치를 깨달을 것이며,
46 내가 나의 아들을 통하여 내리는 나의
법전의 이 줄의 뜻을 읽는다면 너희는
어찌 가야 될 것이며 어떤 것이 하늘
의 뜻이요, 진정한 답인가를 알게 될
것이니 그리 알라.

9,733 번째 하나님 말씀

2004년 2월 25일 16시 58분

1 사랑하는 나의 아들아!
2 "네, 아버님! 말씀하옵소서."
3 예수가 성서에 기록하여 너희들에게
그리 전했느니라.
4 '내가 주와 또한 선생이 되어 너희 발
을 씻겼으니, 너희도 서로 발을 씻기
는 것이 옳으니라.' 그리 가르쳤음이
니, 이것은 바로 무엇을 의미하는가?
5 너희들이 행함이요, 실천해야 한다는
것이니라.
6 그리고 나의 아들 예수가 역사한 발자
취요, 그가 행한 역사를 닮아 그대로
행하는 것이 너희들이 하늘에 오르는
길이요, 역사할 수 있는 길이라는 것

을 알라 함이니라.
7 그러니 '너희들은 발을 씻기는 것이
옳으니라.' 한 그와 같은 이치를 너희
들은 어찌 깨달으며, 그 대목의 뜻을
지금의 종교 집단이요, 지도자들이 나
의 피조물 만백성들에게 어찌 가르치
는가?
8 너희들은 우선 예수가 낮은 자가 되어
그 제자의 발을 씻겨 주었음이니, 그
와 같은 작은 것을 생각해서 벗어나지
못하고 있지는 아니하는가?
9 '내가 너희에게 행한 것같이 너희도
행하게 하려 하여 본을 보인 것이라'
예수가 그리 말했음이니,
10 너희들은 작은 사랑이요, 발을 씻겨
주는 것, 가장 낮은 자로서 살아가는
것이 너희들이 하늘에 오르는 길이요,
나의 아들 예수가 세상에 와 너희들에
게 전하고자 하는 가르침이라 그리 생
각하는가?
11 그 한계의 테두리를 벗어나지 못하는
것이 너희들이 아닌가를 오늘의 종교
집단의 지도자 너희들은 알아야 될 것
이니라.
12 너희는 이 대목을 어찌 가르치느냐?
13 예수가 제자들의 발을 씻겨주었으니,
이는 너희들이 낮은 자세로써, 낮은
생각으로써 살아가는 그것이 귀한 것
이니, 그와 같이 역사하는 것을 가르
치는 것이라 너희들이 생각한단 말이
더냐?
14 그러니 너희들이 알지 못하는 백성이
요, 어리석은 백성이라는 것을 알라.
15 나 여호와가 예수를 통하여 발을 씻겨
주는 작은 것에 너희들이 연연하는 가
르침이요, 그 깨우침을 거기서 주고
거기서 끝나기 위한 것이라 너희들이
생각하며,
16 그것을 한 구절로써, 한 장면으로써
너희들이 지워 버리는 그와 같은 생각
으로 가서는 너희들이 성서의 뜻을 알
지 못함이 거기 있다 함이니라.
17 '내가 너희에게 행한 것같이 너희도
행하게 하려 하여 본을 보였노라.' 이
대목이 발이나 씻어 주는 낮은 자세
요, 그저 남을 위하여 하는 작은 대목
의 역사라 너희들이 그리 생각하느냐?
18 그것이 아니라 함을 알라.
19 자신이 썩어 없어지며 열매를 맺는,
거듭나는 너희들의 그 희생이요, 직접
행하고 실천하지 아니하면 안 된다는
하늘의 뜻을 가르치며 이를 알리고자
한 것임을 너희들은 알아야 될 것이니
라.
20 예수가 순종하기 위하여 피 흘려 죽어
가는 그 순종과 믿음을 너희가 그대로
행하고 실천하라는 뜻이며 너희들이
본받아 역사하라는 뜻이지,
21 발이나 씻어 주는, 아버지가 아들을
사랑하는 작은 사랑 같은 것을 전하
기 위해서, 작은 사랑의 일부분만을
그 무엇인가를 비쳐 주고 너희들을
깨우쳐 주기 위해서 전한 대목이 아님
을 알아야 될 것이니라.
22 곧, 나 여호와의 뜻에 순종하는 것이
요, 그 순종하는 것이 자신을 던져 죽
임으로써 모두를 역사할 수 있다는
것, 그리고 그 뜻에 따라야 된다는 것
을,
23 그 내가 역사하는 큰 뜻이요, 큰 틀을

전하고자 내가 거기에 전한 대목이니,
24 이것 하나 가르치고 너희들이 그 깨달
음을 얻는 것, 그리고 거기서 깨달음
을 얻는 그 제자들이요, 깨달음을 듣
는 그 제자들, 너희들의 생각의 한계
가 어디 있는가를 알라.
25 너희 자신을 죽여 썩혀서 네가 새로
운 싹을 틔울 수 있도록 그와 같은 깨
우침을 전하기 위하여 그와 같은 대
목을 비유의 뜻으로 전한 것임을 알
라.
26 그 위대하고 소중함이 무엇이더냐?
27 행함이니라, 그리고 실천으로 직접 행
함이니라.
28 나의 아들 예수도 몸소 실천하였음이
니, 너희도 몸소 실천하는 그와 같은
삶을 살라 함이니라.
29 나의 아들이 죽어 와 2천 년이라는 역
사가 흐른 다음에 오늘에 행함은 뒷전
이요, 그저 말로써 부르짖고 구원을
받으며 역사한다는 그와 같이 잘못 가
르치는 자요, 잘못 가르치는 종교 집
단이요, 이단이 세상을 덮을 때를 대
비하여 몸소 나의 아들 예수가 제자의
발을 씻겼음이니,
30 그 제자 또한 모든 제자들에게 예수처
럼 따라하라는 것은, 발을 씻겨 주는
그 너희들의 작은 사랑의 역사하는 것
이 아니요,
31 예수가 역사했던 그 모두를 그대로 답
습하라는 뜻이며, 그 위대한 뜻이 거
기 있음을 너희들은 알라.
32 '나' 자신을 죽여 모두를 실천하고 행
하는 삶의 의미가 거기 있음이니라.
33 그러니 행함이 없는 믿음이 무엇인가?
34 내가 나의 법전에 전하여 행함이 없는
믿음은 절대 구원이 아니며, 새로 태
어나는 역사가 아니라 하여 내가 새로
운 성경에 기록하여 전하는 것, 나의
아들을 통하여 전하고 또 전하고 기록
하고 또 기록하는 이 대목이 얼마나
귀하고 소중한 것인가를 알라.
35 성서에 기록된 것은 너희들이 인간사
의 작은 인연의 관계를 기록한 것이
아니라 함을 알겠느냐?
36 '구하라, 얻을 것이라' 하는 것이 너희
들이 먹고사는 재물을 구하고 얻는 것
이 아니요, 너희들이 벼슬을 구하고
얻는 것이 아니요, 너희들이 소원하는
것을 구하는 것이 아니요,
37 영원히 변하지 않는 나 여호와의 뜻이
요, 나의 성령을 가슴에 심어 너희들
의 그 구원의 길을 얻게 하기 위함이
라는 것, 이것이 성서의 의미요, 내가
가르치는 뜻이니라.
38 너희들이 하나도 남길 수 없으며 부서
지고 깨지고 버리고 오는 그 재물을
위하여 너희들이 구하고 울고불고하
면 주며, 너희들이 애걸하면 준다 그
리 가르치지 말라.
39 나의 법전에 기록하여 내가 나의 아들
을 통하여 너희에게 내리는 것은, 재
물이요, 소원하는 것이요, 너희들이
갈구하는 것을 주는 것이 아니라 하였
느니라.
40 부서지고 잃어 버리고 깨지는 것을 주
는 것이 아니요, 너희 가슴속에 심어
영원히 지울 수 없는 지혜와 너희들의
세상의 이치요, 참진리를 볼 수 있는
눈을 뜨는 그와 같은 깨달음을 내가

준다 하였으며,
41 그것이 축복이요, 사랑이니, 이는 영
원한 것이기 때문이니 그리 알라.

9,734 번째 하나님 말씀

2004년 2월 25일 17시 04분

1 사랑하는 나의 아들아!
2 "네, 아버님! 말씀하옵소서."
3 내가 너의 제자에게 순교자라 하였으
며, 그가 몇 살까지 살아 순교한다 하
였으니, 이제 그 순교자의 뜻을 알겠
느냐?
4 "네, 아버님! 이제 그 뜻을 알았사옵
나이다.
5 이 어리석은 저를 용서하여 주옵소서.
6 그가 육으로써 죽어 가는 그 순교함을
아버님께서 바라시는 것이 아니옵나
이다.
7 그가 마음이 변하며 지금의 인생의
삶에서 거듭나는 것, 그리고 그 마음
이 변하는 것이 아버님께서 말씀하시
는 순교자요, 그것이 진정한 순교자라
는 것을 이제야 깨달았사옵나이다.
8 '나'를 죽이고 '나'를 버리며 인간 세상
의 모두를 다 버리며, 생각을 버리며,
9 그리고 모두를 접어 두고 오로지 아버
님이 원하시는 그 길을 위하여 살아
갈 수 있는 것, 그리하여 거듭나는 것,
내면에 있는 '나'를 죽이는 것이 진정
한 순교자요,
10 사람에게 보이기 위하여 사람 앞에 증
거하려 육으로써 죽어 가는 그 죽음
은 순교가 아니며 순교자의 길이 아
니라는 것을 이제야 깨달았사옵나이
다.
11 인간이 한 번 죽어 가는 그것보다도,
저 자신을 버리며 자기 생각을 고치며
자기의 뜻을 고치는 것, 자기를 다스
리는 것, '나'를 다스려 다시 거듭나는
그것이 진정한 순교요, 아버님께서 원
하시는 의인이 되는 길이니,
12 그 제자에게 '너는 순교자요, 너는 몇
살에 순교할 것이라' 하신 것은, 그 제
자가 그때까지 변하고 변하여 그때 가
서 완벽히 변화되는 그와 같은 길을
갈 수 있는 것,
13 이것을 아버님께서 암시하신 뜻이며
명하신 뜻이라는 것을 이제야 알았사
옵나이다.
14 세상에 부서지는 교회를 짓지 말라 하
셨으며, 그리고 부서지는 것에 연연하
지 말라 하셨으며, 지워지는 것에 연
연하지 말라 그리 말씀을 하셨으니,
15 바로 그 순교의 뜻이 진정한 마음이
요, 진정한 깨달음이요,
16 지금의 인간 세상에 가지고 있는 모든
마음을 다 태워 버리고 거듭나는 역사
가 되었을 때, 하얀 옷을 입은 자가 되
는 것이며,
17 아버님께서 보여 주셨듯이 하얀 옷을
입은 자로서 아버님께 불려 가는 그
것은 육이 변함이 아니요, 마음이 변
함이니,
18 그가 마음이 변하는 것이 그 나이에
가서 변함이니, 그때 그가 순교하는
것은 육으로 죽는 것이 아니요, 마음
으로 거듭나는 그 은혜요, 축복이요,
영광이라는 것을 이제야 알았사옵나
이다, 아버님!"

19 나의 아들아, 그러하니라.
20 나는 부서지고 깨지는 것으로써 원하
지 아니함이니라.
21 너희들이 순교의 길이라 하여 제 생명
을 버리며 육을 죽여 가는 것은 아무
런 가치가 없는 것이니, 그것이 소중
한 것이 아니니라.
22 내가 이 세상에 의인이 하나가 나오면
모두를 주고도 바꾸지 아니한다 하였
으니,
23 의인은 바로 순교자요, 진정한 순교자
는 너희 마음이 천사와 같이 변화되어
흔들리지 아니하고 변치 않는 것이며,
그것이 너희들의 육의 죽음보다도 더
위대한 죽음이니, 그게 바로 내가 원
하는 순교자의 길이라 그리 전하라.

9,735 번째 하나님 말씀

2004년 2월 25일 20시 52분

1 사랑하는 나의 아들아!
2 **"네, 아버님! 말씀하옵소서."**
3 인간이 쓴 시나리오, 인간이 쓴 그 각
본에 의하여 너희들이 지금 무대 위에
서 춤을 추고 연극을 하고 있음이니,
4 그 모두를 다 나 여호와가 중단하고자
함을 너희들은 알아야 될 것이니라.
5 나의 피조물 만백성에게 너희들은 보
여서는 아니 되는 그 쇼와 같은 행위
를 하고 있는 것이 오늘의 모든 종교
집단이요, 그 믿음으로 흘러온 너희들
의 삶임을 알아야 될 것이니라.
6 나 여호와가 내린 그 시나리오요, 내
가 쓴 그 각본은 감춰졌으며, 그는 어
디에 묻혀 있는지 찾을 수가 없는 그
와 같은 형국이 되었으며,
7 인간의 생각이요, 인간의 각본으로 쓰
여진 그 시나리오를 가지고 너희들이
연출하는 그와 같은 백성의 삶을 사는
자들이 되었음을 알아야 될 것이니라.
8 이제 내가 너희들에게 묻느니라.
9 나의 아들을 따르는 제자들이요, 나의
법전을 읽고 깨우친 너희들은 나 여호
와가 직접 써 내린 그 시나리오에 너
희들이 그 배역을 맡아 역사하는 백성
들이라는 것을 자부심을 가지며 긍지
를 갖도록 그리하라.
10 지금 모든 내가 써 내린 그 시나리오
요, 그 각본을 다 없애 버리며 묻어 버
리고 찢어 버린 자들, 그들이 인간의
시나리오요, 그 각본으로써 나의 백성
들 앞에서 지금 쇼를 하고 있으며 둔
갑된 행위를 하고 있는 것이 오늘의
그들의 형태이니라.
11 그러니 너희들이야말로 나 여호와가
직접 쓴 그 시나리오요, 그 각본에 의
하여 너희들이 배역을 맡아 살아가고
자 하는 그 소중한 백성들이니,
12 내가 너희들에게 오로지 승자라 하여
패함이 없다 그리 말하지 아니하였더
냐?
13 너희들은 오늘 나의 아들을 통하여 하
늘의 법도요, 하늘의 법도에 적용된
무서움이 무엇인가를 알았음이니,
14 이와 같은 것에 너희들이 두 번 다시
얽매이며 그 길을 가서는 아니 될 것
이니라.
15 내가 나의 아들을 통하여 너희들이 걷
는 자세요, 너희들이 앉는 모습이요,
그 모두를 바로 하라 하지 아니하였더

냐?
16 너희들이 바로 정도의 길을 가지 아니
할 때는 너희들이 살아가면서 너희들
도 모르게 나에게 죄를 짓는 그와 같
은 삶을 삶이니라.
17 그것이 하나하나 쌓이고 쌓였을 때,
너희들이 그 삶이 몇 시간이 된다 생
각하느냐?
18 그러니 모두에 있어서 너희들은 정도
요, 모두에 있어서 바른길을 가라 함
이니라.
19 그 길은 가기가 힘들고 어려우니라.
20 그러나 어렵고 힘든 길도 너희들이 훈
련을 하며 또 훈련을 거듭하면, 그리
하지 아니하면 아니 되게 되는 것이
너희들이니라.
21 인간은 누구나 다 너희들이 무릎 꿇고
앉아 기도하는 그 모습이 처음에는 힘
드나, 그가 훈련을 하고 또 그리하며,
10년, 20년이 지났을 때,
22 그는 자신도 모르게 그리하지 아니하
면 편하지 아니한 자세를 갖게 되는
것이 너희들이니, 그 육의 기도하는
모습에서 너희들은 하나 깨달아야 될
것이니라.
23 그러니 바로 가는 것은 어렵고 힘드
나, 그것이 너희들이 훈련을 거듭함으
로 그는 자연적으로 이루어지며 행할
수 있는 것이 인간 너희들이니라.
24 그러니 모두에 있어서 정도의 길을 가
라.
25 바른길이 아닐 때 너희들은 너희들도
모르게 1초, 2초의 그 죄를 지어 쌓음
이니,
26 그리하여 너희들이 나에게 온 백성이
없으며 오를 자가 없다 함이니,
27 이제 너희들은 그와 같은 뜻을 깨우쳐
행하도록 그리해야 될 것임을 절대 잊
지 말도록 하라.
28 그러니 너희들이 그와 같은 반대의 현
상에서 너희들이 얼마나 착하고 아름
다운 길을 가느냐에 따라 모두는 다
역사할 수 있음을 알라.
29 네 제자가 너에게 그리 물었느니라.
30 그 또한 그와 같은 너희들의 삶을 살
수 있으며, 그와 같은 은혜의 영광은
나 여호와만이 너희들에게 내릴 수 있
으며 내가 관리할 수 있는 것이며 나
만이 이룰 수 있는 것임이니,
31 너희들은 어찌 살아가느냐 하는 것,
그것만이 너희들이 바로 내가 너희들
에게 구원의 손을 내리고 안 내리는
그와 같은 은혜와 영광을 얻을 수 있
는 것이니,
32 오로지 너희들은 길이 아니면 가지 말
며, 정도가 아니면 행하지 말며, 너희
들이 변하는 모습으로써 하나하나 역
사하도록 그리 가라.
33 그것만이 너희들이 해야 할 길이니라.
34 하늘의 법도요, 하늘의 역사의 가르침
을 받은 너희들이 그를 행하지 아니하
며 따르지 아니한다면, 이 세상 어느
백성도 할 수가 없음이니라.
35 내가 나의 아들을 통하여 내리는 하늘
의 법도요, 하늘의 가르침을 듣는 백
성이 없으며, 내가 내리는 그 뜻보다
도 더 위대한 것을 배우는 백성이 없
으며 그를 가르치는 자가 없음이니,
누구도 행할 수 없음이니라.
36 이 세상의 모든 백성들이 몰라서 못

함이니, 너희들이 알면 행하는 자들이
되어야 할 것이며, 알면서도 행하지
아니한다면 이 세상은 바로잡힐 수가
없으며,
37 내가 이루고자 하는 천 년에 걸쳐 하
늘의 뜻이 이루어진 것같이 지상에 낙
원이 이루어질 수 있는 역사는 절대
없음이니라.
38 오로지 너희들만을 통하여 이루어지
며 너희들만이 역사할 수 있다는 것을
절대 잊지 말도록 하며, 그리 기억하
라.

9,736 번째 하나님 말씀

2004년 2월 26일 06시 15분

1 사랑하는 나의 아들아!
2 "네, 아버님! 말씀하옵소서."
3 내가 나의 아들 예수를 통하여 너희들
에게 전하기를, 믿음이요, 하늘에 오
르는 그 길은 몸과 마음의 그 모두를
다하여 정성을 다했을 때 너희들이 무
엇인가를 이룰 수 있다 내가 그리 가
르치고 전했음이니라.
4 인간 세상에 살아가면서 너희들이 또
한 몸과 마음의 정성을 다하여 모든
것을 역사했을 때,
5 너희들은 그와 같은 대가를 얻을 수
있으며 그 역사함을 얻을 수 있음을
알아야 될 것이니라.
6 나의 법전을 만들어 전하는 백성들이
요, 그리고 그를 역사하는 선택된 제
자, 너희들이 몸과 마음과 정성을 다
하지 아니할 때,
7 나의 법전은 바로 역사할 수 없으며,
내가 나의 아들을 통하여 내린 그와
같은 성령의 가르침도 너희들이 제대
로 기록하지 못하며 그대로 만들 수
없는 것이 너희들의 마음 자세이니라.
8 너희들은 그와 같은 역사를 이루면서
너희들이 그와 같은 실수요, 그와 같
은 오류를 범할 때, 과연 너희들이 몸
과 마음의 정성을 다했다 할 수 있는
가?
9 너희들이 몸과 마음의 정성을 다한다
면, 내가 나의 아들을 통하여 내리는,
너희들이 볼 수도 없으며 들을 수도
없는 이 고귀하고 귀한 나의 성령을
과연 빼놓고 기록하며, 잊어버리고 기
록하며, 앞뒤가 다르도록 그리 기록할
수 있단 말이던가?
10 너희들은 뭐라 말해도 너희들의 정성
이요, 몸과 마음을 다하지 아니했기에
그와 같은 역사를 이룸이니라.
11 그러니 몸과 마음의 정성을 다하지 아
니했을 때, 나 여호와는 너희들에게
반복이요, 반복의 훈련을 거듭할 것이
며,
12 나의 법전이 세상에 전해지지 못할 것
이며, 너희들이 갈구하고 소원하는 나
의 법전이 이 세상을 다 덮는 그와 같
은 역사의 시간은 늦어질 것이니라.
13 나 여호와가 너희들에게 완벽한 나의
법전이요, 나의 성령을 기록하게 하
며, 이게 천년만년 영원히 존재하는
나의 성령이요, 나의 새로운 책이거늘,
14 어찌하여 너희들이 몸과 마음의 정성
을 다하여 역사하지 않는가?
15 너희들이 몸과 마음의 정성을 다하여
역사하지 아니할 때 너희들은 반복하

고 또 반복해야 됨이니,
16 그리하여 너희들이 완전한 나의 성령
이요, 새로운 성경을 만들어 내도록
하는 그 길을 가고 있음을 알아야 될
것이니라.
17 이제 나의 아들을 따르는 제자 너희들
은 무엇을 역사하든 몸과 마음의 정성
을 다하여 역사하는 그와 같은 마음으
로 가지 아니하면 아니 될 것이니라.
18 나의 아들을 따르는 제자들이요, 나의
법전을 만드는 그 선택된 제자들이 몸
과 마음의 정성을 다하지 아니할 때,
나의 법전이 세상에 덮을 수 없음이
니, 이는 모두 너희들 책임이니라.
19 창조주 나 여호와는 나의 아들을 통하
여 나의 뜻을 세상에 내려보내는 것으
로써 임무를 다하는 것이며,
20 나의 아들은 이를 받아 너희들에게 전
하는 것으로써 임무를 다하는 것이요,
21 이를 전하고 만들어 세상에 역사하는
것은 그 많은 제자들이요, 그리고 깨
달은 너희들의 몫이라 하였음이니,
22 각자가 주어진 위치에서 몸과 마음의
정성을 다하지 아니했을 때, 너희들은
어떠한 결과가 역사하는 것인가를 알
게 될 것이니,
23 너희들이 몸과 마음의 정성을 다하여
모두를 역사하도록 그리하라.
24 그리하지 아니하면 너희들이 그 자리
를 지키지 않음만 못함이니, 그리 알
아야 될 것이니라.
25 너희들이 나의 법전을 만들어 역사하
니, 그 은혜의 공이 하늘에 닿는다 그
리 생각할 것이나,
26 너희들이 몸과 마음의 정성을 다하지
아니할 때, 나의 법전의 모두는 제대
로 이루어지지 아니하며 갖춰지지 못
함이니,
27 너희들이 나의 법전을 만들며 내가 기
록하여 내 아들에게 내린 성령이요,
나의 뜻을 너희들이 제대로 기록하지
아니하며 너희들이 빼먹고 더하며 이
와 같은 역사가 있다면, 이는 바로 무
엇이던가?
28 정녕 이는 사탄들이 침투하며, 사탄들
이 의도하여 나의 법전을 흔들어 놓음
이라 하였거늘,
29 너희들이 어찌 몸과 마음의 정성을 다
하여 나의 법전을 만드는 데 목숨을
바치지 아니하는가?
30 그러면서 너희들의 뜻이요, 너희들이
역사하는 것이 이루어질 것이라 생각
지 말라.

부 록

【하나님께서 가르쳐 주신 운동】

천재지변이 일어날 때, 동물이나 미물들은 미리 알고 대피하지만, 인간은 알지 못하고 큰 화를 당합니다. 하나님께서 인간에게 가장 높은 지혜를 주시고 완벽하게 창조해 주셨기에 동물들보다 더 잘 알 수 있지만, 욕심으로 마음이 혼탁해져서 한 치 앞을 보지 못하는 것입니다.

마찬가지로, 인간은 누구나 스스로 필요한 운동을 해서 건강을 지킬 수 있도록 하나님께서 만들어 주셨습니다. 우리의 머리에서 우리 몸에 필요한 동작을 해 달라고 끊임없이 신호를 보내지만, 인간이 혼탁하게 살아서 그 신호를 알아채지 못합니다. 그러니 자연스럽게 자기 몸이 원하는 그 신호를 따라서 운동하는 것이 하나님께서 가르쳐 주신 운동 방법입니다. 바로, 우리의 영이 육을 이끄는 운동입니다.

▶ 하나님 운동법

1. 눈을 감고, 발을 어깨너비로 벌리고 바르게 선다.
2. 몸에 힘을 풀고, 허리를 숙이면서 손과 머리를 아래로 내린다.
3. 허리를 펴고 싶을 때, 천천히 펴면서 하고 싶은 동작을 하면 운동이 시작된다. (사람마다 다르다.)
4. 멈추지 말고, 어떤 동작이든지 자기 몸의 느낌대로 계속 이어서 한다.

▶ 참고 사항

① 눈을 감은 상태로 아무 생각 하지 않고, 자기 몸의 느낌대로 움직입니다.

② 마음을 비우고, 욕심을 버리고, 지난날의 잘못을 반성하면서 몇 차례 시도하다 보면, 자기도 모르게 하고 싶은 동작이 끊임없이 생깁니다.

③ 운동 장소는 방 안이든 운동장이든 관계없으며, 걷거나 달리고 싶을 때는 눈을 떠도 됩니다.

④ 매일 40분 이상, 주 4회 이상, 3개월 이상 하면 음식 조절에 들어갑니다.
- 음식으로 생긴 병은 음식으로 치료하게 되며, 어떤 음식을 먹어야 하는지 스스로 알게 됩니다.
(자기 몸에 필요한 음식만 먹고 싶어집니다.)

⑤ 사랑하는 사람과 함께 운동하면 서로 치료해 주기도 합니다.

⑥ 운동을 하다가 몸의 어느 한 부분을 계속 손으로 자극한다면 그쪽에 이상이 있는 것이니, 의사에게 상담을 받고 적절한 치료를 받으면 됩니다.

⑦ 다이어트 및 기타 건강관리에 효과적입니다.

⑧ 꾸준히 운동하여 영이 맑아지면, 자신의 과거와 미래를 스스로 보게 됩니다.

누구나 스스로 하실 수 있습니다.

간 행 사

《새로운 성경》은:

· 새로운 성경은, 하나님께서 선량하고 선한 자를 선택하여 십계명을 암송하도록 하시고, 십계명을 암송한 다음에 음성으로써 들려주시는 말씀을 듣고 그대로 카세트테이프에 녹음해서 받아쓴 책입니다.

· 90분짜리 녹음테이프 700여 개에 달하는 말씀으로, 1999년 8월부터 2004년 7월까지 총 160권(권당 288쪽)을 완성하였으며, 그 이후에도 현재까지 계속 말씀을 내려 주고 계십니다.

· 새로운 성경은 "하늘을 두루마리 삼고 바닷물을 먹물 삼아 쓰고 써도 다 못 쓴다"는, 끝없이 방대한 하나님의 말씀이 두루마리로 직접 내려오는 것입니다. 이러한 새로운 성경은 구약과 신약을 폐하려는 것이 아니라 "인봉된 성서의 비유의 뜻"을 상세히 설명하여 완성하고자 하나님께서 직접 내려 주신 말씀입니다.

《새로운 성경》의 구성:

· 제 목: 2013년, 160권 모음집을 발간하면서, 본 도서의 제목을 "하나님! 말씀하옵소서"에서 《새로운 성경》 으로 명해 주셨습니다.

· 단행본: 각 권당 288쪽(신국판) 책이 160권까지 시리즈로 출판됩니다.
(모음집은 단행본을 16권씩 묶어서, 총 10부로 구성됩니다.)

《새로운 성경》의 성경적 근거:

· 신약 성경 [요한복음] 16장 13절에 "진리의 성령이 오시면 그가 너희를 모든 진리 가운데로 인도하시리니 그가 자의로 말하지 않고, 오직 듣는 것만을 말하며" 하신 말씀처럼 하나님의 음성을 들은 것만 기록하였으며,

· "장래 일을 너희에게 알리시리라" 하신 말씀과 같이 개인, 나라, 인류의 "장래"일을 하나님께서 알려 주시는 것만 기록하여 책으로 만들었습니다.

《새로운 성경》의 기록 방법:

· 1999년 8월부터 하나님께서 저에게 들려주시는 음성을 기록하였습니다. 처음에는 제가 들은 말씀을 불러 주면 저의 아내가 기록하여, 2000년 1월 29일에 1권 초판이 세상에 나왔습니다. 2000년 4월부터는 주시는 말씀을 받아 녹음기에 기록하기 시작하였습니다.

· 녹음을 시작하면서 하나님의 말씀을 받는 데 가속도가 붙었고, 2001년 5월 3일에 1부(1~16권까지)를 인쇄하여 출판하였으며, 2004년 7월까지 총 160권 분량의 말씀을 받아 기록하였습니다.

하나님께서 저에게 주신 것은:

· 첫째, 만백성을 상대로 내려 주시는 "기도", 둘째, 수시로 내려 주시는 "묵상", 셋째, 개인의 과거, 현재, 미래를 알려 주시는 "개인 기도", 넷째, 개인의 건강을 위해서 내려 주시는 "음식 처방", 다섯째, 하나님께서 가르쳐 주신 "운동"등이 있습니다. 이 중에 첫 번째, "기도"를 책으로 편찬하였습니다. 사람의 생사, 개인의 미래에 관한 천기는 수록하지 말라 하셨습니다.

강론 안내:

· 하나님께서는 지금도 매일 저에게 새로운 하늘의 비밀의 말씀을 내려 주고 계십니다. 수시로 내려 주시는 말씀을 정리해서 제자를 육성하라는 말씀에 따라 매주 강론을 하고 있습니다. 누구나 무료로 들으실 수 있습니다. (book160.com)

《새로운 성경》을 읽는 분들에게 드리는 선물:

· 개인 기도: 개인의 과거, 현재, 미래에 관하여 말씀을 내려 주십니다.

· 음식 처방: 사람은 음식을 먹고살다가 건강을 잃으니, 음식과 운동으로 건강을 되찾는 방법을 알려 드립니다. 단, 하나님이 계심을 믿고, 십계명을 지키겠다고 진실로 서약하는 분들께 알려드립니다.

《새로운 성경》의 은혜와 기적:

· 새로운 성경 전160권은 16권씩 묶어서 총 10부의 모음집으로 구성됩니다. 모음집 한 부를 읽고 깨우치는 자에게 하나님께서 다음과 같은 기적이 있다고 하셨습니다.

· “첫째, 그가 죽어 하늘에 갔을 때 그의 죄를 묻지 아니하며, 구원을 받는 위대한 은혜가 있으며, 둘째, 그의 소원과 소망이 이루어지고, 셋째, 죽은 자(부모, 형제, 자식, 사랑하고 은혜 입은 분)의 이름으로 구입한 책을 읽고 누군가 한 사람이 깨우칠 때, 그 죽은 자가 지옥에서 천국으로 구원을 받게 되며, 넷째, 유산, 중절 수술 등으로 태어나지 못한 아이를 위하여 구입한 책을 보고 한 명이 깨우쳤을 때, 그 아이가 사람으로 다시 한 번 태어나는 은혜를 받는다.”

· “새로운 성경”을 3회 이상 정성을 다해 정독하는 자, 성서의 비밀을 알게 되고, 세상의 이치를 알게 되며, 세상을 지배하고 통제할 수 있는 지혜를 다 얻게 된다고 하셨습니다. 이 책은 만백성이 정독하고 이웃에게 전하여, 평생 가슴에 묻은 슬픔과 고통의 짐을 벗고 미래를 위한 힘찬 삶을 살아가도록 하는 책입니다.

끝으로

· 하나님께서는 흰 눈이 세상을 덮듯이 새로운 성경을 온 세상에 전하라고 하셨습니다. 《새로운 성경》을 각국어로 번역해서 온 인류에게 구원의 길을 깨우쳐 주고, 그 수익으로 가난하고 어려운 백성을 구제하여, 만백성의 영과 육을 함께 구원하는 선지자의 임무를 수행하라고 저에게 명하셨습니다.

· 하늘에서 내려 주신 말씀의 보화를 만백성에게 나누어 주는 것이 선지자의 임무라고 하셨습니다. 새로운 성경을 통해서 얻는 재물을 사용할 곳도 하나님께서 일일이 명해 주십니다. 모든 재물은 저의 자의로 쓸 수 없고, 하나님께서 명하시는 대로만 쓰여집니다.

· 어떤 명분으로든 십일조나 각종 헌금을 거두어들이지 말라 하셨으며, 국내뿐 아니라 각국에 성전과 단독 서점을 운영하며, 한국의 많은 젊은이들을 전 세계에 지도자로 내보내라고 하셨습니다.

· 우리는 세계적으로 새로운 성경을 보급하며 어려운 이들을 돕는 역사를 해 나갈 것입니다. 지금까지 비록 몇 명 안 되는 제자들과 함께 이러한 일을 역사했지만, 앞으로도 계속 하나님께서 기뻐하시는 일들을 해 나갈 것입니다. 부족한 저희에게 여러분들의 지혜와 성원을 보내 주시기를 바랍니다. 많은 분들의 참여와 도움을 간절히 기다립니다. 감사합니다.

한국어로 내려온 《새로운 성경》 단행본을 출간하며
2016년 4월 10일

발행인 **김 용 철**

한국어로 내려온

새로운 **성 경** · 9부 · 제130권

지은이 하나님 말씀
대역자 김용철

초판인쇄 1쇄 2017년 4월 3일

펴낸 곳 도서출판 하얀마음
등록번호 제 10-2107호 (2001년 2월 14일)
주소 서울시 노원구 덕릉로86길 5, 2층
전화번호 02) 313-1114
팩스 02) 393-5554
전자우편 book160@hanmail.net
편집위원 조나영 김미향 이석교
제작지원 이기종

도서상담 1600-7527
ISBN 978-89-5875-230-1 (04230)
978-89-5875-100-7 (세 트)

값 10,000원
잘못된 책은 구입하신 곳에서 바꾸어 드립니다.

※이 책은 10부로 제작되며, 각 부 16권씩 총160권으로 구성됩니다.※

1부	2부	3부	4부	5부	6부	7부	8부	**9부**	10부
1권	17권	33권	49권	65권	81권	97권	113권	129권	145권
2권	18권	34권	50권	66권	82권	98권	114권	130권	146권
3권	19권	35권	51권	67권	83권	99권	115권	131권	147권
4권	20권	36권	52권	68권	84권	100권	116권	132권	148권
5권	21권	37권	53권	69권	85권	101권	117권	133권	149권
6권	22권	38권	54권	70권	86권	102권	118권	134권	150권
7권	23권	39권	55권	71권	87권	103권	119권	135권	151권
8권	24권	40권	56권	72권	88권	104권	120권	136권	152권
9권	25권	41권	57권	73권	89권	105권	121권	137권	153권
10권	26권	42권	58권	74권	90권	106권	122권	138권	154권
11권	27권	43권	59권	75권	91권	107권	123권	139권	155권
12권	28권	44권	60권	76권	92권	108권	124권	140권	156권
13권	29권	45권	61권	77권	93권	109권	125권	141권	157권
14권	30권	46권	62권	78권	94권	110권	126권	142권	158권
15권	31권	47권	63권	79권	95권	111권	127권	143권	159권
16권	32권	48권	64권	80권	96권	112권	128권	144권	160권